OS PRIMEIROS 90 DIAS

MICHAEL WATKINS

OS PRIMEIROS 90 DIAS

ESTRATÉGIAS DE SUCESSO PARA NOVOS LÍDERES

ALTA BOOKS
E D I T O R A
Rio de Janeiro, 2019

Copyright © 2019 Starlin Alta Editora e Consultoria Eireli
Original work copyright © 2003 Michael Watkins
Título original: *The First 90 Days: Critical Success Strategies for New Leaders at All Levels*

Coordenação de produção: Alexandre Braga
Tradução: Bookman Editora | Raul Rubenich
Revisão: Lizandra M. Almeida e Virgínia Vicari
Diagramação: Carolina Palharini
Capa: Carolina Palharini
Produção Editorial – HSM Editora - CNPJ: 01.619.385/0001-32

Todos os direitos estão reservados e protegidos por Lei. Nenhuma parte deste livro, sem autorização prévia por escrito da editora, poderá ser reproduzida ou transmitida. A violação dos Direitos Autorais é crime estabelecido na Lei nº 9.610/98 e com punição de acordo com o artigo 184 do Código Penal.

Erratas e arquivos de apoio: No site da editora relatamos, com a devida correção, qualquer erro encontrado em nossos livros, bem como disponibilizamos arquivos de apoio se aplicáveis à obra em questão.
Acesse o site www.altabooks.com.br e procure pelo título do livro desejado para ter acesso às erratas, aos arquivos de apoio e/ou a outros conteúdos aplicáveis à obra.

Suporte Técnico: A obra é comercializada na forma em que está, sem direito a suporte técnico ou orientação pessoal/exclusiva ao leitor.

A editora não se responsabiliza pela manutenção, atualização e idioma dos sites referidos pelos autores nesta obra.

Dados Internacionais de Catalogação na Publicação (CIP)
Angélica Ilacqua CRB-8/7057

    Watkins, Michael
        Os primeiros 90 dias: estratégias de sucesso para novos líderes / Michael Watkins; tradução de Raul Rubenich. – 2. ed. - Rio de Janeiro : Alta books, 2019.
        240 p.

    ISBN: 978-85-508-0734-8
    Título original: *The first — critical success strategies for new leaders at all levels.*

    1. Liderança 2. Plajeamento estratégico 3. Administração I. Título II. Rubenich, Raul

16-0302   CDD 658.4092
Índices para catálogo sistemático:

1. Mudança organizacional

Rua Viúva Cláudio, 291 — Bairro Industrial do Jacaré
CEP: 20.970-031 — Rio de Janeiro (RJ)
Tels.: (21) 3278-8069 / 3278-8419
www.altabooks.com.br — altabooks@altabooks.com.br
www.facebook.com/altabooks — www.instagram.com/altabooks

Para Dan

Com enorme gratidão pelo seu insight *e amizade.*

M. W.

Agradecimentos

Este livro é dedicado a Dan Ciampa, meu coautor em *Right from the Start*. Foi Dan quem despertou meu interesse pelo tema da transição de lideranças. Contribuiu também com boa parte das mais importantes ideias e exemplos vívidos para o livro que elaboramos em conjunto e, dessa forma, para o fundamento conceitual da presente obra. O profundo entendimento por ele revelado dos desafios que os gestores enfrentam quando ingressam em novas posições de nível sênior continua a enriquecer meu pensamento. Dan é um privilegiado consultor de líderes e um bom amigo.

Os primeiros 90 dias é também um desenvolvimento do meu trabalho com a Johnson & Johnson. Inaki Bastarrika, à época no departamento de Management Education and Development (MED) da J&J, convenceu-me a trabalhar com esta excelente companhia em 1999, em seguida à publicação de *Right from the Start*, o que representou o início de uma lucrativa parceria em pesquisa. Ron Bossert, diretor do MED, foi fundamental no desenvolvimento do J&J Transition Leadership Forum e do Business Leader's Program para os líderes de novas unidades de negócios da empresa. Ron também me apresentou a líderes cujo apoio foi decisivo, entre eles Sharon D'Agnostino, Bill Dearstyne, Mike Dormer, Colleen Goggins, Jim Lenahan, Dennis Longstreet, Bill McComb, Pat Mutchler, Christine Poon, Peter Tattle e Bill Weldon. Meus agradecimentos também aos líderes de alto potencial da J&J que, com entusiasmo, participaram dos programas que ali desenvolvi.

Este livro se destina a complementar a ferramenta *online* de suporte de desempenho *Leadership Transitions* que desenvolvi em parceria com a Harvard Business School Publishing (HBSP). A experiência de criar e desenvolver uma ferramenta de apoio com base na *web* para novos líderes inquestionavelmente ajudou a refinar meu entendimento a respeito de problemas relacionados com as transições. Agradecimentos de coração ao grupo de aprendizado eletrônico na HBSP, em especial a Michelle Barton, Sarah Cummins, Ian Fanton e Trisytn Patrick, por transformarem aquele projeto em algo de realização extremamente prazerosa.

A Divisão de Pesquisas da Harvard Business School financiou a pesquisa que constitui o fundamento deste livro. O apoio proporcionado pelas diretoras de pesquisas Teresa Amabile e Kathleen McGinn foi extremamente importante e assim será lembrado. Este livro, e o meu trabalho, de forma mais ampla, nunca teria sido possível sem o incentivo proporcionado pelos integrantes das unidades de Negociação, Organizações e Mercados da HBS, em especial George Baker, Max Bazerman, Nancy Beaulieu, Mal Salter, Jim Sebenius e Michael Wheeler. Sou grato, também, a Jack Gabarro e a Linda Hill, colegas cujas ideias tiveram significativa influência no meu pensamento a respeito das transições em liderança.

Por fim, meus melhores agradecimentos a Mary Alice Wood, minha assistente de cátedra; a Usha Thakrar, minha assessora de pesquisas; e à minha editora, Ann Goodsell, por toda a ajuda proporcionada até transformar este livro em realidade.

Prefácio

Desde que existem líderes, existem igualmente transições de liderança. A troca de guarda e os desafios que representa para o novo líder são tão antigos quanto a sociedade humana. Esses desafios não ficam, porém, mais simples – pelo contrário –, especialmente devido à complexidade das organizações modernas e à rapidez com que os negócios são tocados. Assim, se você é alguém colocado em uma nova situação em que supõe que não vai resistir um minuto a mais, pode ter certeza de que está em boa companhia.

Este livro é o mapa do caminho certo dos primeiros 90 dias em um novo cargo. Por que ele é necessário? Porque as transições são períodos críticos nos quais pequenas diferenças em cada ação podem ter impactos desproporcionais sobre os resultados. Os líderes, qualquer que seja o seu nível, são mais vulneráveis em seus primeiros meses em uma nova posição por não terem, até então, conhecimento detalhado dos desafios que irão enfrentar e de tudo aquilo que será necessário para conseguir o sucesso; da mesma forma, a essa altura ainda não terão desenvolvido uma rede de relacionamentos capaz de dar-lhes o necessário suporte. Qualquer fracasso na criação do impulso durante os primeiros meses é uma potencial garantia de que o resto do período nesse cargo será uma constante batalha ladeira acima. Construir credibilidade e garantir alguns ganhos iniciais são os fatores capazes de estabelecer os fundamentos para o sucesso no longo prazo.

O modelo de aceleração da transição apresentado neste livro amplia o trabalho que realizei com Dan Ciampa quando escrevemos *Right from the Start* (Boston: Harvard Business School Press, 1999). Foi um trabalho que me deixou orgulhoso, mas, ao mesmo tempo, com um sentimento de que havia campo para avançar em várias das frentes ali abordadas. Em primeiro lugar, eu estava convencido de que os líderes em todos os níveis poderiam tirar proveito de orientações sobre como acelerar suas transições em novas posições. *Right from the Start* tinha como público-alvo principalmente os executivos de alto nível. Assim, embora grande parte da orientação nele contida fosse geral, não ficava claro quais de seus pontos eram relevantes para todas as transições e quais eram específicos dos desafios enfrentados por executivos seniores. Eu pretendia criar uma estrutura mais flexível para a aceleração da transição, a qual tivesse condições de servir a executivos de todos os níveis. Ao mesmo tempo, queria abordar alguns tópicos importantes com maior profundidade, entre eles o de trabalhar com um novo superior, a formação das equipes, o alinhamento da estratégia da organização, a estrutura, os sistemas e as qualificações.

Em conjunção com tudo isso, pretendia aprofundar-me nos diferentes *tipos de transição*, a fim de ajudar os novos líderes a adaptar da melhor forma possível as respectivas estratégias aos detalhes de suas situações. É muito importante, por exemplo, saber se você está comandando uma organização em fase de lançamento, assumindo a liderança de uma empresa em mudança completa de rumo ou herdando uma unidade de excelente desempenho. Mais ainda, os líderes que ingressam em novas organizações enfrentam desafios muito diferentes daqueles que são promovidos internamente. A estratégia da transição depende, então, de cada situação.

Por fim, minha intenção era explorar as implicações organizacionais da atenção sistemática à aceleração da transição. Sempre me causou espanto o pequeno número de empresas que investem em ajudar seus preciosos ativos de liderança a atingir o sucesso em períodos de transição – compreensivelmente os momentos mais críticos das carreiras desses líderes. Por que, afinal, as empresas simplesmente deixam seus líderes escolherem sozinhos entre afundar ou nadar? O que significaria em termos de valor para as empresas se os gestores que assumissem novas posições pudessem assumir o controle da situação com mais presteza?

Durante três anos, explorei essas questões mediante o estudo de dezenas de transições de lideranças em todos os níveis, projetando programas de aceleração de transição para grandes empresas, e desenvolvendo uma ferramenta *online* de suporte de desempenho para novos líderes. Este livro é o resultado de todo esse trabalho.

Se você estiver lendo este prefácio, é quase certo que seja alguém em vias de transição para um novo cargo. Esta obra irá equipá-lo com estratégias e ferramentas para acelerar essa etapa e para realizar mais, em menos tempo. Você aprenderá a diagnosticar sua situação e deixar claros seus desafios e oportunidades. Poderá avaliar suas forças e fraquezas e identificar suas maiores vulnerabilidades pessoais na nova situação. Ganhará *insight* sobre como aprender a respeito de uma nova organização e estabelecer prioridades com maior agilidade. Aprenderá a diagnosticar e alinhar a estratégia, a estrutura, os sistemas e as qualificações de sua nova organização. Mais importante ainda, talvez, receberá sólidos conselhos a respeito de como gerenciar relacionamentos fundamentais para consolidar sua posição – formando equipes, criando coalizões e estabelecendo uma rede de apoio de colaboradores e conselheiros. Use este livro, então, como um guia para criar seu plano de 90 dias. Com ele, você conseguirá maior presteza e, ao mesmo tempo, ajudará outros a conseguir resultados semelhantes, com maior rapidez do que imaginava ser possível.

Michael Watkins
Boston

Sumário

Introdução: Os Primeiros 90 Dias   **17**

Por que as transições são períodos críticos. Como os novos líderes podem assumir com maior eficiência. Princípios fundamentais para transições bem-sucedidas. Os benefícios organizacionais de uma estrutura comum para acelerar todos os participantes

1. Fazer a Própria Promoção   **31**

Por que as pessoas não conseguem fazer a transição mental do emprego antigo para o novo. Preparação para assumir uma nova função. Avaliando as vulnerabilidades. Estabelecendo as bases para o sucesso

2. Acelerar o Aprendizado   **45**

O aprendizado como processo de investimento. Planejando o aprendizado. Estabelecendo as melhores fontes de *insight*. Usando métodos estruturados para acelerar o aprendizado

3. Ajustar a Estratégia à Situação   **69**

Os riscos do pensamento do "único melhor caminho". Diagnosticando a situação para desenvolver a melhor estratégia. O modelo ST_ARS de tipos de transições. Usando o modelo para analisar *portfólios*, recompensar o sucesso e desenvolver líderes

4. Garantir Ganhos Iniciais   87

Evitando armadilhas comuns. Elaborando as prioridades máximas. Criando uma visão agregadora. Estabelecendo credibilidade pessoal. Dando partida à melhoria do desenvolvimento organizacional. Planejando e implementando mudanças *versus* aprendizado coletivo

5. Negociar o Sucesso   110

Estabelecendo uma relação produtiva de trabalho com o novo gestor. A estrutura das cinco conversações. Definindo expectativas. Chegando a um diagnóstico da situação. Descobrindo a melhor maneira de trabalhar em conjunto. Negociando os recursos. Consolidando seu plano de 90 dias

6. Concretizar o Alinhamento   134

A função do líder como o arquiteto organizacional. Identificando as causas subjacentes do mau desempenho. Alinhando estratégia, estrutura, sistemas, habilidades e cultura

7. Montar a Equipe   158

Herdando uma equipe e fazendo as devidas modificações. Gerenciando as tensões entre objetivos de curto e longo prazos. Trabalhando em paralelo à reestruturação da equipe e às questões da arquitetura organizacional. Colocando em prática novos processos de equipe

8. Criar Coalizões   182

A armadilha de pensar que a autoridade basta. Identificando o suporte indispensável para o sucesso na nova organização. Mapeando redes de influência e padrões de obediência. Alterando as percepções de interesses e alternativas

9. Manter o Equilíbrio   198

Como os líderes são apanhados em ciclos viciosos. Os três pilares da auto-eficácia. Criando e implantando disciplinas pessoais. Formando uma rede de colaboração e aconselhamento

10. Acelerar a Todos   217

Por que é tão reduzido o número de empresas que se concentram na aceleração da transição. A oportunidade de institucionalizar uma estrutura comum. Usando a estrutura para acelerar o desenvolvimento de equipes, promover líderes de alto potencial, integrar as aquisições e fortalecer o planejamento da sucessão

Conclusão: Além do Afundar ou Nadar   227

A abordagem no seu todo. Vendo a floresta e as árvores. Aprendendo a acelerar o ritmo pessoal e o da organização

Leituras Recomendadas   231
Índice   233

Introdução:
Os Primeiros 90 Dias

O presidente dos Estados Unidos tem 100 dias para mostrar a que veio; você dispõe de apenas 90 dias para isso. As ações que empreender durante seus primeiros três meses em um novo cargo definirão, de modo geral, seu sucesso ou fracasso. Transições são períodos de opções, a oportunidade de corrigir rumos e de encaminhar as mudanças de que uma organização está carente. São, igualmente, períodos de alta vulnerabilidade, já que insuficientes para estabelecer sólidos relacionamentos de trabalho assim como o indispensável entendimento detalhado da nova função. Não tendo sido capaz de criar nesse período a indispensável força cinética, a partir dali cada novo dia de trabalho será, para a pessoa envolvida na transição, uma batalha ladeira acima.

É obviamente de inestimável valor tudo o que está em jogo nesse período. O fracasso em uma nova função pode prenunciar o encerramento de uma carreira até ali promissora. E, no entanto, conduzir uma transição bem-sucedida é muito mais do que apenas evitar o fracasso. Alguns líderes realmente fracassam (e, quando isso ocorre, seus problemas quase sempre podem ser atribuídos a ciclos viciosos que se desenvolvem a partir dos primeiros meses no cargo). Para cada líder que fracassa irremediavelmente, há vários outros que sobrevivem, sem, porém, desenvolver todo o seu potencial. Em consequência, desperdiçam oportunidades de progredir em suas carreiras e, paralelamente, colocam em risco a saúde de suas organizações.

Este livro tratará tanto da *aceleração da transição* quanto da prevenção do fracasso. Proporcionará um padrão para uma radical condensação do tempo necessário para chegar ao topo da pirâmide na função pretendida, qualquer que seja o nível dessa função no organograma da organização. Uma vez atingido esse objetivo, ficará mais fácil concentrar-se na solução de problemas e no aproveitamento das oportunidades no novo cargo. Não é por nada que a meta principal consiste em chegar o mais rapidamente possível ao *ponto de equilíbrio*, a partir do qual se passa a agregar valor líquido à organização (ver a seguir). Cada minuto economizado pela sistematização da agilidade agregada a essa transição é um minuto a mais na valorização do empreendimento.

O ponto de equilíbrio

O *ponto de equilíbrio* é aquele em que os novos líderes agregam às suas organizações o mesmo valor que delas consumiram até então. Como esboçado no Gráfico I-1, os novos líderes são consumidores líquidos de valor no começo de suas carreiras em qualquer organização; do ponto de equilíbrio em diante, passam a ser (ou pelo menos é isto que deles se espera) contribuintes líquidos de valor. Uma pesquisa realizada com 210 CEOs e presidentes de empresas quanto à sua melhor expectativa do tempo necessário para que um gestor de nível intermediário atinja o ponto de equilíbrio situou a resposta média em 6,2 meses.[1] O objetivo básico da aceleração da transição, portanto, é ajudar os novos líderes a chegar ao ponto de equilíbrio no menor prazo possível. Qual seria, por exemplo, o valor para uma empresa se todos os seus líderes em fase de transição conseguissem atingir o ponto de equilíbrio um mês antes do esperado?

Levando em conta tudo o que está em jogo nessa questão, chega a ser surpreendente a escassa disponibilização aos novos líderes de bons ensinamentos sobre eficácia e eficiência na transição para as novas funções. Incontáveis são os livros e artigos que tratam de liderança; poucos, no entanto, os que abordam diretamente as transições.[2] Existem, igualmente, excelentes instrumentos para o gerenciamen-

---

[1] Análises de dados obtidos em pesquisas junto aos participantes do *2003 YPO President's Seminar* e do *2003 WPO/CEO Seminar*, ambos da Harvard Business School.
[2] Magníficas exceções dessas regras são John J. Gabarro, *The Dynamics of Taking Charge* (Boston: Harvard Business School Press, 1987) e Linda A. Hill, *Becoming a Manager: How New Managers Master the Challenges of Leadership*, 2d. ed. (Boston: Harvard Business School Press, 2003).

GRÁFICO I-1

O ponto de equilíbrio

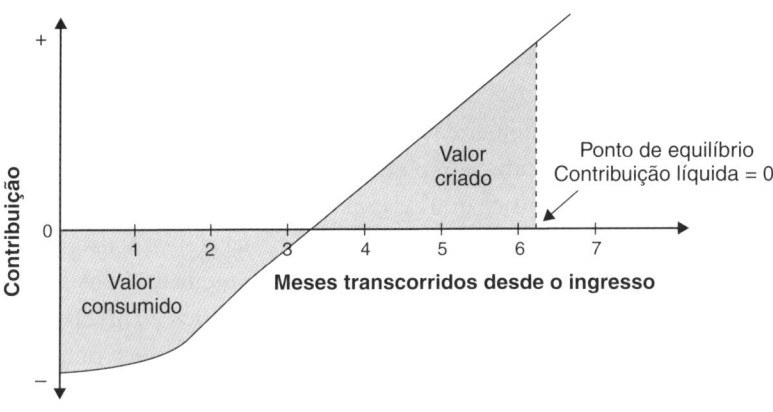

to da mudança organizacional, mas a maioria deles supõe implicitamente que o agente da mudança já esteja instalado na organização, com os necessários conhecimentos e relacionamentos devidamente prontos para planejar, obter apoio e concretizar as iniciativas de transformação.

Na verdade, porém, o processo de mudança de liderança muitas vezes ocorre em sequência à transição do líder para uma nova função. Daí a pretensão deste livro de suprir uma lacuna na literatura disponível sobre liderança. Ele proporcionará um padrão testado da melhor maneira de abordar os desafios interligados da transição pessoal e da transição organizacional que os líderes costumam enfrentar nos primeiros meses em um novo posto executivo.

Proposições Fundamentais

A partir da observação do modo de agir de novos líderes e da experimentação de métodos para acelerar transições, desenvolvi sólidas convicções sobre os desafios das transições e do que é indispensável para superá-los. Essas convicções, resumidas em cinco proposições, constituem o fundamento da minha abordagem da aceleração da transição – e também deste livro.

A primeira proposição estabelece que *as causas mais enraizadas da transição malsucedida residem na interação viciada entre a situação, com suas oportunidades e armadilhas, e o indivíduo, com suas qualidades e pontos fracos*. O fracasso jamais deriva exclusivamente das falhas do novo líder. De fato, todos os líderes malsucedidos que analisei haviam, anteriormente, alcançado brilhante sucesso. O fracasso também não é produto de uma situação insustentável em que sequer alguma espécie rara de superlíder teria condições de salvar. As situações de negócios à espreita de líderes que perdem o rumo não são necessariamente mais difíceis do que aquelas em que outros líderes registram sucessos dignos de nota. Fracassos em transições ocorrem quando novos líderes confundem as demandas básicas da situação e/ou não contam com a capacidade e a flexibilidade indispensáveis para a ela se adaptar.

A segunda proposição indica que *existem métodos sistematizadores que os líderes podem utilizar para reduzir as perspectivas de fracasso e, ao mesmo tempo, atingir mais rapidamente o ponto de equilíbrio.* Nos primórdios dos meus estudos para desenvolver uma estrutura de aceleração das transições em todos os níveis, um gestor de longa experiência me disse, do alto de sua sabedoria: "Você não vai conseguir". Perguntei então por que, e ele resumiu a questão: "Porque cada transição é única". Claro que sim, mas nem tanto. Evidentemente, toda transição é única quando se olha para os detalhes. Porém, vendo-se pela perspectiva do analista mais distanciado, é possível distinguir tipos de transições que têm detalhes parecidos, entre os quais armadilhas semelhantes. Pense, por exemplo, em uma transição de vice-presidente funcional para diretor administrativo. Todos os líderes que dão esse salto deparam com desafios similares, como o da necessidade de abandonar a dependência da sabedoria funcional. (A transição de supervisor de linha de produção para gerente geral representa um desafio semelhante, ainda que em nível inferior.[3]) A situação específica enfrentada pelos líderes transicionais também varia. Tipos específicos de situações de transição, tais como novos empreendimentos ou mudanças de linha, compartilham determinadas características e alguns imperativos. Mais ainda, há princípios fundamentais – por exemplo, garantir ganhos prévios – que alicerçam o sucesso nas transições em qualquer nível, seja o de um novo supervisor, seja o de um novo CEO. A chave, então, é *adaptar a estratégia à situação.* Esse é um tema central ao qual retornaremos no decorrer deste livro.

A terceira proposição sustenta que *a meta dominante em uma transição é a de construir uma força cinética mediante a criação de ciclos virtuosos que estabelecem a credibilidade, evitando cair nos ciclos viciosos que abalam a credibilidade.* Liderança é capacidade de mobilização. O novo líder é, no fim das contas, uma única pes-

---

[3] Para uma proveitosa exploração dos desafios que representa a promoção de colaborador técnico a gestor, ver Hill, *Becoming a Manager*.

soa. E, para obter sucesso, precisará mobilizar a energia de muitas outras em sua organização. Sua visão, sua capacidade, seu impulso, podem servir como uma semente que irá crescer exponencialmente, dando origem a novos e mais produtivos padrões de comportamento. Demasiadas vezes, no entanto, o novo líder age mais como se fosse um vírus: suas primeiras ações alienam potenciais aliados, minam sua credibilidade e estimulam reações defensivas. À medida que um ciclo vicioso vai tomando forma, o sistema imunológico da organização é ativado e o novo líder fica sob o ataque de bandos de células assassinas, é encapsulado e, por fim, expelido.

A quarta proposição aponta que as *transições são uma encruzilhada para o desenvolvimento de lideranças e deveriam ser gerenciadas de acordo com essa importância*. Exatamente pelo fato de fortalecerem capacidades de diagnóstico, de crescimento de demanda e de adaptação e, ainda, por testarem a resistência pessoal, as transições são uma experiência de desenvolvimento indispensável para os líderes de alto potencial em todas as empresas. Uma pesquisa realizada como parte do estudo "War for Talent" (Guerra pelos Talentos) da consultoria McKinsey pediu a uma amostragem de 200 executivos experientes que identificasse suas cinco experiências mais importantes em matéria de desenvolvimento.[4] As mais citadas incluíram transições para novas funções de grande importância:

- Assumir um novo cargo com maior abrangência.
- Modificar a orientação de uma empresa.
- Desenvolver uma nova empresa.
- Liderar um projeto especial de grandes proporções e alta visibilidade.
- Trabalhar no exterior.

Esta proposição enfaticamente não significa – ao contrário do que consideram muitas empresas – jogar bons profissionais em uma situação crítica só para descobrir se afundam ou aprendem a nadar. Como a natação, conduzir uma transição é uma capacidade que se aprende. Habilidades indispensáveis a uma aceleração devem ser ensinadas a pessoas que participam dessa transição, a fim de evitar que indivíduos talentosos venham a se afogar desnecessariamente.

---

[4] Helen Handfield-Jones, "How Executives Grow", *McKinsey Quarterly* 1 (2000): 121.

A quinta e última proposição diz que *a adoção de uma estrutura padronizada para a aceleração de transições é algo que pode render altos dividendos a qualquer organização*. Todos os anos, mais de meio milhão de gestores assume novas posições somente nas empresas integrantes da relação das *500 maiores* da revista *Fortune*.[5] Dada a frequência com que novos cargos são assumidos, e por conta do impacto de cada transição sobre outros integrantes da organização, é de grande ajuda quando todos – superiores, colaboradores imediatos e colegas – falam a mesma "linguagem da transição". Por que não seria do interesse de quem está tentando conhecer um novo patrão fazer uso de um conjunto comum de diretrizes (como aquelas apresentadas no Capítulo 5) a fim de consolidar esse relacionamento crítico? Além disso, adotar abordagens padronizadas de aprendizado sobre uma nova organização, garantir ganhos precoces e criar coalizões são, todos, elementos que se traduzem em ajustamentos organizacionais mais rápidos à inevitável corrente de trocas pessoais e mudanças ambientais. A adoção de uma estrutura racional para a aceleração da transição sempre se traduz em real impacto sobre a base das organizações.

Organizações Agilizadoras

A última das proposições anteriormente resumidas faz jus a um pouco mais de destaque e explicações. Uma boa medida é, junto com a leitura do que aqui se apresenta, pensar a respeito das implicações que tudo isso pode ter não apenas para a pessoa envolvida na transição, mas também para a empresa.

A cada ano, pouco menos de 25% dos gestores em uma empresa típica das 500 maiores da *Fortune* muda de função.[6] Isso significa que os gestores permanecem, em média, quatro anos em determinada posição. Líderes de alto potencial entre os quadros de médio escalão têm uma permanência um pouco mais curta no cargo. Suas "eras" duram normalmente de dois anos e meio a três anos. Suas

---

[5] Esta é uma extrapolação dos resultados de um estudo sobre transição gerencial de executivos seniores de recursos humanos em empresas da lista das maiores da revista *Fortune* que o autor conduziu em 1999. A pesquisa foi enviada aos diretores de recursos humanos de uma amostragem aleatória de 100 das 500 maiores empresas, conforme o *ranking* da revista. Recebemos 40 respostas. Uma das perguntas dizia respeito à percentagem de gestores em todos os níveis que haviam empreendido novas missões em 1998. A média das respostas a essa pergunta atingiu 22,3% Extrapolando para o conjunto das 500 maiores da *Fortune*, isso sugere que quase 700 mil gestores assumem novas funções anualmente. O número de 500 mil é, portanto, uma estimativa moderada que pretende simplesmente ilustrar a magnitude do impacto das transições nas lideranças.
[6] Os resultados são de uma pesquisa de 1999 sobre transição gerencial enviada aos diretores de recursos humanos de uma amostra aleatória de 100 das 500 maiores empresas da *Fortune* (consultar a nota anterior).

carreiras consistem em uma série dessas eras, marcadas por períodos de transição de poucos meses, durante os quais suas ações ditam o rumo daquilo que acontece a seguir e influenciam fortemente seu desempenho geral.

As empresas precisam promover seus melhores quadros para posições de crescente responsabilidade a fim de desenvolver os respectivos potenciais. Quando assim não fazem, arriscam-se a perder seus melhores talentos para a concorrência. Mas essa constante mexida acaba cobrando um bom preço. Cada novo gestor leva tempo para atingir o ponto de equilíbrio. E o ritmo dos negócios é tão acelerado que não proporciona muito tempo para a indispensável aclimatação, muito menos para reverter decisões iniciais equivocadas.

Para cada um dos indivíduos envolvidos em transições, existem também vários outros – colaboradores imediatos, superiores e colegas – cujo desempenho sofre influência negativa. Em um estudo realizado junto a presidentes e CEOs de empresas, perguntei-lhes qual a sua melhor estimativa em relação ao número de pessoas cujo desempenho se revelava seriamente comprometido pela contratação de um novo gestor de nível intermediário. As respostas indicaram uma média de 12,4 pessoas nessa condição.[7] Na verdade, todos aqueles na "rede de impacto" do gestor da transição estão igualmente em fase transicional.

Um desafio ainda maior é fazer, na organização, a transição de pessoas talentosas contratadas de fora. Mesmo organizações saudáveis precisam recorrer a essa prática a fim de introduzir novas idéias e preservar sua vitalidade. Contudo, o índice de fracasso de novos líderes contratados externamente a uma organização é muito alto. Segundo a constatação de estudos sobre a matéria, entre 40% e 50% dos executivos de alto escalão contratados fora das empresas não conseguem concretizar os resultados pretendidos.[8] As estimativas dos custos diretos e indiretos, para a empresa, de um executivo desse nível contratado fora de seus quadros e que não atinge as metas pretendidas chegam à respeitável cifra de 2,7 milhões de dólares.[9]

Em estudos semelhantes aos já citados, especialistas na área de RH qualificaram o desafio de quem chega de fora como "muito mais árduo" do que o enfrentado por quem encara as expectativas decorrentes de uma promoção interna.[10] Os

---

[7] Análises de dados obtidos em pesquisas junto aos participantes do *2003 YPO President's Seminar* e do *2003 WPO/CEO Seminar*, da Harvard Business School.
[8] Resultados de um estudo do Center for Creative Leadership (Centro para a Liderança Criativa), como citados pela revista *Fortune*. Ver Anne Fisher, "Don't Blow Your New Job", na *Fortune*, edição de 22 de junho de 1998. Brad Smart estimou a taxa de casos de pessoa errada no emprego errado como superior a 50%. Ver Brad Smart, *Topgrading: How Leading Companies Win by Hiring, Coaching and Keeping the Best Peoples* (Upper Saddle River, NJ: Prentice Hall, 1999), p. 47.

especialistas atribuem o alto índice de fracasso entre os contratados fora da empresa às várias barreiras interpostas no caminho de uma transição bem-sucedida, entre as quais se destacam:

- Executivos recém-contratados não estão familiarizados com a estrutura organizacional nem com as existentes redes informais de informação e comunicação.

- Contratados fora da empresa não têm intimidade com as particularidades da nova cultura corporativa e por isso enfrentam maiores dificuldades para assimilá-la.

- Pessoas novas não são conhecidas na organização e por isso não têm ali a mesma credibilidade de alguém de dentro que venha a ser promovido.

- Uma tradição enraizada de investir e promover os próprios quadros torna difícil para as organizações a adaptação a (e de) executivos de alto escalão que sejam vistos como "estranhos".

Quando um novo líder fracassa, isso representa um golpe radical, capaz até mesmo de encerrar uma carreira, para o indivíduo. No entanto, cada fracasso de liderança – seja um rotundo descarrilamento, ou uma menos dramática perda parcial de rumo – acarreta também altos custos para a organização. Conseguir o sucesso na aceleração das transições de todos os gestores – em cada um dos níveis e independentemente de terem sido promovidos internamente ou contratados fora da empresa – pode representar, para a organização, um grande ganho em desempenho.

É por isso que surpreende o fato de serem raras as empresas que dão destaque ao processo de acelerar a transição de lideranças. Sempre que comando programas de aceleração de transição, peço aos novos líderes um relato de todas as transições por eles comandadas até então ao longo de suas carreiras, e quantas mais eles calculam que virão a comandar até sua aposentadoria. Em um grupo de 30, as respostas a ambas as questões normalmente totalizam mais de 150 transições! Pergunto, a seguir, quantos dos participantes receberam treinamento

---

[9] Essa estimativa é de Brad Smart, em *Topgrading*, p. 46. Smart, renomado consultor de RH, conduziu um estudo que estimou o custo de uma contratação fracassada em 24 vezes a remuneração básica, sendo esta de US$ 114 mil anuais.

[10] Dados de estudo de transição gerencial de gestores de RH nas 500 maiores empresas da revista *Fortune*.

ou orientação de suas organizações a respeito da melhor maneira de fazer uma transição – e a resposta é sempre praticamente zero.

Todas aquelas pessoas talentosas tiveram de desenvolver modelos próprios da melhor maneira de conduzir transições. Trata-se de um conhecimento obtido da maneira mais difícil, e a inexistência de métodos e/ou maneiras de compartilhar tais conhecimentos representa um grave prejuízo para as organizações. Esse valioso elenco de experiências raramente chega a ser transformado em aprendizado organizacional. Além disso, as pessoas desenvolvem abordagens próprias, cheias de idiossincrasias, da tomada de controle; abordagens essas que tanto podem ajudá-las quanto prejudicá-las à medida que ascendem no cronograma da organização, ou quando se transferem para outra empresa.

Uma estrutura compartilhada de aceleração de transições passa, portanto, a ser um ativo organizacional. Além de reduzir os custos da dispersão de estilos e esforços, uma abordagem comum do gerenciamento de transições de lideranças ajuda a identificar e a manter os melhores talentos em liderança. Não se identifica um futuro campeão de natação jogando na piscina crianças despreparadas; isso é feito ensinando-as a nadar, treinando-as e proporcionando-lhes toda a ajuda indispensável para que o seu desempenho melhore naturalmente. A aceleração de transições também é uma habilidade que pode ser ensinada. Os líderes não deveriam ter sucesso apenas pelo fato de terem mentores que são bons professores, muito menos por serem colocados em situações que só fazem ressaltar suas boas qualidades. E muito menos se deve contribuir para que pessoas promissoras venham a fracassar simplesmente por não contarem com quaisquer desses incentivos. Quem realmente for favorável a uma meritocracia de gestão precisará sempre equiparar as oportunidades no campo de atividades durante as transições.

Estratégias de Sucesso para Novos Líderes

A que se deve atribuir essa escassez de bons conselhos sobre a aceleração das transições? Em parte, a resposta é a grande variedade de transições existente; por isso, não adianta apresentar regras genéricas ou conselhos do tipo "válido para todas as oportunidades". Examinemos os conjuntos de situações transicionais a seguir descritos. De que maneira as definições de sucesso e os imperativos para a realização de transições eficazes diferem nesses casos?

- Promoção a uma função mais graduada em marketing *versus* transferir-se do marketing para o cargo de gerente geral de uma unidade de negócios.

- Transferir-se para uma nova posição na empresa em que se trabalha *versus* transferir-se para outra companhia.

- Transferir-se da posição de membro da equipe para a gerência de linha de produção *versus* transferir-se da linha de produção para a equipe.

- Assumir o comando de um grupo que enfrenta sérias dificuldades *versus* assumir o comando de um grupo de reconhecido e autêntico sucesso.

O ponto? Os desafios da transição acelerada variam de acordo com os fatores situacionais. Tem importância decisiva saber se o interessado está realizando uma fundamental "transição" de carreira em termos de nível na organização, se é da própria empresa ou um recém-chegado, se conta com autoridade formal e se está assumindo o controle de um grupo bem-sucedido ou de outro cheio de problemas.[11] Por tudo isso, é fundamental que se ajuste a estratégia de ação à situação a ser enfrentada.

O conselho prático precisa adaptar-se à situação, ao nível do novo líder, à sua experiência com a organização e às condições do empreendimento. Este é o objetivo fundamental deste livro: equipar os novos líderes com estruturas práticas para diagnosticar as situações a serem enfrentadas e desenvolver seus planos personalizados de aceleração de transições.

A fim de ilustrar a força de uma abordagem sistemática da aceleração da transição, pense no desafio que um novo líder enfrenta ao ter de diagnosticar a situação de sua nova organização no campo dos negócios. De que maneira ele caracteriza os desafios e oportunidades? De que maneira ele chega a consenso com o novo empregador e com seus colaboradores imediatos sobre as ações que devem ser empreendidas prioritariamente? Sem uma estrutura conceitual para orientar o diagnóstico e o planejamento, a concretização dessas metas será uma tarefa descomunal. É igualmente fácil chegar a danosos mal-entendidos com superiores ou colaboradores imediatos em torno daquilo que realmente precisa ser feito. Mesmo quando o novo líder consegue o indispensável entendimento compartilhado, ele tende a já ter esgotado significativas reservas de tempo e energias no processo, e pode ter deixado de lado importantes oportunidades e não conseguido entender alguma bomba-relógio que esteja prestes a explodir em seu caminho.

---

[11] Para um estudo mais completo de transições básicas nas vidas dos gestores, consultar Ram Charan, Stephen Drotter e James Noel, *The Leadership Pipeline: How to Build the Leadership-Powered Company* (San Francisco: Jossey-Bass, 2001).

Suponha-se então que o novo líder seja aconselhado a analisar muito cedo se o seu novo cargo é uma situação de *lançamento, mudança de posição, realinhamento* ou *sucesso continuado*. Suponha-se, igualmente, que esse novo líder dispõe de transparentes e esclarecedoras descrições dos desafios e oportunidades característicos de cada uma das situações mencionadas e de diretrizes acionáveis para estabelecer prioridades em cada uma delas. O que poderá mudar?

O instrumento de diagnóstico, chamado de modelo ST_ARS (do acrônimo em inglês para lançamentos, mudança de posição, realinhamento ou sucesso continuado), será desenvolvido com detalhes no Capítulo 3. Ele apressa consideravelmente o ritmo do novo líder tanto no diagnóstico quanto no desenvolvimento de planos efetivos de ação no novo cargo. O instrumento também ajuda o novo líder a atingir mais rapidamente um entendimento compartilhado da situação com outros protagonistas, entre os quais seu superior e seus colaboradores imediatos. Esteja ele assumindo o controle integral de uma organização ou administrando um grupo ou um projeto de curto prazo, pode usar esse instrumento para acelerar sua transição.

Existem semelhanças estruturais em desafios e oportunidades, e diretrizes correspondentes – o que se deve e o que não se deve fazer – para diferentes tipos de situações transicionais. O fundamental é empenhar-se em um meticuloso diagnóstico e depois adaptar alguns princípios gerais às exigências da situação a ser enfrentada.

Roteiro do Livro

O restante do livro proporciona um guia geral para a criação do plano de aceleração de 90 dias. Os fundamentos conceituais desse guia são 10 desafios fundamentais da transição:

1. **Fazer a própria promoção** Isso não significa contratar um RP pessoal, mas consolidar a separação mental entre o antigo emprego e a preparação para assumir o controle na nova posição. A maior armadilha que se pode enfrentar é imaginar que todos os sucessos ocorridos até esta etapa da carreira estejam destinados a se repetir. Os riscos de se aferrar ao que se conhece em profundidade, trabalhar arduamente para continuar fazendo aquilo e acabar fracassando são muito reais.

2. **Acelerar o aprendizado** É indispensável ascender rapidamente na curva de aprendizado na nova organização. Isso significa entender seus mercados, produtos, tecnologias, sistemas e estruturas, bem como sua

cultura e suas políticas. Familiarizar-se com uma nova organização pode ser tão difícil quanto tentar beber água de uma mangueira de combate a incêndio. É preciso ser sistemático e orientado quanto às decisões sobre o que é preciso aprender e sobre como fazê-lo da maneira mais eficiente.

3. **Ajustar a estratégia à situação** Não existem regras universais para se conseguir sucesso nas transições. É preciso diagnosticar com a maior precisão a situação do negócio e esclarecer todos os seus desafios e oportunidades. Por exemplo, lançamentos – de produtos, processos, fábricas ou negócios – compreendem desafios muito diferentes daqueles que se enfrenta quando há mudança de posição em relação a um produto, processo ou setor em sérias dificuldades. Um diagnóstico transparente da situação é um pré-requisito indispensável para o desenvolvimento de um plano de ação.

4. **Garantir ganhos iniciais** Ganhos imediatos consolidam a credibilidade e criam força cinética, além de originarem ciclos virtuosos que equilibram a energia que se dedica à organização a fim de fazer surgir um sentido generalizado de que coisas boas estão acontecendo. Nas primeiras semanas é preciso identificar oportunidades a fim de consolidar a credibilidade pessoal. Nos primeiros 90 dias, é indispensável identificar maneiras de criar valor, aperfeiçoar os resultados de negócios e chegar ao ponto de equilíbrio mais rapidamente.

5. **Negociar o sucesso** Como não existe outro relacionamento mais importante do que esse, é preciso planejar adequadamente a consolidação de uma relação de trabalho positiva com o novo empregador e gerenciar e concretizar as expectativas deste. Isso significa planejar cuidadosamente uma série de conversações cruciais sobre a situação, as expectativas, o estilo, os recursos e o desenvolvimento da pessoa. Fundamentalmente, isso significa desenvolver e formar um consenso em torno do plano de 90 dias.

6. **Concretizar o alinhamento** Quanto mais elevada a posição na pirâmide organizacional, maior a necessidade de exercer a função de arquiteto organizacional. Isso significa analisar e garantir que a estratégia da organização seja a mais adequada, conduzir sua estrutura em alinhamento com essa estratégia e desenvolver os

sistemas e capacidades básicas indispensáveis à realização do objetivo estratégico.

7. **Montar a equipe** Quando se estiver herdando uma equipe de trabalho, será indispensável fazer a avaliação de todos os seus integrantes e talvez reestruturá-la a fim de que tenha condições de melhor suprir as demandas da situação. A disposição de fazer apelos pessoais logo no início da transição e a capacidade de escolher as pessoas certas para os lugares certos são dois dos mais importantes motivadores de sucesso ao longo de uma transição. É necessário agir tanto com sistematização quanto com estratégia na abordagem do desafio representado pela construção da equipe.

8. **Criar coalizões** O sucesso dependerá da capacidade do líder de influenciar pessoas que não estejam sob sua linha direta de controle. Alianças de suporte, tanto internas quanto externas, serão necessárias para concretizar as metas do líder. Por isso, este deve começar de imediato a identificar todos aqueles cujo apoio considerar essencial para o seu sucesso, e igualmente a elaborar maneiras de alinhá-los com as suas posições.

9. **Manter o equilíbrio** No tumulto pessoal e profissional característico de uma transição, será preciso trabalhar duramente para manter o equilíbrio e preservar a capacidade de fazer bons julgamentos. Os riscos de perder a perspectiva, ficar isolado e fazer apostas erradas são onipresentes durante as transições. Mas há muita coisa que se pode fazer para acelerar a transição pessoal e conquistar maior controle sobre o respectivo ambiente de trabalho. Contar com uma verdadeira rede de colaboração e aconselhamento é indispensável nessa etapa.

10. **Acelerar a todos** Por fim, será necessário ajudar todos os integrantes da organização – colaboradores imediatos, superiores e colegas – a acelerar as respectivas transições. Quanto mais rapidamente se conseguir colocar os colaboradores imediatos no ritmo desejado, mais se estará ajudando o próprio desempenho. Além disso, os benefícios da sistemática agilização das transições de todos os envolvidos são potencialmente imensos.

O bom desempenho na superação desses desafios centrais significará sempre uma transição de sucesso. A incapacidade de transpor qualquer um deles, contudo, será suficiente para provocar problemas potencialmente devastadores.

Os capítulos a seguir oferecem diretrizes e ferramentas às quais é possível recorrer a fim de alcançar o sucesso no enfrentamento de cada um desses desafios. O leitor aprenderá a diagnosticar sua situação particular e a criar planos de ação talhados conforme suas necessidades concretas, seja qual for seu nível na pirâmide organizacional ou a situação empresarial enfrentada. No decorrer do processo, desenvolverá um plano de 90 dias capaz de agilizar sua capacidade de desempenhar novas funções.

Este livro se destina a novos líderes em todos os níveis, desde gerentes principiantes até CEOs de primeira viagem. Os princípios fundamentais da eficiente aceleração da transição funcionam adequadamente ao longo de todos os níveis. Mas os pontos específicos como *quem, o que, quando* e *como*, bem como os pesos relativos dos 10 desafios fundamentais, variam consideravelmente. Para pessoas mais experientes, alinhar a arquitetura da organização, formar a equipe e criar coalizões são as considerações mais importantes. Para pessoas mais jovens, consolidar um relacionamento com o novo empregador e criar uma rede efetiva de colaboração e aconselhamento serão certamente as prioridades. Cada novo líder precisa rapidamente familiarizar-se com a nova situação, para assim garantir os ganhos iniciais e consolidar coalizões de apoio. É por isso que este livro oferece diretrizes para traduzir princípios em planos talhados de acordo com situações específicas. O leitor, esperamos, irá interagir com o texto, fazendo anotações sobre a aplicabilidade de pontos específicos à sua situação especial, e ao mesmo tempo pensando sobre de que maneira o conselho apresentado se aplicará a ela.

1. Fazer a Própria Promoção

Depois de trabalhar durante oito anos no setor de marketing de uma empresa de eletroeletrônicos com sede no Texas, Julia Gould foi promovida à liderança de um projeto. Até então, seu currículo era típico de alguém destinado ao estrelato. Sua inteligência, seu foco e sua determinação haviam resultado no reconhecimento geral de suas qualificações e em rápidas promoções a postos de responsabilidade cada vez maior. A empresa identificara nela uma líder com alto potencial, situando-a entre as pessoas com maiores possibilidades de rápida ascensão na escala organizacional.

Julia foi nomeada gerente de lançamento de um dos produtos mais promissores da companhia. Ficou responsável pela coordenação das atividades de uma equipe interfuncional cujos integrantes procediam das áreas de marketing, vendas, P&D e produção. Sua meta: levar rapidamente o produto da P&D para a linha de produção, supervisionar um acelerado desenvolvimento a fim de satisfazer a esperada demanda e organizar o lançamento no mercado.

No entanto, muito cedo, Julia passou a enfrentar problemas. O sucesso que alcançara no marketing decorria principalmente da extraordinária atenção que dedicava aos detalhes. Acostumada a administrar com autoridade e a ter sempre a última palavra, ela tinha necessidade de sentir-se permanentemente no controle e tendia ao microgerenciamento. Quando procurou continuar a dar ordens, os integrantes da equipe inicialmente nada comentaram – apenas tomaram consciência do fato. Em seguida, porém, dois dos principais integrantes do grupo começaram a desafiar conhecimento e autoridade. Atônita, ela passou a enfocar mais a área sobre a qual tinha pleno domínio: o marketing de lançamento. Suas tentativas de microgerenciar os elementos do marketing da equipe acabaram alienando o apoio destes. Um mês e meio depois do começo do projeto, Julia estava de volta ao seu antigo posto no marketing, e outra pessoa foi instalada no comando da equipe de lançamento.

Julia Gould fracassou pela incapacidade de se projetar da condição de competentíssima protagonista funcional para a função de gestão de um projeto interfuncional. Não se deu conta de que as qualidades que constituíam a base do seu sucesso no marketing poderiam transformar-se em deficiências em uma função em que precisaria, acima de tudo, liderar sem impor autoridade direta nem expor constantemente conhecimentos superiores aos dos demais participantes. Ela continuou, pelo contrário, a fazer aquilo que melhor sabia, e que lhe proporcionava sensação de autoconfiança e pleno controle. O resultado disso tudo, obviamente, foi o inverso do esperado. Ao não se permitir um rompimento com o passado, impedindo seu envolvimento pleno com a nova função, ela acabou jogando fora uma grande oportunidade de crescer na empresa.

O que Julia poderia ter feito de outra maneira? Em primeiro lugar, ter se concentrado mentalmente na própria promoção à nova posição, um desafio que é fundamental para os novos líderes. "Autopromover-se" não é sinônimo de exageros individualistas, nem requer que se contrate uma firma de RP. Significa, isto sim, preparar-se mentalmente para transferir-se ao novo cargo mediante um rompimento com o passado e uma adoção plena dos imperativos da nova situação a fim de contar com uma boa margem de partida. Por maiores que sejam as dificuldades dessa tarefa, superá-las é indispensável. São incontáveis os casos de gestores promissores que, quando promovidos, não conseguem autopromover-se à nova condição mediante a adoção da necessária mudança de perspectiva.

Um erro a isso relacionado é o de acreditar na possibilidade de ser bem-sucedido na nova função continuando a fazer aquilo que se fazia na anterior, apenas de maneira mais intensificada. "Eles me contrataram por causa de minhas aptidões e realizações", é a justificativa desse posicionamento. "Então, deve ser isso o que esperam que eu continue fazendo aqui." Esse pensamento é extremamente destrutivo porque o fato de fazer o que se conhece e fugir daquilo que se desconhece pode parecer dar resultados, pelo menos durante algum tempo. É possível existir em estado de negação, acreditando que, por ser produtiva e eficiente, a pessoa está sendo automaticamente eficaz. Pode-se continuar acreditando nisso até o momento em que tudo começa a desabar em torno de quem assim pensa.

Ninguém é imune a tal armadilha, nem mesmo executivos de comprovada experiência. Observe-se, por exemplo, o caso de Douglas Ivester na Coca-Cola. Ele foi promovido a CEO em 1997, depois da morte repentina de seu antecessor, o elogiadíssimo Roberto Goizueta, que havia comandado a companhia desde 1981.[1] Em 1999, depois de uma série de passos em falso que minaram a confiança nele depositada pela diretoria da Coca-Cola, Ivester pediu demissão.

Para observadores neutros, Ivester reunia todas as condições indispensáveis ao cargo. "O verdadeiro desafio (para a Coca-Cola)", escreveu um analista da consultoria PaineWebber, "é não se transformar em vítima do próprio sucesso. E, na minha opinião, a atual composição diretiva da Coca, começando pelo próprio Doug Ivester, é um indicativo de que eles não pretendem facilitar em relação a essa possibilidade."[2] A revista *Fortune* chegou a qualificar Ivester como "o protótipo do líder empresarial do século 21".[3]

Contabilista por formação, Ivester passara quase 20 anos avançando na hierarquia até se tornar o COO (diretor operacional) da empresa e, nessa condição, o braço-direito de Goizueta. Nomeado CFO (diretor financeiro) em 1985, aos 37 anos, ele rapidamente deixou sua marca ao planejar e comandar a bem-sucedida separação, em 1986, das operações de engarrafamento, a Coca-Cola Enterprises. Foi igualmente bem-sucedido como presidente das operações na Europa, sua primeira função executiva operacional, tendo supervisionado a expansão da companhia pela Europa Oriental em 1989. Ivester foi presidente da Coke USA um ano depois e tornou-se presidente (CEO) e diretor de operações (COO) da companhia em 1994.

Sua derrocada começou ao não concretizar o indispensável salto de COO para CEO. Recusou-se a nomear um novo diretor de operações, apesar de fortemente pressionado em tal sentido pela diretoria da empresa. Em vez disso, continuou a agir como um "super-COO", mantendo contato diário com as 16 pessoas que se reportavam diretamente a ele. A extraordinária atenção que dedicava aos detalhes, algo visto como uma virtude em finanças e operações, tornou-se um empecilho na nova posição. Ivester não conseguiu se liberar das operações rotineiras do dia a dia com a amplitude necessária para assumir as funções estratégicas, visionárias e de estadista que um CEO realmente eficaz acaba desempenhando.

---

[1] A história de Ivester é narrada em M. Watkins, C. Knoop e C. Reavis, "The Coca-Cola Co. (A): The Rise and Fall of M. Douglas Ivester", Case 9-800-355 (Boston: Harvard Business School, 2000).
[2] C. Mitchell, "Challenges Await Coca-Cola's New Leader", *Atlanta Journal and Constitution*, 27 de outubro de 1997.
[3] P. Sellars, "Where Coke Goes from Here", *Fortune*, 13 de outubro de 1997.

O resultado traduziu-se em uma série de passos em falso, nenhum deles fatal em si mesmo, mas que, no conjunto, minaram a credibilidade de Ivester. O tratamento equivocado que dispensou aos reguladores europeus contribuiu para o fracasso da tentativa da Coca de adquirir a Orangina na França, e reduziu drasticamente o valor da aquisição das marcas Cadbury Schweppes. Foi igualmente identificado como o maior culpado pela má condução de uma crise em 1999, envolvendo a contaminação de Coca-Cola engarrafada na Bélgica, pelo fato de não assumir ostensivamente o comando dos eventos a ela relacionados. Alienou outros aliados potenciais ao não reagir efetivamente a um danoso processo por discriminação racial na sede mundial da empresa em Atlanta, Geórgia, e ao aplicar demasiada pressão aos engarrafadores do refrigerante, já descontentes com os preços e estoques do concentrado. No final de todo esse processo, restou pouco apoio a Ivester.

Sugerindo que seu fracasso foi o resultado de uma falha irremediável de caráter, o *Wall Street Journal* pontificou: "Comandar uma empresa gigantesca como a Coca-Cola é muito parecido com conduzir uma orquestra, mas o Sr. Douglas, ao que parece, não era bom de ouvido. (...) Sabia toda a matemática, mas não a música necessária para comandar a principal organização mundial em matéria de comercialização".[4]

As causas do fracasso de Ivester, contudo, residem mais naquilo que ele não conseguiu fazer (ou não aprendeu a fazer) do que naquilo que não poderia deixar de ter feito. Uma carreira impressionante chegou assim a um final profundamente desapontador, ou até mesmo trágico, porque seu protagonista insistiu em concentrar-se naquilo em que se achava mais competente do que todos os demais. Foi um fracasso inevitável? Provavelmente não. Teria decorrido da abordagem de sua transição de COO para CEO? Com certeza.

A Arte da Autopromoção

Como fugir dessa armadilha? De que maneira ter a certeza de estar enfrentando corretamente os desafios de uma nova posição? Esta seção apresenta alguns princípios básicos indispensáveis a que se esteja mentalmente pronto para uma nova posição.

---

[4] "Clumsy Handling of Many Problems Cost Ivester Coca-Cola Board's Favor", *Wall Street Journal*, 17 de dezembro de 1999.

Estabelecer um Claro Ponto de Ruptura

A mudança de uma posição para outra bem diversa costuma ocorrer em meio a uma espécie de nevoeiro. Normalmente não se dispõe de um tempo razoável antes de ser jogado em um novo cargo. Quando tem sorte, um novo líder até que consegue umas duas semanas de folga, mas o mais comum é ter de contar esse intervalo em dias. A transição apanha a pessoa em uma urgência de resolver todos os assuntos pendentes do antigo posto, ao mesmo tempo em que precisa abraçar plenamente as questões relacionadas com a nova função. Pior ainda, é possível ver-se obrigado a desempenhar ambos os cargos até que a posição que se está deixando seja preenchida, o que torna a linha de demarcação ainda mais indistinta.

Devido à possibilidade sempre existente de não se conseguir uma transição transparente em termos de responsabilidades da função, é essencial disciplinar-se para conseguir fazer essa transição mentalmente. É preciso escolher um determinado intervalo – um fim de semana, por exemplo – e utilizá-lo para imaginar-se em meio a uma promoção. Em primeiro lugar, é importante ter total consciência de que se está deixando a função antiga e assumindo plenamente a nova colocação. Analisar claramente as diferenças entre ambas e em que sentidos será preciso pensar e agir de maneira totalmente diferente. Encontrar tempo para comemorar essa transição, mesmo que informalmente, com a família e os amigos. Usar o tempo para voltar à base com amigos e conselheiros, e para pedir a todos eles alguns conselhos práticos. O ponto central de todo esse esforço é: fazer tudo o que for indispensável para entrar no estado de espírito da transição.

Começar Correndo

A transição começa no momento em que se toma conhecimento de se estar sendo cogitado para um novo cargo (ver o Gráfico 1-1), e termina exatos 90 dias depois da posse. A essa altura, pessoas importantes na organização – superiores, colegas e colaboradores imediatos – esperam que o novo executivo esteja preparado para imprimir alguma velocidade.

Um período de três meses não é uma regra muito dura ou excessivamente curta; tudo irá depender do tipo de situação que o novo líder passará a enfrentar. Qualquer que seja o caso, é aconselhável usar esse prazo de 90 dias como um marco fundamental para o planejamento de objetivos. Isso ajudará a enfrentar a necessidade de operar em uma margem de tempo comprimida. Com sorte, é possível conseguir um mês, ou mais, de prazo entre tomar conhe-

GRÁFICO 1-1

Marcos principais da transição

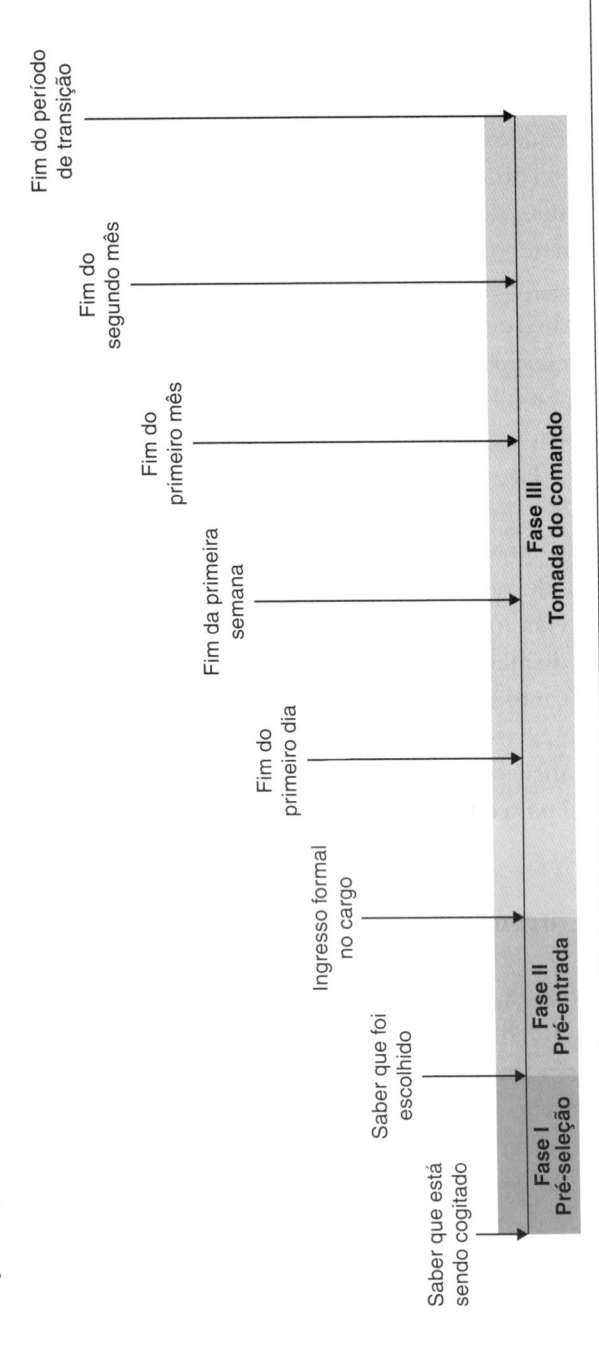

cimento de que se está sendo pretendido para o cargo e sentar-se à cadeira de seu titular. É preciso usar esse prazo para começar a aprender tudo o que for possível sobre a organização.

Seja qual for o tempo de preparação disponível, o ideal é começar planejando o que se espera realizar com marcos específicos. Não haverá provavelmente tempo suficiente para tanto, mas mesmo um mínimo de horas de planejamento pré-ingresso pode representar uma grande vantagem. Para começar, é preciso pensar sobre o primeiro dia na nova função. O que se estará querendo fazer ao fim desse dia? A partir daí, é aconselhável passar a pensar na primeira semana. Depois, o foco tem de passar para o final do primeiro mês; a seguir, do segundo; enfim, para o marco dos três meses. Esses planos sempre estarão incompletos, mas o simples ato de começar a planejar ajudará a ficar com a mente mais aberta quanto à nova situação.

Análise das Vulnerabilidades

A oferta do novo cargo decorreu do fato de os empregadores acreditarem que o escolhido é dotado de todas as qualificações indispensáveis para conduzir a bom termo o empreendimento visado. E é provável que as tenha. Mas, como vimos nos casos de Julia Gould e Douglas Ivester, pode ser fatal confiar excessivamente naquilo que foi fator de sucesso no passado. Como disse um experiente executivo, "todos têm uma tendência a trabalhar um nível abaixo daquele que se ocupa. A verdade é que é preciso trabalhar no nível em que se está, e não naquele que se ocupou anteriormente".

Uma forma de localizar com precisão as próprias vulnerabilidades está em avaliar os *problemas preferenciais* – aqueles em torno dos quais se costuma gravitar naturalmente. Todos gostam de fazer determinadas coisas mais do que outras. A preferência de Julia Gould era o marketing; para Douglas Ivester, não havia nada igual a finanças e operações. As preferências pessoais provavelmente influenciam as pessoas a escolher empregos nos quais possam fazer mais daquilo que gostam de fazer. Como resultado, essas habilidades preferenciais vão sendo aperfeiçoadas e as pessoas sentem-se mais competentes quando resolvem problemas nessas áreas, o que só faz reforçar o ciclo. Esse padrão é semelhante a exercitar o braço direito enquanto se ignora o esquerdo, obviamente que em se falando de pessoas destras: o braço mais forte fica cada vez mais forte enquanto o mais fraco tende a atrofiar-se. O risco implícito disso é a criação de um desequilíbrio que deixará a pessoa vulnerável em situações em que o sucesso depende da capacidade de usar os dois braços com a mesma naturalidade.

A Tabela 1-1 é uma ferramenta simples para a análise das preferências do leitor por diferentes tipos de problemas de negócios. Aconselha-se preencher cada quadro com a avaliação do interesse intrínseco por *resolver problemas* no tema em questão. No primeiro quadro, por exemplo, cabe perguntar-se até que ponto se aprecia trabalhar com sistemas de reconhecimento e recompensa. Não se trata de uma questão comparativa: esse interesse não está em confronto com outros. Cabe classificar o interesse em cada tipo de problema separadamente, em uma escala de 1 (nenhum interesse) a 10 (grande interesse). É necessário ter em mente que a pergunta aqui é relativa a *interesses* intrínsecos, e não a qualificações e experiência. Aconselha-se não virar a página antes de completar a tabela.

TABELA 1-1

Avaliação dos problemas preferenciais

Avalie seu interesse intrínseco na solução de problemas em cada um dos domínios indicados, em uma escala de 1 a 10. Nessa escala, 1 significa nenhum interesse e 10 equivale a grande interesse.

Projeto de sistemas de reconhecimento e recompensa	Disposição dos funcionários	Justiça/Igualdade
_____	_____	_____
Gerenciamento de risco financeiro	Orçamentação	Avaliação de custos
_____	_____	_____
Posicionamento dos produtos	Relações com os clientes	Foco no cliente organizacional
_____	_____	_____
Qualidade do produto ou serviço	Relações com distribuidores e fornecedores	Melhoria contínua
_____	_____	_____
Sistemas de gestão de projetos	Relacionamento entre P&D, marketing e operações	Cooperação interdepartamental
_____	_____	_____

As classificações da Tabela 1-1 devem ser agora transferidas para os quadros correspondentes na Tabela 1-2. Depois disso, é preciso somar as três colunas e as cinco linhas.

Os totais das colunas representam as preferências dos respondentes em relação a problemas técnicos, políticos e culturais. Problemas *técnicos* envolvem estratégias, mercados, tecnologias e processos. Problemas *políticos* dizem respeito a poder e políticas na organização. Problemas *culturais* são aqueles que tratam de valores, normas e princípios orientadores.

Se o total de uma coluna for consideravelmente mais baixo do que o de outras, estará ali representado um potencial ponto cego para o respondente. Tendo bom escore em questões técnicas e baixo escore em cultura e política, por exemplo, é sinal de que se poderá correr o risco de ignorar o lado humano da equação organizacional.

Os totais das linhas representam as preferências por diferentes funções de negócios. Escore baixo em qualquer uma delas sugere que o respondente prefere não enfrentar problemas nessa área funcional. Mais uma vez, estamos tratando de pontos cegos potenciais.

TABELA 1-2

Preferências por problemas e funções

	Técnicos	Políticos	Culturais	*Total*
Recursos humanos				
Finanças				
Marketing				
Operações				
Pesquisa & desenvolvimento				
Total				

Os resultados desse exercício de diagnósticos devem ajudar o leitor a responder as seguintes perguntas: Em que esferas gosta mais de resolver problemas? Em que esferas mostra menor disposição a resolver problemas? Quais são as implicações disso para vulnerabilidades potenciais em sua nova posição?

Sempre é possível fazer muita coisa para compensar as próprias vulnerabilidades. Três ferramentas básicas em tal sentido são: *disciplina própria, formação de equipes* e *assessoria e aconselhamento*. Será preciso aprender a disciplinar-se para dedicar tempo a atividades críticas que não fazem parte do elenco das preferências próprias e que não tendem a se manifestar espontaneamente. Além disso, é indispensável procurar contato na organização com pessoas reconhecidamente capacitadas nessas áreas, para que possam constituir uma forte retaguarda e igualmente ensinar tudo o que for possível a respeito dessas mesmas áreas. Uma rede de assessores e conselheiros pode ser ainda uma base para transportar uma pessoa não capacitada para além dos limites da zona de conforto de cada uma. As estratégias para equilibrar as vulnerabilidades de cada um serão discutidas em detalhes nos Capítulo 7 e 9.

O Cuidado com os Pontos Fortes

São as deficiências de uma pessoa que a tornam vulnerável, obviamente; mas os pontos fortes às vezes têm efeito semelhante. Cada ponto forte tem seus defeitos decorrentes. As qualidades que levam uma pessoa até determinada altura acabam se revelando como deficiências na nova função. Tanto Julia Gould quanto Douglas Ivester prestavam grande atenção aos menores detalhes. Embora seja claramente um ponto forte, o cuidado com detalhes tem um ponto fraco, especialmente quando acompanhado por uma alta necessidade de controle: o resultado desse casamento pode ser uma tendência a microgerenciar pessoas nas áreas em que o responsável se considera mais seguro. É um padrão de comportamento capaz de desmoralizar aqueles que pretendam contribuir positivamente para o objetivo comum, desde que não se sintam supervisionados em excesso.

Reaprendendo a Aprender

Às vezes faz tempo demais desde que a pessoa se viu, pela última vez, enfrentando uma curva tão acentuada de aprendizado. "Repentinamente me dei conta de quanta coisa eu não conhecia" é uma queixa comum entre os líderes em transição. Como Julia Gould, por exemplo, que sempre teve grande destaque em uma função ou disciplina, de repente, se descobre na condição de gerente geral. Ou, tendo progredido em posições de linha, é chamado a chefiar uma equipe ou algum arranjo efetuado pela matriz. Ou até mesmo para trabalhar em uma empresa estranha em que não dispõe de uma rede estabelecida de contatos, muito menos com o sentimento de pertencer àquela cultura. Qualquer que seja a situação, a necessidade comum é a de aprender muitas coisas, e com rapidez.

Precisar começar a aprender de novo é algo capaz de fazer aflorar sentimentos há muito deixados de lado, mas sempre perturbadores, de incompetência e vulnerabilidade, especialmente quando ocorre algum problema inesperado nos primeiros dias na nova posição. É possível que se acabe revisitando uma encruzilhada na carreira em épocas em que a autoconfiança não era a mesma do momento. Isso talvez provoque alguns passos em falso e erros não cometidos durante muitos anos. Assim, mesmo que inconscientemente, a pessoa começa a gravitar apenas em torno de áreas em que se sente competente e de pessoas que estejam sempre reforçando essa autoestima.

Desafios totalmente novos e os decorrentes temores de incompetência representam uma combinação com potencial de desencadear um ciclo vicioso de rejeição e defensivismo, como Chris Argyris destacou em "Teaching Smart People to Learn" (Ensinando Pessoas Inteligentes a Aprender), na *Harvard Business Review*:

> Exatamente em função de sua extrema competência, há muitos profissionais que raramente enfrentam um fracasso.
> E precisamente porque quase nunca fracassaram, nunca aprenderam a aprender com cada um desses episódios.
> Assim, na eventualidade de suas (...) estratégias de aprendizado não funcionarem de maneira adequada, eles se tornarão defensivos, não aceitando críticas e colocando sempre a "culpa" em todos e em qualquer um dos participantes do processo, menos neles próprios. Em resumo, sua capacidade de aprender não funciona no momento exato em que se faz mais necessária.[5]

---

[5] Chris Argyris, "Teaching Smart People How to Learn", *Harvard Business Review,* maio/junho de 1991.

Em poucas palavras: cada um de nós pode decidir aprender ou se tornar arredio a qualquer novo ensinamento e, com isso, acabar fracassando. Pode ser um fracasso dramático, como o de Julia Gould, ou se transformar em uma morte lenta, com dezenas de ferimentos, como no caso de Douglas Ivester; em todos, porém, a única certeza é que se torna inevitável. Como vamos discutir no próximo capítulo, a rejeição e o defensivismo constituem a mais completa receita para o desastre.

Reaprender a aprender pode ser algo penoso. A transição para um novo cargo pode reviver alguns temores escondidos no fundo da alma sobre as próprias capacidades. Assim, quem acordar suando frio pode se acalmar. A maioria dos novos líderes experimenta essa mesma sensação. E basta admitir a necessidade de aprender para que se torne bem mais fácil a superação dessa dificuldade.

Refazer a Rede

À medida que se progride na carreira, muda a natureza da assessoria e do aconselhamento de que se necessita. Desenvolver a própria promoção é algo que exige um trabalho proativo no sentido de reestruturar a rede de assessoria e aconselhamento dos primeiros tempos. No começo da carreira, é interessante cultivar bons assessores técnicos – especialistas em determinados aspectos de marketing ou finanças, por exemplo, capazes de contribuir para a concretização das metas planejadas. À medida que ocorrerem progressivamente as promoções, contudo, será importante, acima de tudo, contar com aconselhamento político e assessoria pessoal. Conselheiros políticos ajudam a entender as políticas da organização, algo que passa a ter importância crucial quando se pretende implementar mudanças. Assessores pessoais ajudam a manter uma adequada perspectiva e equilíbrio em tempos de pressão. Como será discutido no Capítulo 9, a transformação da rede de assessoria e aconselhamento nunca é fácil. Os assessores do momento podem ser amigos íntimos, e a pessoa aconselhada pode se sentir muito mais à vontade com conselheiros técnicos cujos domínios também sejam do seu conhecimento.

Prestar Atenção a Quem Representa Obstáculo ao Progresso

Consciente ou inconscientemente, existem indivíduos que não desejam o progresso de companheiros de trabalho. É o caso do antigo empregador que pode fazer de tudo, por exemplo, para impedir a saída de um funcionário pretendido por um concorrente. Por isso é importante determinar, logo que ficar claro que a transição se concretizará, tudo aquilo que será preciso fazer a fim de não deixar pontas soltas no emprego do qual se está saindo. Isso significa ser específico a respeito de quais os temas ou projetos serão abordados, e até que ponto, e acima de tudo, aquilo que *não* será feito. Fazer anotações e garantir que cheguem ao empregador, por exemplo, é algo capaz de garantir que todos estejam na mesma página do "livro de regras". A partir daí, é fazer com que empregador e funcionário cumpram o que foi combinado. É preciso ser realista quanto àquilo que se pretende realizar. Sempre existe um "algo mais" que a pessoa pode fazer, desde que para tanto se prepare, e disso decorre a extrema importância da disponibilidade de tempo para aprender e planejar antes de começar em um novo emprego.

Os amigos provavelmente não vão aceitar que suas relações venham a ser alteradas. Mas essa mudança é uma necessidade, e quanto mais cedo se aceitar tal fato (e ajudar os outros nessa aceitação), melhor será para todos. Sempre haverá alguém na organização buscando indícios de favorecimento indevido por parte da pessoa em transição, e que, tendo a oportunidade para tanto, haverá de julgá-la de acordo com a impressão que teve nessa ocasião.

A pessoa promovida para supervisionar outras que foram outrora colegas do mesmo nível funcional certamente enfrentará inveja por parte de alguns. E sempre haverá, entre estes, alguém disposto a sabotar a promoção do ex-colega. Isso normalmente vai se amenizando com o passar do tempo. Mas sempre é bom estar na expectativa de testes de autoridade e planejar para enfrentar esses momentos com firmeza e justiça. Se não for possível estabelecer limites no começo, haverá arrependimentos no futuro. Fazer com que os demais aceitem uma promoção alheia é parte essencial do processo de autopromoção. Assim, se a pessoa promovida chegar à conclusão de que os colegas nunca serão capazes de aceitar a nova situação, terá de considerar um meio de afastá-los da organização com a maior brevidade possível.

Superando os Obstáculos

Consolidar a própria promoção é um caminho sempre cheio de obstáculos, e algumas dessas barreiras podem estar na pessoa que enfrenta esse período de transição. Por isso é sempre indicado reservar um tempo para refletir com cuidado a respeito das vulnerabilidades pessoais na nova posição, de acordo com as revelações da análise dos problemas preferenciais. Como se poderá fazer a devida compensação? A partir daí, cabe pensar sobre as forças externas, como, por exemplo, comprometimentos com o empregador atual que poderiam significar elementos de regressão. Como fazer para evitar que isso aconteça?

Tomando emprestado um velho ditado, a autopromoção é uma jornada, não um destino. Será preciso trabalhar constantemente para garantir que se esteja empenhado com os desafios *reais* da nova posição, em vez de praticando aquilo que Ron Heifetz denomina de "fuga do trabalho".[6] É muito fácil recuar imperceptivelmente para hábitos que sejam tanto confortáveis quanto perigosos. Um bom plano poderia ser a releitura periódica deste capítulo e de suas questões, complementada pela mais importante de todas as perguntas: "Estarei fazendo realmente tudo o que posso em benefício da minha promoção?".

CONTROLE DA ACELERAÇÃO

Listas de controle como esta aparecem no final de cada capítulo, a fim de ajudar o leitor a fixar os pontos principais e aplicá-los à sua situação individual. Estas questões devem ser usadas para orientar a indispensável análise e formatar a aceleração do plano de 90 dias.

1. Quais foram os fatores principais do sucesso atingido até aqui em sua carreira profissional? Será possível ter sucesso na nova função confiando exclusivamente neles? Em caso negativo, quais as qualificações a serem desenvolvidas com maior premência?

2. Existem fatores da nova função fundamentais para o sucesso mas que, ainda assim, seria melhor não focalizar? Por quê? Como compensar esses pontos cegos?

3. O que será preciso fazer para garantir aquele indispensável salto mental em direção à nova posição? A quem seria mais adequado e prático pedir conselho e assessoramento nessa matéria? Existem outras atividades capazes de ajudar a concretizar a mudança?

---

[6] Ver Ronald Heifetz, *Leadership Without Easy Answers* (Cambridge, MA: Belknap Press, 1994).

2. Acelerar o Aprendizado

Chris Bagley chefiava o setor de qualidade na Sigma Corporation, empresa de médio porte do setor de bens duráveis. Quando o diretor de Chris se demitiu para assumir a vice-presidência de produção da White Goods, fabricante de eletrodomésticos que atravessava uma crise, ofereceu-lhe a gerência geral da maior fábrica desse grupo. Chris não pensou muito antes de aceitar a oportunidade.

A Sigma havia consolidado seu prestígio no setor em que atuava. Chris ingressara na companhia logo depois de formar-se em engenharia industrial, tendo desde então ocupado várias das principais funções de produção. Era altamente qualificado; contudo, foi-se acostumando a trabalhar sempre com a mais avançada tecnologia e com uma equipe altamente motivada. Ao inspecionar a fábrica da White Goods antes de assumir sua posição, verificou que as condições ali existentes em nada se comparavam às da Sigma. Isso só serviu para motivá-lo a mudar tudo aquilo – e sem perda de tempo.

Pouco depois de assumir o comando da fábrica, Chris declarou-a obsoleta, devendo ser reconstruída a partir dos alicerces – "ao estilo da Sigma". Começou contratando – fora da empresa – consultores operacionais com plenos poderes. Estes logo apresentaram um relatório rigoroso, caracterizando a tecnologia e os sistemas da fábrica como "antiquados", e as aptidões da força de trabalho como "marginais". Recomendaram também, a partir disso, uma reorganização total da fábrica, a começar pela equipe de funcionários, acompanhada por pesados investimentos em tecnologia e treinamento dos empregados. Chris fez questão de transmitir essas recomendações aos seus colaboradores imediatos, adiantando-lhes que pretendia implementar todas as mudanças sugeridas com a maior presteza. E interpretou o silêncio deles como indício de concordância com o seu entusiasmo.

Pouco depois da implementação da nova estrutura de equipe em uma das quatro linhas de produção da fábrica, a produtividade despencou e a qualidade piorou. Chris convocou uma reunião geral da equipe para determinar que "os problemas sejam resolvidos, e de imediato". Longe da pretendida solução, os problemas persistiram e o moral de todos os funcionários desintegrou-se.

Ao final de três meses, Chris é que foi chamado pelo seu diretor, que lhe disse, com todas as letras: "O que você conseguiu foi alienar praticamente todo mundo. Eu contratei você para melhorar a fábrica, jamais para destruí-la". Depois disso, o diretor submeteu Bagley a um cerrado interrogatório: "Quanto tempo você dedicou ao estudo da história desta fábrica? Por acaso lhe interessou o fato de que eles já fizeram experiências malsucedidas com equipes de produção? Alguma vez demonstrou interesse em analisar aquilo que eles conseguiam realizar antes da sua chegada, com os escassos recursos de que dispunham? Acho melhor você parar um pouco de fazer e começar a ouvir".

Abalado com tudo aquilo, Chris Bagley manteve a partir de então sérias discussões com seus gerentes, supervisores e grupos de trabalhadores. Só então se deu conta da criatividade por eles desenvolvida para superar a escassez de investimentos que a fábrica sempre enfrentara. Convocou depois uma reunião geral da fábrica, aproveitando a ocasião para elogiar a equipe de trabalho por ter conseguido realizar tanta coisa antes da chegada dele ao cargo. Comunicou igualmente a implantação de um plano de reorganização, e que o foco, antes da determinação de quaisquer outras novas mudanças, se voltaria para a melhoria da tecnologia disponível.

Qual foi o erro inicial de Chris Bagley? Como tantos outros novos líderes, ele não procurou informação adequada e suficiente sobre a nova organização, e por isso acabou cometendo prejulgamentos que custaram caro a todos os envolvidos. O essencial, nesses casos, é definir aquilo que é essencial saber a respeito da nova organização, e aprender tudo no menor prazo possível. Por quê? Porque um aprendizado eficaz e efetivo reduz a janela de vulnerabilidade do recém-chegado à nova organização. Só assim ele passa a ter a capacidade de identificar problemas potenciais cujo surgimento poderia tirá-lo do rumo mais adequado. Esse mesmo aprendizado capacita o recém-chegado a tomar *boas* decisões de negócios em prazo mais curto. É essencial, então, estar atento à realidade de que não existem clientes internos e externos dispostos a esperar que o novo líder percorra a curva do aprendizado em velocidade de passeio.

Superar Deficiências no Aprendizado

Cada vez que um novo líder fracassa, a incapacidade de aprender está entre as causas. Uma sobrecarga de informação pode obscurecer as questões mais flagrantes. São tantas as coisas que se precisa absorver que fica difícil achar o foco adequado. Em meio à torrente de informações que assola a jornada de cada um, é fácil deixar de perceber indícios importantes. Ou se acaba focando demasiadamente o lado técnico do empreendimento – produtos, clientes, tecnologias e estratégias – e abreviando, também de maneira imprópria, aquele aprendizado fundamental que diz respeito à cultura e às políticas da empresa.

Contribuindo para aumentar as dimensões desse problema, é surpreendentemente escasso o número de gestores que passam por qualquer treinamento sistematizado em matéria de diagnóstico de uma organização. Os que o fazem são quase sempre profissionais de recursos humanos ou ex-consultores de gestão.

Uma questão a isso relacionada é a inexistência de planificação do aprendizado. Planejar aprender significa analisar com a devida antecipação quais são as questões realmente importantes e a melhor maneira de reagir a elas. São poucos os novos líderes que dedicam bom tempo a refletir sistematicamente sobre suas prioridades de aprendizado. E são ainda menos aqueles que criam um programa explícito de aprendizagem quando passam a desempenhar uma nova função.

Alguns líderes inclusive apresentam "deficiências no aprendizado", que são bloqueios internos potencialmente desastrosos da capacidade de aprender. Uma dessas deficiências reside na incapacidade até mesmo de tentar entender a história da organização. Uma pergunta básica que todo novo líder precisa fazer é "como se chegou a este ponto?". Se não a fizer, passará a correr o risco de derrubar muros sem saber por que eles foram erguidos. Desde que equipado com algum conhecimento, ou percepção, da história, sempre se poderá chegar à conclusão de que o muro em questão não é necessário e deve ser derrubado. Ou, então, entender que houve realmente uma boa razão para que fosse construído, e que o melhor mesmo é deixá-lo como está.

Outros novos líderes sofrem da compulsão pela ação, uma deficiência de aprendizado cujo principal sintoma é a necessidade de estar sempre fazendo alguma coisa. A pessoa que normalmente se sente por demais ansiosa ou ocupada, não tendo assim tempo disponível para sistematizar o aprendizado, encaixa-se à perfeição nesse perfil. Trata-se de uma deficiência muito séria, pois o fato de sentir-se ocupado em demasia, e por isso não ter tempo de aprender, seguidamente se transforma em uma espiral mortífera. Quem não aprende facilmente toma decisões inadequadas e precipitadas que acabam minando sua credibilidade, o que faz com que outras pessoas deixem de compartilhar informações importantes consigo, tudo isso inevitavelmente conduzindo a decisões ainda mais inadequadas. O resultado disso tudo é um ciclo vicioso capaz de causar danos irreparáveis à credibilidade do responsável. Portanto, cuidado! Começar decisivamente quando se passa a integrar uma nova situação – e às vezes, como veremos no próximo capítulo, isso *é* efetivamente a coisa certa a fazer – pode parecer a melhor forma de agir, mas sempre existe o risco de se estar mal preparado para distinguir os problemas que verdadeiramente merecem uma intervenção em tal sentido.

O pior de tudo ocorre, porém, quando alguns novos líderes chegam com "a solução". Eles já tomaram, a essa altura, a decisão sobre a melhor maneira de resolver os problemas da organização. Pelo fato de terem amadurecido em uma companhia em que "tudo era feito da maneira certa", não admitem de forma alguma a possibilidade de que o adequado em determinada cultura organizacional se revele um erro monumental em outra. Como Chris Bagley acabou constatando da pior maneira possível, essa instância deixa o líder em transição vulnerável a sérios enganos e tem potencial para alienar outras pessoas. Bagley pensou que bastaria importar o que aprendera na Sigma para resolver os problemas existentes na outra fábrica. Mesmo em situações (como as de mudanças radicais de orientação) em que a pessoa é contratada especificamente para trazer de fora maneiras novas de fazer as coisas, persiste a necessidade de aprender a entender a cultura e as políticas da organização à qual se está chegando, para que se possa personalizar uma abordagem de ação. Além disso, demonstrar uma capacidade autêntica de ouvir muitas vezes se traduz em credibilidade e influência crescentes.

Gerenciar o Aprendizado como um Processo de Investimento

Toda vez que os líderes em transição tratarem os problemas de aceleração como se fossem um processo de investimento – e os escassos tempo e energia como recursos merecedores de cuidadosa administração –, estarão obtendo retornos na forma de *insights* acionáveis. Um *insight acionável* é um conhecimento que qualifica a tomar melhores decisões em menor prazo, e com isso ajuda o líder em transição a atingir o ponto de equilíbrio em termos de criação de valor pessoal antes do previsto. Chris Bagley teria agido de maneira diferente se soubesse que: 1) a cúpula gestora da White Goods mantinha uma política sistemática de investimentos insuficientes na fábrica apesar dos incansáveis esforços do nível gerencial em favor de uma melhoria geral; 2) a fábrica havia atingido resultados notáveis em qualidade e produtividade, dados os meios e as condições disponíveis; 3) os supervisores e os trabalhadores nutriam um justificado orgulho de suas realizações.

A fim de maximizar o retorno sobre o investimento em aprendizagem, é preciso extrair eficientes e eficazes *insights acionáveis* da massa de informação disponibilizada no decorrer do processo. O aprendizado *eficaz* exige que se depreenda *o que* é preciso aprender a fim de conseguir dar um foco aos respectivos projetos. Para tanto, faz-se indispensável dedicar algum tempo à definição da agenda de aprendizagem logo que possível, e a ela retornar periodicamente pensando em dar-lhe acréscimo e aprimoramento. O aprendizado *eficiente* significa identificar as melhores fontes disponíveis de *insight* e, a partir daí, elaborar um método que viabilize extrair o máximo de *insight* com o mínimo de dispêndio do seu precioso tempo. A abordagem tentada por Chris Bagley para conhecer a White Goods não foi eficaz nem eficiente.

Definir a Agenda do Aprendizado

Se Chris Bagley tivesse de começar tudo de novo, o que ele poderia tentar fazer de maneira diferente? Certamente planejaria envolver-se em um processo sistemático de aprendizado – criando um ciclo virtuoso de coleta, análise, hipóteses e testagem de informação.

O ponto de partida é começar a definir uma agenda de aprendizagem, idealmente antes mesmo do início das atividades na nova organização. A agenda consolida as prioridades: o que é realmente fundamental saber? Ela consiste em um conjunto focado de questões para orientar a indagação que se faz, ou as hipóteses que se pretende explorar ou testar – ou as duas coisas ao mesmo tempo. Obviamente, aprender durante uma transição é um processo iterativo. No começo, a agenda do aprendizado consiste principalmente em perguntas, mas, à medida que se avança no processo, surgem cada vez mais hipóteses sobre aquilo que se vê acontecer, e sobre por que aquilo acontece. Em ritmo intensificado, o aprendizado muda seu foco para o detalhamento e teste dessas hipóteses.

Como proceder para a compilação da primeira lista de perguntas de orientação? O melhor é começar com perguntas sobre o *passado*, o *presente* e o *futuro* da organização. Por que tudo ali é feito de uma determinada maneira? Existem motivos específicos que fazem a maneira antiga de efetivar certos processos (por exemplo, enfrentar um desafio competitivo) ainda ser válida? As condições estão sendo de tal forma alteradas que será indispensável fazer alguma coisa de modo diferente no futuro? Os quadros a seguir apresentam amostras de perguntas nessas três categorias.

Perguntas sobre o passado

Desempenho

- Como pode ser qualificado o desempenho passado da organização? Qual a opinião das pessoas da organização sobre esse desempenho?
- De que maneira as metas eram estabelecidas? Eram ambiciosas em excesso ou não tinham ambição suficiente?
- Usavam-se indicadores de qualidade internos ou externos?
- Quais as mensurações empregadas? E que comportamentos incentivavam ou desencorajavam?
- O que acontecia quando as metas não eram atingidas?

Origens dos problemas

- Se o desempenho era satisfatório, qual a sua causa?
- Quais foram as contribuições relativas da estratégia da organização, sua estrutura, suas condições técnicas, sua cultura e suas políticas?
- Se o desempenho era insatisfatório, qual a causa? As questões principais estariam na estratégia da organização? Na estrutura? Nas suas condições técnicas? Na sua cultura? Em suas políticas?

Histórico da mudança

- Quais foram os esforços empreendidos para reformar a organização? Quais foram os resultados?
- Quem tem sido o principal instrumento da formatação dessa organização?

Perguntas sobre o presente

Visão e estratégia

- Quais são a visão e a estratégia proclamadas pela organização?
- Essa estratégia é realmente posta em prática? Em caso negativo, por quê? Em caso afirmativo, essa estratégia poderá conduzir a organização à posição que ela precisa ocupar?

Pessoas

- Quem tem capacidade, e quem é incapaz?
- Quem é de confiança, e quem não é?
- Quem tem influência, e por quê?

Processos

- Quais são os principais processos da organização?
- Funcionam aceitavelmente em termos de qualidade, confiabilidade e pontualidade? Em caso negativo, por quê?

Pedras no caminho

- Que surpresas poderiam surgir no caminho do líder e desviá-lo do rumo?
- Quais seriam os passos em falso potencialmente danosos a evitar em matéria de cultura e de políticas da empresa?

Ganhos imediatos

- Em que áreas (recursos humanos, relacionamentos, processos ou produção) o novo líder poderia concretizar alguns ganhos imediatos?

Perguntas sobre o futuro

Desafios e oportunidades

- Quais as áreas com maiores probabilidades de problemas para a empresa no próximo ano? O que poderia ser feito de imediato a fim de se estar preparado para enfrentar tais problemas?
- Quais seriam as oportunidades mais promissoras ainda inexploradas? O que seria preciso acontecer para que esse potencial viesse a concretizar-se?

Obstáculos e recursos

- Quais são os principais obstáculos à concretização das mudanças necessárias? São da área técnica? Cultural? Política?
- Existem ilhas de excelência ou outros recursos de alta qualidade que possam ser multiplicados?
- Quais as novas capacidades a serem indispensavelmente desenvolvidas ou adquiridas?

Cultura

- Quais deveriam ser os elementos da cultura organizacional preservados?
- Quais seriam os elementos dessa mesma cultura merecedores de mudança?

Identificar as Melhores Fontes de *Insight*

O novo líder irá aprender com vários tipos de dados concretos, como relatórios financeiros e operacionais, planos estratégicos e funcionais, pesquisas junto aos funcionários, relatórios dos meios de comunicação e relatórios da indústria. Mas, a fim de adotar decisões eficazes, precisará também de informação "virtual" sobre estratégia, capacidades técnicas, cultura e políticas da organização. A única maneira de conseguir esses relatos de inteligência é conversando com pessoas dotadas de conhecimento crítico sobre a situação geral.

Quem pode proporcionar o melhor retorno sobre esse investimento em aprendizado? Identificar fontes promissoras tornará o processo de aprendizagem tanto mais completo quanto mais eficiente. É preciso manter sempre em mente a necessidade de ouvir pessoas importantes tanto *dentro* quanto *fora* da organização (ver o Gráfico 2-1). Conversar com pessoas de pontos de vista diversificados contribui para aprofundar esse *insight*. Tudo isso capacitará o novo líder a fazer a necessária distinção entre realidades externas e percepções internas, e entre o topo da pirâmide hierárquica e as pessoas que estão todos os dias na linha de frente.

GRÁFICO 2-1

Fontes de conhecimento

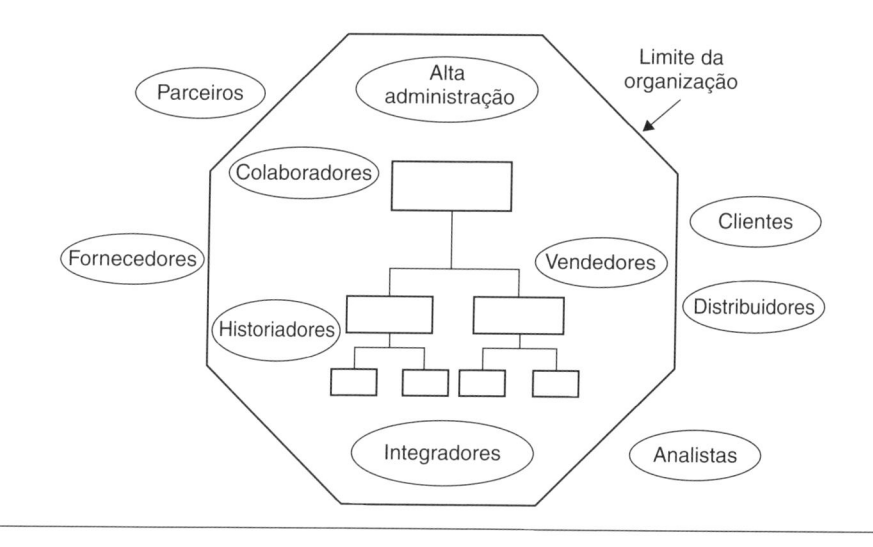

[Diagrama octogonal mostrando "Limite da organização" com os elementos internos: Alta administração, Colaboradores, Historiadores, Vendedores, Integradores; e externos: Parceiros, Fornecedores, Clientes, Distribuidores, Analistas]

As fontes mais valiosas de informação externa serão provavelmente as seguintes:

- **Clientes** Qual a opinião dos clientes sobre a organização? De que maneira os melhores clientes avaliam seus produtos ou serviços? Qual a qualidade do serviço a eles prestado? Que comparação eles fazem entre a organização e seus concorrentes?

- **Distribuidores** A partir dos distribuidores, pode-se aprender quase tudo sobre a logística da movimentação dos produtos, os serviços aos clientes e as práticas e promoções da concorrência. É igualmente viável discernir, em uma sondagem junto a eles, as capacidades dos próprios distribuidores.

- **Fornecedores** Os fornecedores têm condições de apresentar uma boa perspectiva da organização a partir do desempenho desta como cliente deles. É também possível aprender bastante com eles sobre pontos fortes e debilidades existentes no gerenciamento de operações internas e sistemas.

- **Analistas externos** Os analistas proporcionam uma avaliação razoavelmente objetiva da estratégia e das condições da organização, e também dos concorrentes. Além disso, contam com uma ampla visão das demandas do mercado e da saúde econômica da indústria.

São fontes indispensáveis de informação interna as seguintes:

- **P&D e operadores de linha de frente** São as pessoas que desenvolvem e fabricam os produtos ou entregam os serviços da empresa. O pessoal da linha de frente tem condições de colocar o líder a par dos processos básicos da organização e do estado de suas relações com públicos externos fundamentais. Esse mesmo pessoal consegue ainda proporcionar informações sobre as maneiras pelas quais o restante da organização pode dar suporte ou minar a implementação dos projetos.

- **Vendas e compras** Essas pessoas, juntamente com representantes dos serviços aos clientes e pessoal de compras, interagem diretamente com os clientes, distribuidores e fornecedores. E quase sempre dispõem de informações atualizadas sobre tendências e mudanças iminentes no mercado.

- **Funcionários** O novo líder deve conversar com superiores ou indivíduos de destaque das áreas funcionais de finanças, jurídico e recursos humanos. Essas pessoas têm perspectivas especializadas, e por isso ainda mais úteis, sobre o funcionamento interno da organização.

- **Integradores** São as pessoas que coordenam ou encaminham a interação interfuncional: gerentes de projetos, gerentes de fábricas e gerentes de produtos. É possível aprender com eles como funcionam as ligações no âmbito da organização, e como as funções se completam. Essas são as pessoas indicadas para ajudar o líder a descobrir as verdadeiras hierarquias políticas e a identificar os pontos de conflitos internos.

- **Historiadores natos** É aconselhável estar sempre muito atento a fim de descobrir os melhores historiadores – por vocação ou antiguidade na função –, pessoas que em geral estão na empresa há muito tempo ou que absorvem naturalmente a história de todo esse período. Com esse grupo, o novo líder terá condições de aprender tudo a respeito da mitologia da empresa e também sobre as origens de suas políticas e de sua cultura.

Adotar Métodos Estruturados de Aprendizagem

Logo que dispuser de um entendimento global daquilo que precisa aprender, e sobre onde deverá procurar esse ensinamento – se em relatórios, se em conversação com pessoas de notório saber –, o passo seguinte do novo líder deverá ser procurar entender qual a melhor maneira de aprender.

Boa parte dos gerentes tende a mergulhar fundo nas conversas com pessoas da organização. Claro que é possível descobrir, dessa forma, um bom número de informações primárias, mas não se trata, só por isso, de um método eficiente. Por quê? Porque pode consumir tempo demais e porque a falta de estrutura desse método dificulta definir o peso específico a ser atribuído às observações de indivíduos diferenciados. As conclusões do novo líder poderão ser formatadas a partir de um peso exagerado atribuído às informações das primeiras (ou últimas) pessoas com as quais conversar a respeito. Há também a hipótese de determinadas pessoas procurarem o novo líder exatamente com o propósito de influenciá-lo.

Por isso, o melhor é pensar na possibilidade de utilização de algum processo estruturado de aprendizado projetado especificamente para novos líderes. A fim de ilustrar as vantagens de uma abordagem estruturada, imagine-se a possibilidade de planejar uma reunião com os colaboradores imediatos para resumir suas avaliações da situação dominante na companhia. Qual seria a maneira mais indicada de organizar tal reunião? Convocar os assessores logo depois da posse na nova função pode constituir um equívoco, uma vez que sempre haverá aqueles indispostos a revelar seus pontos de vista em um fórum público.

Em vez disso, o líder resolve conversar com cada um desses assessores individualmente. Claro, esse método também apresenta problemas, pois o líder necessariamente estabelecerá uma determinada precedência, a qual ficará demonstrada na sequência das convocações. É lógico imaginar que os últimos nessa sequência venham a conversar com os primeiros da lista para obter deles alguma noção quanto ao que o líder está pretendendo. Assim, esse método sujeitará o líder à possibilidade de não conseguir todas as desejadas opiniões sobre a situação da empresa e de permitir que outros interpretem as mensagens transmitidas por ele de uma forma que não seja exatamente aquela que pretendia passar.

Suponhamos que, apesar de tudo, o novo líder decida reunir-se com seus colaboradores imediatos individualmente. Qual será a sequência por ele estabelecida? E de que maneira buscará evitar a possibilidade de se deixar influenciar exageradamente pelos primeiros dois ou três dos entrevistados? Uma modalidade adequada para tanto é a manutenção de um "roteiro" uniforme em todos os encontros. Seu formato pode consistir em breves palavras de apresentação do líder e dos seus métodos de ação, seguidas por perguntas relacionadas ao interlocutor (currículo, família e interesses), e, depois, por um conjunto padronizado de perguntas relativas ao negócio. Trata-se de uma abordagem eficiente, pois as respostas que exigirá poderão ser mais tarde comparadas. Isso certamente dará ao líder o *insight* sobre quem está se mostrando menos franco ou verdadeiro.

Ao fazer o diagnóstico de uma nova organização, o líder deve começar com seus assessores diretos, individualmente. (Este é um exemplo da realização de um corte horizontal ao largo da organização mediante entrevistas com pessoas do mesmo nível mas que ocupam funções diferentes.) As cinco perguntas básicas são:

1. Quais os principais desafios que a organização espera (ou irá com certeza) enfrentar no futuro próximo?

2. Por quê?

3. Quais são as oportunidades mais promissoras de expansão ainda inexploradas?

4. O que precisará acontecer para que a organização passe a explorar o potencial dessas oportunidades?

5. Se você fosse o líder, em que pontos concentraria sua atuação?

Essas cinco perguntas, combinadas com a devida atenção às respostas e com um cuidadoso acompanhamento das consequências, têm o potencial indispensável para inspirar muitos *insights*. Apresentando a todos um mesmo elenco de perguntas, o novo líder consegue identificar as visões dominantes e também as discordantes, eliminando assim a hipótese, sempre plausível, de vir a ser cooptado pela primeira pessoa que com ele conversar francamente, ou, ainda, pela mais eloquente ou mais persuasiva. *Como* as pessoas respondem é também um fator bastante revelador sobre a equipe e suas políticas. Quem apresenta respostas diretas? Quem é evasivo ou parece estar permanentemente tangenciando as questões principais? Quem assume responsabilidades ou prefere apontar responsáveis? Quem tem uma visão ampla do negócio, ou parece permanentemente isolado numa redoma?

Quando tiver conseguido compactar essas primeiras discussões em um conjunto de observações, perguntas e *insights*, terá chegado o momento de o líder promover uma reunião em grupo com seus colaboradores imediatos, oportunidade em que apresentará suas próprias perguntas e impressões, submetendo-as a debate. Assim agindo, o líder terá um melhor retorno quanto ao entendimento tanto do conteúdo quanto da dinâmica da equipe, e dará ao mesmo tempo uma demonstração concreta da rapidez com que começou a identificar as questões mais importantes ali em jogo.

Não é indispensável seguir esse processo de maneira inflexível. Uma alternativa é a contratação de um consultor externo para elaborar um diagnóstico da organização e retroalimentar o seu grupo com esse resultado (ver "Processo de Assimilação do Novo Líder"). Outra hipótese é a de convidar um facilitador interno para comandar o processo. O ponto é que mesmo um mínimo de estrutura – um roteiro e uma sequência de interações, como reunir-se individualmente com os integrantes da equipe, fazer algumas análises e depois reunir-se com o conjunto – é algo com potencial para acelerar radicalmente a capacidade do líder de extrair *insights* acionáveis. Naturalmente, as perguntas a serem feitas deverão ser elaboradas especificamente para os grupos reunidos. Quando o líder se reúne com o pessoal de vendas, por exemplo, deve pensar em perguntar algo no sentido de "existe alguma coisa que nossos clientes procuram e que estão conseguindo junto à concorrência, mas não conosco?".

Processos de assimilação do novo líder

Um bom exemplo de método estruturado de aprendizado é o Processo de Assimilação do Novo Líder (New Leader Assimilation Process) desenvolvido originalmente pela General Electric. Nesse processo, cada vez que um gestor assume uma nova função de destaque, ganha a assessoria de um facilitador de transição. O facilitador faz a primeira reunião com o novo líder para esboçar o processo. A seguir, ocorre uma reunião com os assessores diretos do novo líder, em que eles são solicitados a responder perguntas como: O que você mais gostaria de saber sobre o novo líder? O que você gostaria que ele soubesse a seu respeito? E sobre a situação da empresa? Os resultados principais são então transmitidos, sem individualização das respostas, ao novo líder. O processo culmina com uma reunião já adequadamente encaminhada entre o novo líder e seus assessores diretos.

Outros métodos estruturados de aprendizagem são de grande valor em situações especiais. Alguns dos métodos descritos na Tabela 2-1 podem aumentar a eficiência do processo de aprendizado do novo líder, dependendo do seu nível na organização e do tipo de situação de negócio do qual participa. Novos líderes realmente eficazes empregam uma combinação de métodos, desenhando sua estratégia de aprendizado de acordo com as demandas da situação.

Criar um Plano de Aprendizado

É a agenda de aprendizagem do novo líder que define *o que* ele deseja aprender. Esse plano de aprendizado determina *como* ele concretizará esse conhecimento. Ele transforma metas de aprendizado em conjuntos específicos de ações – identificar fontes promissoras de *insight* e usar métodos sistematizados – capazes de acelerar a absorção desse conhecimento. O plano de aprendizado é, na verdade, um elemento crítico do plano de 90 dias do novo líder. Como discutiremos mais adiante, aprender deveria constituir um foco primordial do plano de ação para os primeiros 30 dias na nova função.

O âmago do plano de aprendizado é um processo cíclico em que se colhe, analisa e refina a informação, se desenvolve e testa hipóteses, assim progressivamente aprofundando o entendimento da organização pelo novo líder. É óbvio que os *insights* específicos a serem seguidos variam de acordo com cada situação. É possível começar-se pela visão crítica do modelo do plano de aprendizado no quadro a seguir e pela decisão de quais elementos fazem sentido para cada líder, quais não fazem e quais estariam faltando. No próximo capítulo, vamos explorar diferentes tipos de situações transicionais e retornar ao assunto de o que e quando é preciso aprender a respeito.

Modelo do plano de aprendizado

Antes do ingresso

- Ler todo o material disponível sobre a estratégia, a estrutura, o desempenho e os funcionários da organização.

- Procurar avaliações externas do desempenho da organização. Assim é possível saber de que maneira pessoas de reconhecido saber e opiniões equilibradas avaliam a organização. Em se tratando de gestores de baixo escalão, é aconselhável conversar com pessoas que negociam com seu novo grupo, como fornecedores ou clientes.

- Procurar observadores externos que tenham bom conhecimento da organização, entre os quais ex-funcionários, aposentados recentemente e empresários que tenham tido relações profissionais com a empresa. Fazer a tais pessoas perguntas muito francas sobre a história, as políticas e a cultura da empresa. Conversar, se possível, com seu antecessor na função.

- Conversar com o novo diretor.

- À medida que começar a conhecer a organização, registrar suas primeiras impressões e algumas hipóteses.

- Compilar um conjunto inicial de perguntas capaz de orientar o estudo estruturado a ser feito logo que começar a nova missão.

(continua)

TABELA 2-1

Métodos estruturados de aprendizado

Método	Usos	Útil para
Pesquisas de clima organizacional e satisfação dos empregados	Aprender sobre a cultura e o moral dos funcionários. Muitas organizações fazem tais pesquisas regularmente, e às vezes contam com um banco de dados a respeito. Se não existirem, o novo líder deve estudar a possibilidade de organizar estudos regulares sobre as percepções dos funcionários.	Úteis para gestores de todos os níveis, quando houver a possibilidade de análise específica para cada unidade ou grupo. A utilidade vai depender da especificidade da coleta de dados e de sua análise. Isso igualmente supõe que o instrumento da pesquisa tenha qualidade e que os dados tenham sido coletados cuidadosamente e analisados com todo o rigor.
Conjuntos estruturados de entrevistas com "fatias" da organização ou unidade	Identificar percepções comuns e divergentes de oportunidades e problemas. É possível entrevistar pessoas no mesmo nível em diferentes departamentos (uma fatia horizontal) ou avançar ao longo de múltiplos níveis (uma fatia vertical). Qualquer que seja a dimensão escolhida, as perguntas devem ser as mesmas, e o objetivo, procurar semelhanças e diferenças entre as respostas apresentadas.	Grande utilidade para gerentes na liderança de grupos de funcionários de origens funcionais diferentes. Podem ter utilidade nos escalões inferiores em casos de unidades que enfrentarem problemas significativos.
Discussões em grupos	Analisar problemas que causam preocupações entre os grupos principais de funcionários, tais como ânimo/desânimo entre grupos representativos de trabalhadores de produtos ou serviços. Reunir grupos de pessoas que trabalham em conjunto proporciona igualmente uma visão da maneira pela qual interagem e de como se desenvolvem lideranças. Incentivar tais discussões serve para aprofundar *insights*.	Grande utilidade para gerentes de grupos avultados que realizam funções semelhantes, como gerentes de vendas ou de fábricas. Pode demonstrar utilidade para gerentes de maior escalão como uma forma de obter alguns *insights* imediatos das percepções de comunidades principais entre os funcionários.
Análises de decisões críticas do passado	Esclarecer padrões de tomada de decisões e fontes de poder e influência. O líder deve selecionar uma importante decisão recente e examinar detalhadamente como foi adotada. Quem teve a maior influência em cada um dos seus estágios? Conversar com as pessoas envolvidas, analisar suas percepções e os pontos mais destacados – ou ignorados – na opinião de cada uma delas.	Grande utilidade para gerentes de alto escalão de unidades de negócios e grupos de projetos.

Método	Usos	Útil para
Análises de processos	Examinar as interações entre departamentos ou funções e avaliar a eficiência de um processo. O líder deve escolher um processo importante – por exemplo, entrega de produtos a clientes ou distribuidores – e encarregar um grupo interfuncional de mapear o processo e identificar gargalos e problemas.	Muito úteis para gerentes de unidades e grupos em que o trabalho de múltiplas especialidades funcionais deve ser integrado. Pode ter utilidade para gerentes de nível mais baixo como forma de entender a maneira pela qual seus grupos se adaptam em processos maiores.
Visitas a fábricas e a mercados	Visitas a fábricas são oportunidades para conhecer informalmente o pessoal da produção e ouvir suas preocupações. Encontros com pessoal de vendas e produção ajudam os líderes a avaliar as capacidades técnicas. Visitas a mercados servem para apresentar o líder aos clientes, cujos comentários muitas vezes desvendam problemas e oportunidades.	De grande utilidade para gerentes de unidades de negócios.
Projetos pilotos	Proporcionam profundos *insights* em capacidade técnica, cultura e políticas empresariais. Embora esses *insights* não constituam a meta principal dos projetos pilotos, é possível aprender bastante a partir da maneira pela qual a organização ou grupo reage às iniciativas experimentais dos novos líderes.	De utilidade para executivos e gerentes em todos os níveis. A extensão do projeto piloto e seu impacto serão, evidentemente, mais visíveis à medida que o seu responsável avançar na pirâmide organizacional.

Logo após o ingresso

- Revisar planos operacionais detalhados, dados sobre desempenho e informações sobre o pessoal.

- Promover reuniões individuais com os colaboradores imediatos e apresentar-lhes as perguntas elaboradas a partir do aprendizado até então completado. Nessas reuniões será possível aprender sobre

(continua)

(continuação)

- perspectivas convergentes e divergentes e sobre aspectos pessoais de cada colaborador.

- Avaliar o andamento do processo em interfaces internas fundamentais. Ouvir de que maneira vendedores, agentes de compras, representantes de serviços aos clientes e outros interpretam as relações da organização com o público externo. Será igualmente possível tomar conhecimento de problemas entendidos nesse nível e cuja existência outros setores não conseguem perceber.

- Testar alinhamentos estratégicos do topo à base da pirâmide organizacional. Perguntar a integrantes do topo o que entendem como visão e estratégia da empresa. Verificar então até que profundidade da hierarquia esses entendimentos são válidos. Com isso se estará aprendendo qual foi o desempenho do líder anterior na tarefa de imbuir o conjunto da organização dessa visão e estratégia.

- Testar a consciência dos desafios e oportunidades existentes a partir dos níveis inferiores da pirâmide organizacional. Começar perguntando às pessoas mais simples de que maneira entendem os desafios e oportunidades da empresa. Avançar a partir daí. Com isso será possível avaliar até que ponto os integrantes da cúpula organizacional testam o ânimo reinante na organização.

- Atualizar todas as perguntas e hipóteses.

- Marcar reunião com o diretor imediato para debater suas hipóteses e constatações.

No fim do primeiro mês

- Reunir sua equipe e transmitir-lhe as constatações preliminares. Com isso será possível deduzir confirmações e desafios de suas avaliações, e também aprender mais a respeito do grupo e de suas dinâmicas.

- Analisar interfaces fundamentais de fora para dentro. Assim será possível aprender de que maneira o público externo (fornecedores, clientes, distribuidores, entre outros) avalia a organização e seus pontos fortes e fracos.

- Analisar alguns processos fundamentais. Promover reuniões entre os grupos responsáveis por mapear e avaliar os processos escolhidos.

Assim se aprenderá mais sobre produtividade, qualidade e confiabilidade.

- Fazer reuniões com os principais integradores. Assim será possível aprender como tudo funciona nas interfaces entre áreas funcionais internas da companhia. Que problemas percebem e que não são reconhecidos por outros? Buscar os historiadores natos. Eles podem proporcionar conhecimentos básicos e/ou fundamentais sobre a história, a cultura e as políticas da organização, e são também potenciais aliados e lobistas.

- Atualizar as perguntas e hipóteses.

- Marcar nova reunião com o diretor a fim de discutir todas essas observações.

Conhecer a Cultura

Os problemas mais irritantes enfrentados pelo novo líder normalmente fazem parte da dimensão cultural. Em alguns casos, é possível constatar quais aspectos da cultura implantada constituem impedimentos fundamentais ao aperfeiçoamento do desempenho econômico. O novo líder terá então de lutar para remover tais impedimentos. Outros aspectos da cultura existente muitas vezes se revelam funcionais e, por isso, dignos de preservação. Se tivesse prestado atenção a quão orgulhosa e motivada era sua força de trabalho, Chris Bagley talvez tivesse conseguido capitalizar essa energia para aperfeiçoar a fábrica. Para chegar a essa conclusão, basta pensar em toda a dificuldade maior que ele enfrentaria para concretizar sua tarefa se tivesse herdado um grupo de pessoas indolentes, hostis.

Como hábitos e normas culturais representam poderosos instrumentos da manutenção do *status quo*, é de vital importância fazer o diagnóstico dos problemas da cultura imperante e encontrar uma forma eficiente de abordá-los. Essas avaliações são extremamente importantes quando se está chegando de outro ambiente ou começando a trabalhar em uma unidade diferente daquela da qual até

---

[1] Para uma exploração ilustrativa da cultura organizacional e da função dos líderes em sua consolidação, ver Edgar Schein, *Organizational Culture and Leadership,* 2d ed. (San Francisco: Jossey-Bass, 1992).

então se fazia parte na mesma organização – unidade nova, essa, quase sempre dotada de uma forte cultura própria.

Não é possível pretender mudar a cultura de trabalho de uma organização quando não se consegue entender essa cultura. Uma estrutura bastante útil para analisar a cultura de trabalho de uma organização é a que a aborda a partir de três níveis básicos: símbolos, normas e suposições.[1]

- *Símbolos* são as marcas, entre as quais logotipos e estilos de trajar; eles distinguem uma cultura das demais e promovem solidariedade. A organização que se vai liderar tem símbolos destacáveis que possibilitem aos seus integrantes, e aos das unidades de apoio, o reconhecimento mútuo?

- *Normas* são regras sociais compartilhadas que orientam o "comportamento adequado". Quais são as formas de agir incentivadas ou recompensadas em determinada unidade? O que é capaz de atrair desprezo ou desaprovação?

- *Suposições* são as crenças muitas vezes inarticuladas que permeiam e sustentam sistemas sociais. Essas crenças são o ar que todos respiram. Que verdades todos supõem como indiscutíveis?

A fim de entender uma cultura, é preciso analisar mais a fundo a superfície dos símbolos e normas e chegar às suposições que os sustentam. Para tanto, é preciso observar cuidadosamente a maneira pela qual as pessoas interagem umas com as outras. Por exemplo, determinadas pessoas parecem mais preocupadas com realização ou compensação pessoais, ou estão mais atentas às realizações em grupo? Esse grupo parece mais informal, ou mais formal? Mais agressivo e decidido, ou mais acomodado?

Como destacou meu colega Geri Augusto, as suposições mais importantes para os novos líderes são aquelas que envolvem *poder* e *valor*.[2] Quem, na opinião de pessoas fundamentais de uma organização, pode exercer autoridade e tomar decisões legítimas? O que é necessário para progredir nessa organização? Com relação à questão do valor, quais, na opinião dos funcionários, são as ações que criam (e destroem) valor? Na White Goods, os funcionários tinham orgulho de produzir bens de alta qualidade, e por isso a decisão de mudar seu foco para um

---

[2] Geri Augusto, trabalhos apresentados em programas para executivos na Kennedy School of Government e na Harvard Business School, Boston, MA.

mercado de menor qualidade despertou resistências. Suposições divergentes sobre poder e valor – por exemplo, entre trabalhadores e gestores – têm o potencial de complicar projetos para colocar uma organização no caminho adequado. Um determinado índice de divergência é sempre inevitável. O perigo surge quando essa brecha se torna larga demais para que se consiga contorná-la por meio de comunicação e negociação efetivas.

Perspectiva Organizacional, Profissional e Geográfica

O novo líder tem ainda a possibilidade de pensar a cultura a partir de três perspectivas: organizacional, profissional e geográfica. Para tanto, é suficiente que, ao ler as descrições a seguir, ele se imagine examinando cada aspecto da cultura através das lentes de *zoom* de uma câmera. No começo, o *zoom* foca e desvenda a cultura organizacional, foco esse que gradualmente vai sendo ampliando para distinguir a cultura profissional, e depois é ainda mais amplificado para captar a cultura geográfica.

Cultura organizacional As culturas se desenvolvem nas organizações, ou grupos, com o passar do tempo, e por isso deitam raízes profundas neles. A cultura organizacional se expressa na maneira pela qual seus integrantes se relacionam (amistosa, formal, informal), nos valores que compartilham (honestidade, competitividade, dedicação ao trabalho), nas rotinas que estabelecem para convocar e para agir durante as reuniões – entre outros fatores.

Culturas organizacionais podem ser diferenciadas no âmbito e ao longo dos setores produtivos. Por exemplo, os gestores de uma empresa tradicional e renomada do setor de bens de consumo tendem a sentir-se mais à vontade com processos e sistemas complexos do que os gestores de uma companhia do mesmo setor que estiver dando seus primeiros passos. Um executivo de uma empresa do setor de energia certamente se consideraria em terreno inseguro ao passar a exercer suas atividades em uma rede de varejo de artigos de moda.

Cultura profissional Os gestores, enquanto grupo, compartilham características culturais que os distinguem de outras categorias profissionais, como engenheiros, assessores administrativos e médicos ou professores. Isso não serve, porém, como prova cabal de que todos os gestores são parecidos entre si. Na verdade, é provável que o leitor já tenha identificado grandes diferenças culturais *em* e *entre* funções de negócio.

Por exemplo, gerentes financeiros vêem o mundo de maneira diferente dos gerentes de marketing ou de P&D. Isso, em parte, decorre das diferenças existentes entre os treinamentos profissionais a que se submete cada um desses segmentos.

Cultura geográfica Mudanças geográficas tendem a apresentar a maior das diferenças em cultura. A maneira de agir das pessoas que trabalham no mundo empresarial em regiões distintas de um mesmo país pode apresentar significativas variações. As diferenças em cultura empresarial entre dois países são ainda mais pronunciadas. Os gerentes norte-americanos, por exemplo, tendem a funcionar em um cultura mais individualista, bem ao contrário dos seus equivalentes japoneses, que agem sempre de acordo com valores e procedimentos mais coletivistas.

Ingressando em Novas Culturas

A transferência para uma nova empresa, do mesmo ramo ou de um setor diferente (de serviços financeiros para gerência de produtos alimentares, por exemplo), é praticamente um sinônimo do enfrentamento de mudanças de cultura organizacional.

A nova posição leva eventualmente a pessoa a uma área funcional diferente (de operações para marketing, por exemplo) ou a um nível inteiramente novo de responsabilidade (por exemplo, da área funcional para a gerência geral). Nesses casos, é inevitável enfrentar mudanças em cultura profissional – diferenças, essas, significativas inclusive em casos de promoção/transferência para uma nova função na mesma organização em que a pessoa envolvida até então trabalhava.

Em se tratando de transferência para nova posição na mesma empresa, porém, em uma divisão ou filial de outra cidade ou região do país-sede, ou ainda em outro país, é inevitável que o envolvido venha a enfrentar mudanças culturais geográficas.

Essas diferentes modalidades de mudanças de cultura se superpõem e acabam representando um fortalecimento mútuo (ver o Gráfico 2-2). Por exemplo, ao se transferir para outra empresa localizada em cidade ou região diferentes, a pessoa inevitavelmente enfrenta mudanças de cultura organizacionais e geográficas. Vale a pena definir uma classificação do desafio da adaptação cultural em uma escala de 1 a 10 em cada uma dessas três dimensões. Na dimensão da cultura organizacional, um "10" seria transferir-se de uma organização altamente centralizada, focada em processos, para outra altamente descentralizada, focada em relacionamentos. Na dimensão da cultura profissional, seria "10" passar de finanças para recursos humanos ou vice-versa. Por fim, na dimensão geográfica, um "10" seria transferir-se de Minneapolis para Tóquio. Se o total dessas três notas for igual ou maior do que 15, estará caracterizado o enfrentamento de uma grande mudança de cultura. Quem pretender evitar passos em falso nesse processo precisará empenhar muita energia na tarefa de entender e adaptar-se à(s) nova(s) cultura(s).

GRÁFICO 2-2

Interseção das dimensões da cultura

Adaptação ou Alteração?

Depois de identificar claramente a cultura organizacional para cuja órbita se estiver transferindo, o profissional precisará decidir entre adaptar-se àquela cultura ou tentar modificá-la. Seja qual for a situação, ele terá a necessidade de entender especificamente o impacto das características culturais existentes sobre a sua nova situação. Precisará especialmente avaliar quais das características culturais ajudam a melhorar o desempenho, e quais podem prejudicá-lo. O futuro da missão depende de entender essa diferença – e de adotar as medidas por ela determinadas.

Fechando o Circuito

As prioridades e estratégias de aprendizado do novo líder experimentarão inevitáveis mudanças à medida que ele se aprofundar na situação. Ao começar a interagir com o novo empregador, ou a planejar os pontos mais favoráveis à concretização dos primeiros avanços, ou a consolidar grupos de apoio, será fundamental para esse líder obter *insights* complementares. Assim, será para ele de grande utilidade retornar periodicamente a este capítulo a fim de reavaliar sua agenda de aprendizado e elaborar novos planos de aprendizagem.

CONTROLE DA ACELERAÇÃO

1. Você é realmente eficiente no aprendizado sobre novas organizações? Costuma às vezes ser dominado pela compulsão por agir? De conseguir, de qualquer maneira, "a solução"? Se for assim, como pretende impedir que isso continue ocorrendo?

2. Qual é a sua agenda de aprendizado? Com base em seus conhecimentos, organize uma relação de perguntas destinadas a orientar suas primeiras conversas no novo cargo. Se já começou a formular hipóteses sobre o que acontece na nova organização, quais são elas, e como pretende testá-las?

3. Dadas as questões que pretende ver esclarecidas, quais são as pessoas com maiores possibilidades de proporcionar-lhe *insights* acionáveis a respeito?

4. De que maneira seria possível aumentar a eficiência do seu processo de aprendizagem? Aponte alguns caminhos que lhe poderiam proporcionar mais *insights* acionáveis em função do tempo e dedicação investidos.

5. Com base nas suas respostas às perguntas anteriores, inicie a criação do seu plano de aprendizagem.

3. Ajustar a Estratégia à Situação

Ao assumir a direção da divisão de produtos industriais de uma grande empresa multinacional, Claire Weeks tinha a certeza de contar com o potencial necessário para continuar apresentando os índices de crescimento de dois dígitos que caracterizavam esse empreendimento. Nos quatro anos anteriores, a empresa havia se mostrado sólida e, para garantia ainda maior das projeções, a divisão contava com um canal com vários produtos novos em desenvolvimento, todos promissores. Com base em suas primeiras avaliações do quadro geral, Claire se comprometeu a concretizar as ambiciosas metas constantes dos planos de seu antecessor no cargo.

Muito cedo a diretora descobriu que a situação real era bem menos cor-de-rosa do que as aparências indicavam. Os sucessos anteriores em desempenho da divisão mascaravam a existência de problemas estruturais relativos a preços e estoques, e um estremecimento das relações com os distribuidores. Tudo indicava que o antecessor de Claire estivera hipotecando o futuro da divisão para poder apresentar uma imagem positiva de seu desempenho pessoal.

Embora não chegassem a constituir ameaças mortíferas, esses problemas logo se mostraram obstáculos para o alcance das metas definidas por Claire Weeks. E ela, em vez de recorrer ao CEO da empresa, fazendo-lhe uma exposição do alcance de todos os problemas e se dispondo a enfrentar as consequências, optou por ir em frente por conta própria. Claire acreditou que pudesse integralizar, ainda que com dificuldade, as metas de crescimento propostas por meio de aumentos de preços e aquisições de outras empresas, mantendo assim os resultados em um nível razoável até surgirem os benefícios esperados do lançamento dos produtos que se encontravam em fase de desenvolvimento.

Batalhando para atingir as metas com as quais se comprometera, Claire cometeu uma série de erros, todos evitáveis, e isso passou a minar a sua credibilidade. Alienou os distribuidores da companhia com a imposição de aumentos de preços. Um ou dois dos novos produtos, cujo lançamento precipitado foi por ela indevidamente determinado, acabaram fracassando. Quando se tornou óbvio que não conseguiria cumprir suas próprias metas por meio do crescimento orgânico, a diretora novamente tentou – e fracassou – fazer uma aquisição de grande vulto. Os problemas de Claire se desenvolveram a partir de um diagnóstico equivocado da situação geral. Com base nas vantagens decorrentes de se encontrar em meio a uma situação de sucesso continuado, ela se comprometeu com metas de crescimento exageradamente ambiciosas. Na verdade, a necessidade maior da empresa era um realinhamento significativo. Em vez de encarar essa circunstância e de redirecionar as expectativas, Claire tornou-se vítima de sua própria visão estreita. E acabou sendo forçada a renunciar quando se tornou evidente que o CEO da multinacional havia perdido a confiança em sua capacidade de comandar a divisão de produtos industriais.

É muito expressivo o número de novos líderes que, como Claire Weeks, não conseguem elaborar um diagnóstico apropriado das situações enfrentadas, e que, em consequência, deixam de costurar as estratégias mais adequadas a cada uma delas. Então, pelo fato de terem interpretado erradamente a situação, cometem erros desnecessários, como, por exemplo, os compromissos que Claire assumiu com metas de receitas impraticáveis. Esse cenário desagradável continua a se reproduzir porque as pessoas costumam programar a transição própria de acordo com um conjunto muito limitado de experiências.

O líder parecido com Claire é aquele que aprendeu a conduzir transições da maneira mais difícil, cometeu erros ao longo do caminho e certamente aprendeu com eles. Com sorte, os empregadores, mentores e assessores se dispuseram a compartilhar suas experiências, igualmente difíceis, com o novo líder malsucedido. Com o passar do tempo, foi então possível fixar as atenções em alguns fatores do tipo "é preciso implantar", e, em outros momentos, "não implantar de maneira alguma". Vale a pena esclarecer desde logo quais são esses fatores, para que sejam dadas as condições de avaliar adequadamente quais dentre eles se ajustam à nova situação, e quais definitivamente não se ajustam. O novo líder deve então, neste ponto do capítulo, interromper um pouco a leitura a fim de resumir suas próprias regras práticas para a concretização de uma transição bem-sucedida, antes de seguir em frente.

Retornando ao texto, o novo líder precisa avaliar quão sólidos e acionáveis são esses *insights*. A promoção recente indica que, até aqui, ele tem agido de acordo com as expectativas, mas isso não quer necessariamente dizer que suas regras práticas devam continuar a funcionar quando ele for promovido a um nível diferente ou transferido para uma situação de negócios com a qual não estiver familiarizado. Mesmo no caso de novo líder com ampla exposição a disciplinas de gestão (como marketing, operações, P&D, finanças etc.), essa experiência com tipos variados de situações de negócios (empresas ou produtos iniciantes, mudança geral, realinhamento e sucesso continuado) poderá mostrar-se insuficiente.

Se tivesse realizado um diagnóstico metódico da situação, Claire Weeks poderia ter evitado seus problemas. *Ajustar sua estratégia à situação* é algo que requer um cuidadoso diagnóstico de negócios. Somente a partir daí o novo líder poderá ter uma ideia perfeitamente clara não apenas de seus desafios, mas também das oportunidades e dos recursos disponíveis, a fim de ser bem-sucedido.

Diagnóstico da Situação Empresarial

Os quatro tipos genéricos de situações de negócios, no sentido mais amplo, que os novos líderes estão sujeitos a enfrentar são os das empresas (ou produtos) iniciantes, os das mudanças completas de orientação, os dos realinhamentos e os dos sucessos continuados. (A partir de agora, vamos nos referir a essa estrutura de tipos de transição como o modelo ST_ARS, a sigla a partir das iniciais em inglês de cada uma dessas situações.) Um esboço das características de cada um desses tipos, e das oportunidades e desafios a eles relacionados, poderá ajudar a reconhecer as principais características estruturais da situação que o leitor enfrenta.

Quais são as características que definem cada uma das quatro situações do ST_ARS? Em uma empresa *iniciante*, o desafio consiste em reunir as condições indispensáveis (pessoal, financiamento e tecnologia) para fazer deslanchar uma nova empresa, um produto ou um projeto. Em uma *mudança completa*, assume-se uma unidade ou grupo reconhecidamente em crise e trabalha-se para recolocá-la em um rumo viável. Tanto o começo quanto a mudança completa precisam de muito trabalho de construção com recursos plenos – a infraestrutura disponível não é satisfatória, nem suficiente o espaço para construção. Até um ponto bem considerável, é preciso começar quase tudo de novo. Mas o indispensável em todas as hipóteses é começar pela adoção, com bastante antecedência, das decisões mais importantes a respeito desse processo.

Já as situações de realinhamento e de sucesso continuado, em contraste, existem nas empresas em que o novo líder encontra consideráveis pontos fortes, mas, igualmente, sérias restrições em matéria daquilo que é, ou não, permitido fazer. Em caso de *realinhamento*, o desafio é revitalizar uma unidade, um produto, um processo ou um projeto que esteja começando a dar problemas. Em uma situação de *sucesso continuado*, a responsabilidade maior acaba sendo a de preservar a vitalidade de uma organização bem-sucedida e, inevitavelmente, de elevá-la a um patamar superior. Em outras palavras, em realinhamentos o novo líder precisa praticamente reinventar o negócio; em situações de sucesso continuado, a invenção mais crucial é a do próprio desafio. Nas duas situações, o novo líder dispõe geralmente de um bom tempo antes de começar a tomar decisões importantes, o que, certamente, joga em seu favor, pois assim conta com prazos razoáveis para aprender bastante a respeito da cultura e das políticas da organização e para começar a formatar coligações de apoio à sua autoridade.

Aplicar essas categorias às situações de negócios é bastante útil, seja qual for o nível do novo líder na organização. Por exemplo, um novo CEO assumindo o controle integral de uma empresa em seus estágios iniciais. Ou um supervisor de primeiro escalão comandando uma nova linha de produção, um gerente de marca lançando um produto, um líder de equipe de P&D responsável por um novo projeto de desenvolvimento de produto, ou um gerente de tecnologia da informação encarregado da implementação de um novo sistema de *software* na organização. Todas essas situações compartilham as características de um empreendimento inicial. Mudanças completas, realinhamentos e situações de sucesso continuado também surgem em todos os níveis, seja em empresas de grande, médio ou pequeno porte.

Entender a História

As relações entre essas quatro situações de negócios estão detalhadas no modelo ST$_A$RS de evolução empresarial apresentado no Gráfico 3-1. O ponto-chave é que os negócios (e, a propósito, os projetos, processos, produtos e as fábricas relacionados) tendem a evoluir previsivelmente entre esses tipos de situação. Entender a história da nova organização ajudará o líder a ela recém-chegado a compreender os desafios e as oportunidades dessa situação.

GRÁFICO 3-1
O modelo ST$_A$RS

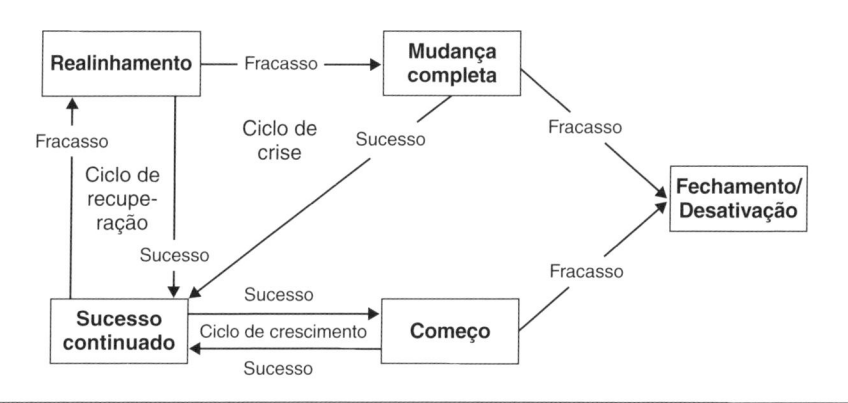

```
                                    Mudança
      Realinhamento  ── Fracasso ──▶ completa
           ▲    │                         │
           │    │   Ciclo de              │
    Fracasso│   │   crise   Sucesso    Fracasso
           │    Ciclo de  ─────────▶       │
           │    recupe-                    ▼
           │    ração                ┌──────────────┐
           │    │                    │ Fechamento/  │
           │    │   Sucesso          │ Desativação  │
           │    ▼                    └──────────────┘
           │                                ▲
      ┌──────────┐       Sucesso            │
      │ Sucesso  │◀────────────────      Fracasso
      │continuado│  Ciclo de crescimento    │
      └──────────┘ ──────────────────▶  Começo
                       Sucesso
```

Vamos dar início ao nosso estudo da história, adequadamente, com as empresas e projetos em sua fase de lançamento, ou no começo. Projetos bem-sucedidos crescem e se transformam em situações de sucesso continuado. Muitas vezes, os indivíduos que administraram projetos desse tipo são chamados a cuidar de outros empreendimentos na mesma situação, e gestores mais experientes na condução de empresas maiores assumem então o comando. Esses empreendimentos às vezes dão origem a novos lançamentos em seu próprio âmbito, à medida que vão sendo diversificados em novos produtos, serviços, processos ou tecnologias. Quando isso ocorre, as companhias saudáveis entram em um *ciclo de crescimento*.

Mas a entropia aumenta. Empresas de sucesso tendem, em função da acomodação interna ou dos desafios externos, ou de uma conjugação de ambos os fatores, a encontrar problemas. Mesmo quando a organização ainda não está em crise, observadores mais atentos conseguem distinguir o surgimento de uma tempestade que aponta a necessidade de um realinhamento. Essa era a situação enfrentada por Claire Weeks, cujo problema maior foi o fato de não ter conseguido distinguir os indicadores de crise em tempo hábil. Realinhar uma organização normalmente significa redirecionar seus recursos, tomando-se decisões como a de desativar antigas linhas de produtos e a de determinar o desenvolvimento de novas tecnologias. Às vezes, realinhar exige ainda modificar radicalmente a estratégia, a estrutura, as capacidades e até mesmo a cultura da organização. O realinhamento normalmente reconduz a empresa ao *status* de sucesso continuado, que o modelo designa como *ciclo de recuperação*. Um dos principais obstáculos ao realinhamento é que, nas organizações que chegam a tal ponto, muitos – como ocorreu com Claire Weeks – se recusam a admitir a realidade. Assim, continuam a acreditar que estão dando suporte a um sucesso, embora na verdade estejam apenas contribuindo para o maior aprofundamento da crise.

Se todos os esforços empreendidos para realinhar a empresa fracassarem, ela poderá estar em uma situação de mudança completa em escala integral. Isso acontece sempre que líderes anteriores tenham fracassado em distinguir a necessidade do realinhamento. (Afinal de contas, é muito raro o caso de empresas em trânsito direto do sucesso continuado para a mudança completa.) Qualquer que tenha sido o motivo para tanto, o que ninguém contesta é a necessidade de empreender mudanças de porte com rapidez quando a situação é dramática, a empresa está perdendo dinheiro e seus melhores quadros estão abandonando o barco. Reverter o rumo de um negócio à beira da falência impõe ao novo líder a necessidade de reduzi-lo a uma atividade central defensável, e a partir daí começar a reconstrução. Esse processo penoso, quando bem-sucedido, acaba devolvendo a empresa a uma situação de sucesso continuado, como ilustrado pelo *ciclo de crise* no Gráfico 3-1. Se, apesar de tudo, os esforços para reverter a situação fracassarem, o resultado será inevitavelmente o fechamento ou a desativação.

É importante entender esses ciclos. Não se consegue discernir o destino que se deve dar a uma nova organização quando não se é capaz de entender até onde ela outrora chegou e de que maneira descambou para a crise atualmente enfrentada. Em uma situação de realinhamento, por exemplo, é essencial entender o que fez o sucesso da organização no passado e por que ela entrou em crise. A fim de entender essa situação, o novo líder precisará sempre bancar o historiador.

Identificar Desafios e Oportunidades

Nas quatro situações do modelo ST_ARS, a meta possível é a mesma: um empreendimento bem-sucedido e crescente. Cada um dos tipos de transição, no entanto, apresenta um conjunto diferente de desafios. Quando se estiver sucedendo o líder de um empreendimento de alto desempenho, o desafio consistirá em consolidar um estilo próprio de atuação que, ao mesmo tempo, consiga preservar os pontos positivos da organização. Quando se trata de uma situação de iniciar – por exemplo, fazer deslanchar um produto recém-lançado –, o *novo líder* é que será o responsável pela criação da organização. Em se tratando de uma situação de realinhamento, o mais importante será convencer o conjunto da organização de que as mudanças são realmente indispensáveis.

Cada uma dessas situações também apresenta características oportunas que o líder tem a possibilidade de utilizar transformando-as na força geradora do impulso da mudança. Numa situação de mudança completa, todos têm consciência da necessidade de empreender mudanças com rapidez. Essa consciência de grupo pode ajudar o líder a seguir em frente. Em situações de realinhamento como a de Claire Week, a organização provavelmente continuará contando com pessoas, produtos e tecnologias de peso. Ao localizar essas ilhas de excelência, o novo líder estará reunindo sob seu comando os elementos indispensáveis para a realização das mudanças necessárias.

Embora cada situação seja única, cada um dos quatro tipos de transição apresenta desafios e oportunidades distintos, que estão resumidos na Tabela 3-1.

TABELA 3-1

Desafios e oportunidades dos tipos de transição

Tipo de transição	Desafios	Oportunidades
Começo/ lançamento	• Desenvolver estruturas e sistemas a partir do zero, sem uma configuração ou limites muito claros • Reunir com objetivos únicos uma equipe coesa de integrantes de alto desempenho • Obter resultados a partir de recursos limitados	• Fazer tudo desde a base • As pessoas sentem-se incentivadas pelas oportunidades • Não existe uma rigidez predeterminada quanto aos limites de ideias
Mudança completa	• Reanimar funcionários e outros interessados diretos abatidos pela situação • Enfrentar as pressões dos prazos e exercer um impacto imediato e decisivo • Aprofundar as mudanças com cortes penosos e escolhas pessoais constrangedoras	• Todos reconhecem a necessidade de mudar • Públicos afetados (como fornecedores que precisam da continuidade da empresa) podem proporcionar significativo suporte externo • Um sucesso, por menor que seja, pode ter consequências de longo alcance

Tipo de transição	Desafios	Oportunidades
Realinhamento	• Trabalhar e desafiar normas culturais profundamente enraizadas que deixaram de contribuir para um desempenho efetivo • Convencer os funcionários de que a mudança é necessária • Reestruturar a equipe do primeiro escalão e mudar o foco da organização	• A organização conta com significativos bolsões de poder • As pessoas querem continuar sendo vistas como casos de sucesso
Sucesso continuado	• Organizar defesas eficientes evitando a adoção de decisões que tendam a causar novos problemas • Viver à sombra de um líder reverenciado e precisar trabalhar com a equipe formada por esse líder • Descobrir maneiras de conduzir a empresa ao patamar seguinte de excelência	• A empresa talvez ainda disponha de uma equipe qualificada • As pessoas são motivadas para o sucesso • Possibilidade de que as fundações do sucesso continuado (por exemplo, um forte estoque de novos produtos em desenvolvimento) já tenham sido estabelecidas

Mudar a Psicologia Organizacional

Emoções e atitudes pessoais variam de maneiras previsíveis conforme a situação do modelo ST_ARS que se estiver experimentando. Os participantes de um lançamento provavelmente se mostrarão mais animados e otimistas do que os membros de um grupo cheio de problemas e à beira do fracasso. Mas, ao mesmo tempo, os funcionários de uma empresa em fase inicial são tipicamente bem menos focados em questões fundamentais do que aqueles em uma situação de mudança completa, simplesmente porque a visão, a estratégia, as estruturas e os sistemas que canalizam a energia organizacional ainda não estão formalizados. Quem vive uma situação de mudança completa muitas vezes sabe quais são os problemas enfrentados, mas não o que é preciso fazer para dar-lhes solução.

O sucesso da transição, pois, vai depender, em parte, da capacidade do novo líder de mudar a psicologia organizacional imperante em etapas racionais. Nas empresas iniciantes, o estado de espírito é quase sempre de animada confusão, sendo tarefa própria do líder canalizar essa energia em direções produtivas, o que ele faz em parte ao decidir o que não deve ser feito. Nas situações de mudança completa, pode-se estar trabalhando com um grupo de pessoas já à beira do desespero; a tarefa principal do líder, nesses casos, é simplesmente acender uma luz no fim do túnel. Em realinhamentos, o líder certamente precisará trespassar o véu de negativismo que impede as pessoas de enfrentar e aceitar a necessidade de reinventar o negócio. Por fim, em situações de sucesso continuado, é preciso "inventar o desafio" mediante a descoberta de maneiras de manter a motivação, combater a autossuficiência e encontrar novos rumos para o crescimento – tanto organizacional quanto pessoal.

Liderar com os Instrumentos Apropriados

As qualificações de gestão indispensáveis ao sucesso variam conforme as quatro situações do modelo ST_ARS. Lançamentos e mudanças completas requerem "predadores", pessoas habilitadas a agir com extrema rapidez e dispostas a assumir riscos. Nas mudanças completas, por exemplo, as qualificações indispensáveis são saber diagnosticar com presteza as situações de negócio (mercados, tecnologias, produtos, estratégias) e deflagrar movimentos agressivos para reduzir a organização a um núcleo defensável e com possibilidade de expandir-se. O líder precisará agir com rapidez e decisão, muitas vezes com base em informações incompletas.

As qualificações que contribuem para o êxito em situações de realinhamento e sucesso continuado, em contraste, são aquelas mais compatíveis com o plantio do que com a caça. Capacidades mais sutis de influenciar o ambiente de ação entram em jogo: cultivadores hábeis se concentram em entender a cultura e as políticas da organização. Eles também cultivam incansavelmente a difusão da necessidade de mudanças, promovendo diagnósticos compartilhados, tentando exercer influência sobre líderes de opinião e incentivando as comparações com outros modelos da mesma área de negócios.

Em outras palavras, nas mudanças completas os problemas ensinam às pessoas a necessidade de grandes mudanças. Nos realinhamentos, em contraste, o líder é que precisa ensinar as pessoas a entender os problemas existentes. Mudanças completas são também situações de preparar-disparar-apontar: em primeiro lugar são tomadas as decisões mais duras mesmo sem o pleno conhecimento da situação, e só depois disso é que se vai ajustando a "mira". Realinhamentos (e missões de sustentação do sucesso) são situações assim. A premência do tempo é menor, sendo mais importante entender a organização, elaborar a melhor estratégia e obter apoio a ela, para só então passar a tomar algumas decisões bem estudadas.

Em função de seus diferentes imperativos, é fácil para os predadores/caçadores enfrentar percalços nas situações de realinhamento e sucesso continuado, como é igualmente provável que os cultivadores venham a tropeçar em situações de lançamento e de mudança completa. A pessoa com experiência em mudança completa que tiver de enfrentar um realinhamento correrá o risco de chegar "com a solução pronta" e de agir cedo demais, despertando, assim, resistências desnecessárias. Já a pessoa familiarizada com o realinhamento mas levada a enfrentar uma situação de mudança completa estará sujeita a agir com exagerada lentidão, gastando energia na construção de um consenso quando este não representa a necessidade maior e, com isso, desperdiçando um tempo que poderá ser irrecuperável.

Não se quer com isso estabelecer que pessoas altamente capacitadas em caçadas não possam cultivar, ou vice-versa. Bons gestores conseguem ter sucesso em todas as quatro situações do modelo ST_ARS, embora nenhum deles seja igualmente qualificado em todas as quatro. O que um novo líder não pode deixar de fazer é pensar com senso prático sobre qual das suas qualificações e inclinações mais ajudará, em termos de eficiência, na situação que passará a enfrentar, e em qual delas poderá causar-lhe dificuldades. Acima de tudo, o novo líder, sempre que precisar cultivar terra desconhecida, não poderá aparecer no trabalho com a foice em lugar do arado.

Enfocar a Energia

Definir claramente o tipo de situação que se está enfrentando ajudará a decidir o que será preciso fazer nos primeiros 90 dias. De maneira especial, a clareza ajuda a enfrentar três escolhas fundamentais características dos primeiros dias:

1. Qual será a prioridade do *aprender* em oposição ao *fazer*?

2. Qual será a prioridade da *ofensiva* em oposição à *defensiva*?

3. O que é preciso fazer para assegurar alguns *ganhos imediatos*?

Aprender *versus* Fazer

Quanto tempo o novo líder deve dedicar a aprofundar seu entendimento da nova organização, em comparação com o tempo empregado para tomar decisões, dar início às mudanças, contratar novos funcionários etc.? O correto equilíbrio entre *aprender* e *fazer* difere surpreendentemente nas quatro situações do modelo ST$_A$RS. Em mudanças completas e lançamentos, o principal é fazer. É preciso tomar algumas decisões imediatas sem ter todas as informações para fundamentá-las. Quando se gasta um tempo exagerado para aprender, os fatos acabam assumindo vida própria e criando um ciclo vicioso. Será preciso disparar antes de ter certeza de que o alvo é o desejado, e deixar para mais tarde as correções da pontaria.

Não se está com isso dizendo que aprender não tenha importância em situações de mudança completa e lançamentos. Mas o aprendizado exigido nessas situações é de natureza fundamentalmente técnica. Trata-se de aperfeiçoar com presteza tudo aquilo que é indispensável saber a respeito do domínio técnico da organização – produtos, mercados, projetos, tecnologias e estratégias. Esse é o tipo de aprendizado mais fácil e rápido que existe.

Nas situações de realinhamento e sucesso continuado, o aprendizado tem desde cedo a garantia de *status* diferenciado, pois nelas o líder precisa tratar com pessoas que são, ou pensam ser, bem-sucedidas. É até provável que essas pessoas não estejam com muita fome de mudanças ou de rumos determinados pelo novo líder. Erros cometidos nessa etapa, especialmente se puderem ser interpretados como uma ameaça às competências tradicionais da empresa, terão alto custo para o líder. A boa notícia é que este terá bastante tempo para aprender. Não há necessidade de medidas urgentes e apressadas em situações de realinhamento e sucesso continuado. O novo líder pode se dedicar a mirar cuidadosamente antes de disparar seus primeiros tiros de impacto.

Em situações de realinhamento e sucesso continuado, o novo líder é obrigado a mergulhar profundamente nos assuntos de cultura e políticas organizacionais. Se, como ocorreu com Chris Bagley, no capítulo anterior, o novo líder não dedicar tempo suficiente ao entendimento dessas dimensões da organização, fatalmente pisará em algumas minas. Como se viu, o aprendizado sobre as políticas e a cultura da organização constitui trabalho pesado e que consome tempo e energia. Felizmente, haverá tempo para tanto, sempre que o novo líder se permitir agir com cautela e não se deixar transformar, como fez Claire Weeks, em escravo do imperativo de agir.

Ataque *versus* Defesa

Logo nas primeiras etapas, quanto tempo o novo líder deveria dedicar ao planejamento de ataque – identificar novos mercados e desenvolver novos produtos e tecnologias – e quanto tempo ao exercício de uma boa defesa – defender posições existentes em fatias de mercado, fortalecendo posições consolidadas e expandindo produtos já conhecidos?

Naturalmente que ele precisará fazer as duas coisas em todas essas situações. Já a ênfase dada inicialmente ao ataque e à defesa difere consideravelmemente. Por exemplo, um lançamento empresarial é puro ataque: decorre exatamente da pretensão, ou necessidade, de colocar alguma novidade em cena, e normalmente não há nada a defender. Em situações de completa mudança, em contraste, o imperativo inicial reside na boa defesa. É preciso identificar as forças remanescentes da organização e reagrupá-las em um núcleo central capaz de gerar recursos financeiros para dar suporte aos próximos movimentos. Somente então se poderá mudar para uma ofensiva e começar a identificar e desenvolver novas plataformas para crescimento.

Situações de realinhamento e sucesso continuado são comparativamente diferentes. Em um realinhamento, a agenda requer que se façam correções intermediárias para dar novos rumos ao empreendimento. O novo líder certamente pretenderá defender os mercados existentes, mas ainda assim terá de concentrar o melhor de suas energias no planejamento da nova ofensiva. Em situações de sucesso continuado, o fundamental é fazer uma boa defesa desde o início, para garantir que a nova liderança não venha a colocar em perigo as joias da coroa. Com o passar do tempo, poderá gradualmente transferir o foco de sua atenção para a maneira de conduzir a organização a um novo patamar de prestígio.

O Gráfico 3-2 detalha uma matriz que resume em que pontos deverão estar os focos iniciais de energia nas quatro situações de negócios.

GRÁFICO 3-2

Concentrando energias

	Mais ataque	Mais defesa
Mais aprendizado	Realinhamento	Sucesso continuado
Mais ação	Empresa iniciante	Mudança completa

Garantir Ganhos Iniciais

A fim de imprimir uma força cinética à sua posição, o novo líder precisa marcar alguns pontos iniciais. Mas aquilo que significa um "ganho" pode ser radicalmente diferente, conforme cada uma das quatro situações. Em um lançamento, formar e implantar a melhor equipe de trabalho e definir um foco estratégico são ganhos fundamentais. Acima de tudo, o novo líder precisa decidir o que ele *jamais* fará – e então disciplinar a organização de maneira a jamais querer fazer aquilo. Em mudanças completas, formar a melhor equipe também pode ser um ganho inicial fundamental, da mesma forma que identificar o núcleo central do empreendimento e concentrar os esforços gerais a fim de voltar-se para essa atividade. Em realinhamentos, conquistar a aceitação da necessidade de mudar e instilar um sentido de urgência são, muitas vezes, significativos ganhos iniciais. Em situações de sucesso continuado, entender e demonstrar adesão ao entendimento das causas do êxito conquistado é um ganho inicial crucial, pois ajuda o novo líder a conquistar o direito de tomar decisões quanto ao futuro da organização.

Diagnosticar o Portfólio

Não há, em princípio, transição alguma que se revele um exemplo puro e transparente de situação de lançamento, mudança completa, realinhamento ou sucesso continuado. Em um escalão mais elevado, a situação pode ajustar-se razoavelmente a apenas uma dessas categorias. Mas, logo que o novo líder tiver tempo de se aprofundar na empresa, com certeza irá constatar que está gerenciando um portfólio – de produtos, projetos, processos, fábricas ou pessoas – que representa uma mescla de situações ST_ARS. Por exemplo, está assumindo uma organização que desfruta de crescimento incremental com produtos de sucesso e em que um grupo está lançando uma linha de produtos baseada em uma nova tecnologia. Ou pode estar trabalhando para mudar tudo em uma companhia que dispõe de uma ou duas fábricas de alto desempenho graças à sua mais completa atualização tecnológica.

O passo final do diagnóstico deve ser então decidir quais são as partes da nova organização inseridas em cada uma das quatro categorias ST_ARS. Esse exercício ajudará o novo líder a pensar sistematicamente sobre os desafios e as oportunidades de cada um dos instrumentos disponíveis. Proporcionará igualmente uma linguagem comum na qual será possível se comunicar e se fazer entender pela nova equipe sobre por que e como os vários setores deverão ser geridos de maneiras diferentes.

Por isso, é de grande utilidade atribuir as partes do novo portfólio (produtos, processos, projetos, fábricas e pessoas) às quatro categorias usando o Gráfico 3-3. Dado esse ajustamento, como fazer para gerenciar as várias partes de maneira diferente? O que será necessário obter delas? E o que elas precisam do novo líder?

GRÁFICO 3-3

Diagnóstico do portfólio

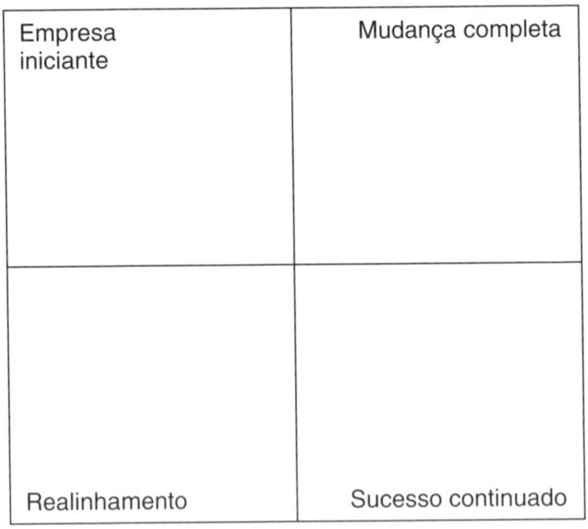

Empresa iniciante	Mudança completa
Realinhamento	Sucesso continuado

Gratificação do Sucesso

A estrutura ST_ARS tem implicações sobre a definição da forma de avaliar e recompensar os integrantes das equipes de trabalho. Quando se pergunta a grupos de novos líderes quais tipos de transição têm, respectivamente, a melhor e a menos atraente das gratificações por sucesso em suas organizações, a maioria deles aponta as situações de mudança completa como as que recebem a mais alta compensação, e as de realinhamento como as que ficam com a recompensa de menor valor.

É uma constatação que não chega a ser surpreendente. Uma mudança completa, quando bem-sucedida, representa uma realização individual visível e facilmente mensurável, da mesma forma que um lançamento empresarial. Em casos de realinhamento, por outro lado, o maior sucesso é sinônimo de evitar o desastre. É difícil quantificar os resultados em um realinhamento – é o caso do cão que não morde. Ainda, o sucesso exige uma conscientização penosamente imposta da necessidade de mudança – o que muitas vezes significa a necessidade de o líder dar o crédito ao grupo, em vez de assumir os correspondentes méritos. Quanto à recompensa pelo sucesso continuado, é muito raro que alguém vá telefonar à empresa local de energia e dizer "obrigado por manterem a luz acesa o dia inteiro hoje". Quando ocorre qualquer queda de energia, porém, os protestos certamente são imediatos e muito fortes.

Há um paradoxo inerente no fato de atribuir maior recompensa aos responsáveis por mudar por inteiro o rumo de empresas em estado pré-falimentar. Poucos líderes de alto potencial demonstram grande interesse pelos realinhamentos, preferindo a ação e o reconhecimento em geral associados às mudanças completas (e aos lançamentos). Por isso, quem é exatamente o responsável por evitar que as empresas cheguem ao extremo da mudança completa? E será que o fato de as companhias tenderem a recompensar mudanças completas (continuando sem saber como recompensar realinhamentos) não tem qualquer influência nessa maior possibilidade de crise completa? Gestores qualificados poderiam aparentemente contar com o fato de que, mais dia, menos dia, pessoas sem as credenciais por eles ostentadas acabem gerando crises que só eles, com todo o seu cabedal de conhecimento, teriam condições de reverter. O sucessor de Claire Weeks, a propósito, só pode ter parecido um gênio, depois de tudo o que ela aprontou.

O ponto mais geral, naturalmente, é que o desempenho deve ser recompensado de maneira diferente nas diferentes situações do modelo ST_ARS. O desempenho das pessoas às quais se atribui o comando de empreendimentos iniciais e de mudanças completas é certamente mais fácil e mais simples de avaliar, pois basta focar essa avaliação em resultados mensuráveis relacionados com alguma base anteriormente determinada.

Avaliar sucesso e fracasso em situações de realinhamento e sucesso continuado já representa algo mais problemático. O desempenho em um realinhamento pode ser melhor do que o esperado, mas ainda assim deficiente. Ou pode ocorrer que nada mais parece acontecer somente porque uma crise foi evitada. Situações de sucesso continuado apresentam problemas similares. O sucesso pode estar em uma perda pequena de fatia de mercado decorrente de uma ofensiva combinada de concorrentes, ou mesmo na apresentação de escassos pontos percentuais de crescimento em produtos de topo de linha em um negócio já estabilizado. O fator desconhecido, tanto em situações de realinhamento quanto de sucesso continuado, é sempre o que teria acontecido como resultado da adoção de outras medidas, ou se outras pessoas tivessem estado no controle – é o problema do "em comparação com o quê". Avaliar o grau de sucesso em semelhantes situações é bem mais complexo, pois, em primeiro lugar, é indispensável contar com um profundo entendimento dos desafios que os novos líderes enfrentam e das medidas que estão adotando a fim de garantir que todas as suas reações sejam as mais adequadas em função do desafio existente.

Adotar o Desenvolvimento em 4D

Resta levar em conta a possibilidade de utilizar a estrutura do ST_ARS como elemento básico para escolher e qualificar pessoal em uma organização. Isso deve ser feito como parte de uma abordagem mais ampla, em quatro dimensões (4D), do desenvolvimento de talentos de alto potencial. As quatro dimensões são:

1. Funções gerenciais

2. Regiões geográficas

3. Interseção de carreiras

4. Situações de negócios ST_ARS

Empresas de grande porte dão considerável importância à possibilidade de ampliar a experiência de seu pessoal de maior potencial ao longo das dimensões 1 e 2: exposição a variadas *funções gerenciais* (por exemplo, marketing, operações, recursos humanos, finanças) e *experiência internacional* (mediante transferência para postos no exterior). As empresas também passam a administrar o desenvolvimento de lideranças com uma terceira dimensão – a da preparação de gestores para interseções críticas em sua vida profissional. Como Ram Charan e seus colegas destacaram, os gestores enfrentam pontos de ruptura decisivos à medida que evoluem do estágio de gestores de primeira viagem para gestores gerais e, depois, progressivamente, a ascensão até a condição de gestores de divisões, ou do próprio conjunto empresarial.[1] À medida que avançam pelos diferentes níveis empresariais, as regras e as exigências em matéria de qualificações vão sofrendo consideráveis alterações.

---

[1] Consultar Ram Charan, Stephen Drotter e James Noel, *Pipeline da Liderança: Desenvolvimento de Líderes Como Diferencial Competitivo* (Rio de Janeiro: Campus, 2013).

A quarta dimensão do desenvolvimento de liderança de alto potencial – a ampla exposição a diferentes *situações de negócios* ST_ARS – deveria constar expressamente no planejamento e desenvolvimento de sucessões. Seria aconselhável criar cavalos diferentes para pistas diferentes – por exemplo, especialistas em mudanças completas e em lançamentos? Ou é melhor desenvolver pessoas capazes de caçar e cultivar em uma ampla variedade de situações de negócios? No primeiro caso, a escolha deveria recair sobre especialistas com as devidas inclinações, aos quais seriam atribuídas crescentes responsabilidades naquelas situações específicas. No segundo caso, os futuros gerentes gerais deveriam adquirir experiência com um amplo espectro de situações de negócios, e a eles deveria ser dado treinamento sobre como ter sucesso em cada uma dessas situações.

Uma situação relacionada é a que diz respeito à melhor maneira de atrair novos líderes de fora dos quadros da organização. Suponhamos que se esteja pretendendo contratar um especialista que já demonstrou alto potencial trabalhando para um concorrente. Em quais das quatro situações ST_ARS aquela pessoa correria maior risco de não ter sucesso? A resposta é a do realinhamento; isso porque o novo líder ali se vê colocado na situação de tentar convencer pessoas com as quais outrora concorreu de que não são tudo aquilo que imaginam ser. Grande surpresa seria o novo líder não sofrer algum tipo de rejeição, principalmente entre os funcionários mais antigos que porventura nutrissem alguma ambição por aquela função específica e que certamente estariam, e com razão, afiando suas armas para aproveitar qualquer tropeço do "forasteiro" agora em posição de mando. Sem uma adequada proporção de atenção e suporte, esse novo líder contratado para o realinhamento correrá forte risco de fracassar no empreendimento.

CONTROLE DA ACELERAÇÃO

1. Qual das quatro situações ST_ARS você enfrenta atualmente – lançamento, mudança completa, realinhamento ou sucesso continuado?

2. Quais são as implicações dessa situação para os desafios e as oportunidades com que você provavelmente irá se deparar e para a maneira pela qual deverá abordar a aceleração de sua transição?

3. Quais são as implicações para a sua agenda de aprendizado? É necessário entender apenas o lado técnico do empreendimento, ou é fundamental entender também a cultura e as políticas?

4. Quais serão os seus mais valiosos pontos fortes e qualificações na nova situação, e quais deles poderiam causar-lhe dificuldades?

5. Qual é o estado de espírito dominante? Quais serão as mudanças psicológicas indispensáveis e de que forma você as concretizará?

6. A sua atenção imediata na nova função deverá estar concentrada no ataque ou em medidas de defesa?

7. Quando você explora com maior profundidade as informações disponíveis, qual é a combinação de tipos de situações que se descobre gerenciando? Quais são os segmentos de sua unidade nas situações de lançamento, mudança completa, realinhamento e sucesso continuado? Quais são as implicações dessas situações para o modo pelo qual deve administrar e compensar as pessoas sob seu comando?

4. Garantir Ganhos Iniciais

Promovida a gerente da unidade de teleatendimento ao cliente de uma grande rede de varejo, Elena Lee assumiu a função decidida, antes de mais nada, a mudar por inteiro o estilo de gestão punitivo e autoritário que havia marcado o período de sua antecessora. Na função anterior, Elena era a responsável por um grupo menor na mesma organização, e por isso tinha total conhecimento dos problemas que a sua nova unidade enfrentava em relação à qualidade do serviço prestado. Convencida de que poderia melhorar radicalmente o desempenho dos funcionários promovendo uma maior participação e, especialmente, inovando, Elena elegeu a mudança cultural como sua prioridade.

Seu primeiro passo em tal sentido foi comunicar seus objetivos aos seus superiores. Em uma série de memorandos e reuniões de pequenos grupos, esboçou sua visão de uma cultura mais participativa e mais eficaz em relação à solução dos problemas existentes. Essas aberturas foram vistas inicialmente com ceticismo por destacados funcionários da unidade, e enfrentaram a declarada rejeição de alguns supervisores.

O passo seguinte de Elena foi dar início a reuniões quinzenais com os supervisores a fim de revisar o desempenho da unidade e buscar insumos para sua melhoria. Elena fez questão de destacar que "a cultura da punição é coisa do passado" e que ela esperava que os supervisores se dedicassem a convencer os funcionários dessa nova realidade. Casos envolvendo questões disciplinares, destacou, deveriam ser remetidos (até segunda ordem) diretamente a ela.

Com o passar do tempo, Elena foi distinguindo facilmente quais supervisores se ajustavam à nova orientação e quais insistiam na cultura do controle pela punição. Orientou então revisões formais de desempenho e instalou dois dos supervisores mais recalcitrantes em programas de melhoria do desempenho. Um deles pediu demissão quase que imediatamente. O outro conseguiu se adaptar razoavelmente à nova ordem.

Paralelamente a isso, Elena concentrou-se em outro aspecto crítico do negócio: a avaliação da satisfação dos clientes e a qualidade do serviço. Organizou, com a indicação de sua supervisora mais eficiente e de uma dupla de funcionários dedicados, uma equipe de melhoria dos processos, encarregando-a da elaboração de um plano destinado a introduzir novas mensurações de desempenho e um processo não punitivo de monitoramento e treinamento. Depois de acompanhar a etapa inicial do trabalho dessa equipe, durante a qual deixou perfeitamente determinado tudo o que pretendia que fosse feito, passou a fazer revisões periódicas do andamento do trabalho. Quando a equipe apresentou suas recomendações, ela as implementou de imediato, em caráter experimental, na seção anteriormente chefiada pelo supervisor que se demitira. Elena promoveu a integrante mais promissora da equipe de melhoria dos processos, nomeando-a supervisora da seção e encarregada do programa piloto.

Ao final do seu primeiro ano na função, Elena havia ampliado o novo processo para toda a unidade. A qualidade apresentara considerável melhoria e pesquisas de satisfação revelaram surpreendentes incrementos no moral e na satisfação dos empregados. Elena Lee conseguiu criar força de impulso com rapidez e consolidar sua credibilidade pessoal. *Ganhos iniciais* são fundamentais para que o novo líder consiga se impor pelos seus méritos, como Dan Ciampa e eu destacamos em *Right from the Start*.[1] No final do período de transição, o novo líder deve querer que a direção, os colegas e os subordinados sintam que alguma coisa nova, realmente positiva, está acontecendo na empresa. Os ganhos iniciais representam ânimo e entusiasmo para as equipes e consolidam a credibilidade pessoal do novo líder, além de ajudá-lo a criar valor para a organização bem mais cedo e, por isso mesmo, a atingir o ponto de equilíbrio com rapidez consideravelmente maior do que aquela tida como normal.

---

[1] Consultar Dan Ciampa e Michael Watkins, "Securing Early Wins", Capítulo 2, em *Right from the Start: Taking Charge in a New Leadership Role* (Boston: Harvard Business School Press, 1999).

Como Evitar as Armadilhas Mais Comuns

Claro que é fundamental estabelecer ganhos iniciais, mas igualmente importante é garanti-los da maneira mais adequada. Acima de tudo, o novo líder não pode se arriscar a sofrer perdas iniciais, porque dificilmente conseguirá recuperá-las se a maré se virar contra ele. A seguir, as armadilhas mais comuns que surgem no caminho de novos líderes desatentos:

- **Foco errado** É fácil até demais querer fazer coisas em excesso durante uma transição, e os resultados disso são em geral devastadores. É possível transformar-se no cavaleiro tonto de Steven Leacock, que "se jogou no seu cavalo e saiu loucamente em todas as direções".[2] Não é realista querer apresentar resultados em um número excessivo de áreas no decorrer de um período de transição. Por isso é essencial identificar oportunidades promissoras e então concentrar-se incansavelmente em transformá-las em ganhos.

- **Não dar importância à situação dos negócios** Definir o que constitui ganho inicial varia consideravelmente segundo o tipo de negócios em que se atua. Conseguir que as pessoas conversem sobre a organização e os desafios que enfrenta pode representar bastante em uma situação de realinhamento, mas seria certamente um total desperdício de tempo fazer o mesmo em uma situação de mudança completa. É preciso pensar taticamente sobre qual será a melhor forma de obter aquela força inicial de impulso. Será, por acaso, uma ostensiva disposição a ouvir e a aprender? Ou seria a adoção de rápidas e imperativas decisões em torno das questões mais prementes do empreendimento?

- **Não se ajustar à cultura** Os líderes contratados fora da empresa são aqueles que correm o mais alto risco de cair nessa armadilha. Tendo já absorvido uma cultura organizacional diferente, tendem a trazer consigo, ainda que inconscientemente, uma visão própria do que é um ganho e de como proceder para concretizá-lo. Em algumas empresas, um ganho necessariamente tem de ser uma visível realização individual. Em outras, a busca do engrandecimento pessoal, mesmo que produza bons resultados para o todo, é vista como algo supérfluo e capaz de prejudicar

---

[2] Stephen Leacock, *Laugh with Leacock:* An Anthology of the Best Work of Stephen Leacock (Nova York: Dodd, Mead, 1981).

o trabalho em equipe. Em organizações voltadas para o trabalho em equipe, pode ser um ganho inicial levar uma equipe ao desenvolvimento pleno de um conceito de produto e, também, comprovar-se como um participante de valor para a equipe em iniciativas de grande alcance. É preciso, acima de tudo, entender o que a organização da qual se passa a fazer parte considera um ganho – e, especialmente, saber o que ela não entende como tal.

- **Não conseguir ganhos que interessam ao empregador** O essencial é concretizar ganhos iniciais que encham de energia positiva os seus subordinados imediatos e os demais funcionários. Mas a verdade é que a opinião da diretoria sobre as realizações do novo líder é de fundamental importância. Mesmo em casos em que o novo líder não concorde totalmente com as prioridades da empresa, é preciso que as leve em consideração ao definir quais deverão ser os ganhos iniciais. Dar importância ao tratamento de problemas que a direção entende como preocupantes significará bastante para o novo líder na tarefa de construir sua credibilidade e de consolidar o acesso aos recursos.

- **Deixar que os meios sacrifiquem os fins** O processo é importante. O novo líder que conseguir resultados de peso usando meios que pareçam manipuladores, mal empregados e inconsistentes com a cultura organizacional poderá estar criando obstáculos ao seu futuro na organização. Um ganho inicial concretizado de uma maneira capaz de exemplificar o comportamento que o novo líder espera poder instilar na nova organização terá certamente valor dobrado.

Criando Ondas (de Mudança)

Analisemos de que forma os primeiros meses da transição do novo líder se ajustam ao cenário maior de sua pretendida era na posição que começa a ocupar. Em um estudo sobre o desempenho de novos diretores gerais em vários tipos de empresas, Jack Gabarro constatou que todos eles costumam planejar e implementar a mudança em diferentes "ondas", ilustradas no Gráfico 4-1.[3] Depois de um período inicial de aclimatação, eles dão a partida a uma pri-

---

[3] Consultar John J. Gabarro, *The Dynamics of Taking Charge* (Boston: Harvard Business School Press, 1987). Trata-se de um fantástico estudo das transições dos diretores gerais.

meira onda de mudanças. O ritmo é então moderado a fim de possibilitar a consolidação e aprofundar o conhecimento da organização, e igualmente para permitir que as pessoas recuperem o fôlego depois da agitação das primeiras etapas aceleradas. Armados com *insight* mais amplo, os novos diretores gerais implementam então uma onda mais profunda, mais extremada e estruturada de mudanças. Uma onda final, um pouco menos extremada, se concentra na sincronização necessária para maximizar o desempenho. A essa altura, a maioria desses líderes está pronta para avançar em sua função.

GRÁFICO 4-1

Ondas de mudança

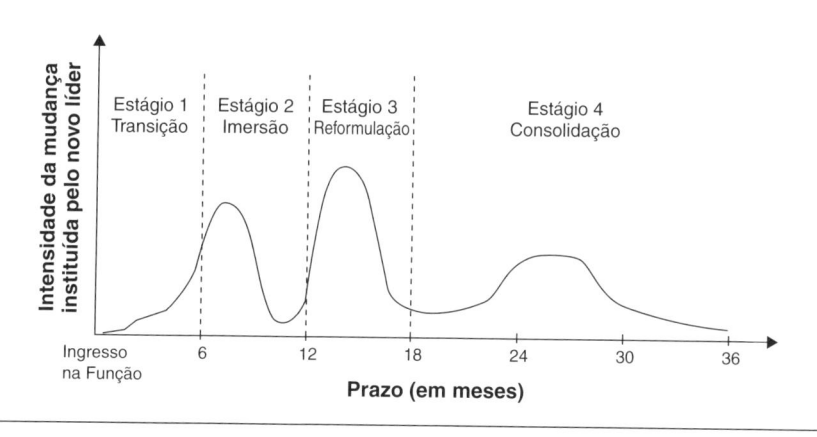

Eixo vertical: Intensidade da mudança instituída pelo novo líder

Eixo horizontal: Prazo (em meses) — Ingresso na Função, 6, 12, 18, 24, 30, 36

Estágio 1 — Transição
Estágio 2 — Imersão
Estágio 3 — Reformulação
Estágio 4 — Consolidação

A obra de Gabarro tem implicações interessantes para as transições gerenciais. Em primeiro lugar, e com a maior obviedade, sugere que o novo líder precisa desenvolver um plano para garantir ganhos iniciais tendo os meios pretendidos claramente em vista. O período da transição se prolonga por escassos meses, mas o novo líder normalmente permanece no mesmo cargo entre dois a quatro anos antes de avançar para outra função. Esse período de dois a quatro anos representa a era de cada novo líder na organização, na qual ele fará a transição, mudanças e tentará concretizar suas metas. E os ganhos iniciais do novo líder deveriam, com a maior amplidão possível, consolidar a base para esses objetivos de longo prazo.

Planejar as Ondas

Ao planejar a transição e mais além, pode ser esclarecedor, para o novo líder, projetar o lançamento de sucessivas ondas de mudanças. Cada onda deve constar de fases distintas: aprender, projetar as mudanças, conquistar apoio interno, implementar as mudanças e observar os resultados. Pensar dessa forma é uma maneira de liberar o novo líder para contar com tempo suficiente para aprender e se preparar e, mais tarde, para consolidar e se preparar para a onda seguinte. Quando se está continuamente mudando as situações, acaba sendo inviável avaliar aquilo que dá resultados e aquilo que não funciona. Mudanças sem fim constituem igualmente receita infalível para acabar cansando os liderados.

O objetivo da primeira onda de mudanças é dar sustentação aos ganhos iniciais. O novo líder modela as primeiras iniciativas de maneira a conquistar credibilidade pessoal, estabelecer relacionamentos imprescindíveis e identificar e colher os frutos mais ao alcance da mão – as oportunidades de maior potencial para melhorias de curto prazo no desempenho organizacional. Sendo bem feito, tudo isso o ajuda a criar impulso próprio e aprofundar o seu aprendizado.

A segunda onda de mudanças diz respeito às questões mais fundamentais da estratégia, da estrutura, dos sistemas e das capacidades necessárias para reformular a organização. É aí que surgem as oportunidades de alcançar os verdadeiros ganhos no desempenho organizacional. Mas nenhum novo líder chegará a esse estágio se não for capaz de concretizar os ganhos iniciais da primeira onda.

Ajustar a Estratégia à Situação

Os padrões de mudança diferem radicalmente de acordo com as diferentes situações do modelo $ST_A RS$. De que maneira o novo líder esperaria que o ritmo e a intensidade das ondas de mudanças fossem diferentes em situações de lançamento, mudança completa, realinhamento e sucesso continuado? Em situações mais dependentes de prazos – lançamento e mudança completa –, o novo líder deveria pensar em desencadear a sua primeira onda de mudanças mais cedo. A intensidade das mudanças, de acordo com as percepções que dela tiverem os integrantes da organização, também poderá ser aumentada. Em situações de realinhamento e sucesso continuado, é possível aguardar um pouco mais para aprender e planejar. Se a empresa representar uma verdadeira situação de sucesso continuado, o novo líder poderá planejar o lançamento de várias ondas modestas de mudanças, em vez de uma única do tipo "big bang".

Estabelecer Objetivos de Longo Prazo

Um dos principais objetivos dos primeiros dias é consolidar a credibilidade pessoal e criar um impulso organizacional. Isso é feito assegurando-se alguns ganhos iniciais que alavancarão a energia e expandirão o potencial alcance das ações subsequentes do novo líder.

Enquanto se procura maneiras de criar impulso, é preciso ter em mente que as ações empreendidas para criar ganhos iniciais devem cumprir uma dupla função. Por isso, é preciso planejar esses ganhos iniciais de maneira a que possam consolidar a credibilidade no curto prazo *e também* criar uma base para os objetivos de longo prazo. Especificamente, os esforços para garantir ganhos iniciais deveriam 1) ser consistentes com os itens principais das prioridades de negócio e 2) apresentar os novos padrões de comportamento que se pretende instilar na organização. Ou seja, o processo de escolher os ganhos iniciais a serem obtidos começa com a ideia posta nas mudanças de longo prazo que se pretende consolidar quando chegar ao fim a respectiva era na função atual.

Concentrar em Prioridades de Negócios e Mudanças Comportamentais

As metas de longo prazo devem consistir em itens principais das prioridades de negócios e das mudanças pretendidas na maneira de agir dos integrantes da organização. Os itens prioritários constituem o destino que se está lutando para alcançar em termos de objetivos mensuráveis de negócios. Esse destino pode ser um crescimento de dois dígitos nos lucros ou uma redução radical nos defeitos de fabricação e consequentes devoluções de produtos. Para Elena Lee, prioritário era o esforço destinado a aumentar significativamente a satisfação dos clientes. O ponto principal é definir os objetivos de maneira tal que o novo líder tenha condições de trabalhar com um objetivo definido em mente.

O novo líder deve estar sempre pensando em seu legado. Como pretende que ele seja? O que gostaria de ver, no comunicado anunciando sua promoção à próxima função de importância, a respeito do que fez na função atual? (É um bom exercício tentar redigir um comunicado desse tipo.) Qual seria a opinião a respeito de suas realizações nesta função, ao final de dois ou três anos de desempenho, que o líder mais gostaria de ouvir?

Como Definir os Itens Prioritários

De que maneira deve o novo líder selecionar seus itens prioritários? É até possível que as opções inexistam – a direção talvez já tenha definido quais serão esses itens. No entanto, para o líder que tiver condições de desenvolver uma agenda própria, ou que entender como questão de honra a negociação de objetivos com a direção, as diretrizes a seguir podem ter utilidade:

- **Os itens prioritários devem ser o resultado natural dos problemas centrais** Estabelecer os itens prioritários depende de localizar com precisão as áreas críticas, carentes de atenção, na organização, e também aquelas que constituem as maiores oportunidades de contribuir para uma dramática melhoria de desempenho. Elena Lee fez isso ao identificar a qualidade do serviço simultaneamente como um objetivo crítico do desempenho e uma aspiração comum em torno da qual ela teria condições de unir os funcionários. Ela poderia estabelecer como item prioritário um aumento da satisfação dos clientes ao nível de 60% em um ano.

- **Itens prioritários não devem ser genéricos nem específicos demais** É necessário que eles abranjam vários níveis de especificidade, de maneira a possibilitar estabelecer mensurações e marcos a serem atingidos ao longo do caminho. Por exemplo, se o item prioritário é condensar o prazo que um produto leva desde a concepção até sua disponibilização ao cliente, urge desenvolver etapas mais específicas, mensuráveis em curto prazo, para estabelecer o avanço em relação a esse objetivo. Ao mesmo tempo, não será provavelmente muito útil definir objetivos diários para diminuir o prazo entre as etapas da concepção e da colocação no mercado.

- **Itens prioritários precisam simultaneamente oferecer rumos claros e proporcionar alguma flexibilidade enquanto o novo líder consolida os conhecimentos sobre a sua posição** O processo de definir os itens prioritários é iterativo. É preciso contar desde logo com um conjunto definido de objetivos à medida que se avança no novo empreendimento. Por exemplo, ao decidir que o sistema de distribuição precisa ser aperfeiçoado, o novo líder poderá fixar como item prioritário o objetivo de entregar seus produtos aos clientes com 50% a mais de rapidez em relação aos níveis existentes dentro de 18 meses. Trata-se de uma meta ambiciosa, e por isso sua concretização representaria um enorme impacto. Mas é também suficientemente ampla para dar ao novo líder a flexibilidade de calcular como e quando deverá ser atingida, à medida que ele desenvolve seu conhecimento sobre a organização.

Determinar Mudanças de Comportamento

Sendo os itens prioritários o destino pretendido, então o comportamento, ou atitude, das pessoas na organização constitui uma parte fundamental do processo pelo qual o novo líder chegará (ou não) a essa meta. Ou seja, se realmente pretender consolidar os itens prioritários até o final de sua era, o novo líder terá de saber lidar com padrões disfuncionais de comportamento/atitudes.

O melhor a fazer é começar pela identificação das atitudes indesejadas. Por exemplo, Elena Lee pretendia reduzir o temor e a falta de motivação que viu em sua organização. O novo líder precisa, para tanto, desenvolver, da mesma forma que Elena, uma visão muito clara de como observar as pessoas agindo quando sua era, ou ciclo, chegar ao fim, e planejar de que maneira suas ações em busca de ganhos iniciais poderão influir positivamente no processo de mudança de atitude. Quais são as atitudes/comportamentos que as pessoas na organização demonstram consistentemente e que podem minar a potencialidade de um desempenho superior? O novo líder deve examinar a Tabela 4-1, que relaciona alguns padrões comportamentais comuns e ao mesmo tempo problematizantes, e a partir dali resumir suas considerações sobre os comportamentos/atitudes que gostaria de modificar.

TABELA 4-1

Padrões comportamentais com problemas

Falta de...	Sintomas
Concentração	• O grupo não consegue definir suas prioridades com clareza, ou tem excesso de prioridades • Os recursos são esparsos e distanciados, o que provoca frequentes disputas e a necessidade de contorná-las. As recompensas acabam sendo atribuídas à capacidade de debelar crises, em vez de à capacidade de desenvolver soluções de longo prazo
Disciplina	• Os níveis individuais de desempenho apresentam grandes oscilações • Os funcionários não entendem as consequências negativas da inconsistência • As pessoas se dedicam a formular explicações, em vez de assumir compromissos
Inovação	• O grupo recorre a padrões internos de comparação para a mensuração do desempenho • Os aperfeiçoamentos em produtos e processos se desenvolvem com excessiva lentidão e incrementalmente • Os funcionários são gratificados por manter desempenho estável, e não por desenvolver iniciativas e assumir riscos
Trabalho em equipe	• Os membros da equipe competem entre si e protegem as respectivas áreas de exclusividade, em vez de trabalhar em colaboração para a concretização de objetivos conjuntos • As pessoas são gratificadas pela criação de áreas de domínio exclusivo
Sentido de urgência	• Os integrantes da equipe ignoram as necessidades dos clientes externos e internos • A autoindulgência impera, revelando-se em crenças como "somos e sempre fomos os melhores", ou "não precisamos reagir imediatamente, isso não fará a menor diferença"

Garantir os Ganhos Iniciais

Equipado com um adequado entendimento de seus itens prioritários e dos objetivos em termos de mudança comportamental, o novo líder chega à hora de agir no sentido da criação de planos detalhados da melhor forma de garantir os ganhos iniciais estabelecidos durante os seus primeiros 90 dias, ou mais além. É preciso que ele pense bastante sobre o que precisará fazer nessas duas fases: estabelecer a credibilidade nos primeiros 30 dias e decidir em que áreas de atividade concentrará energias, de modo a concretizar aperfeiçoamentos imediatos do desenvolvimento nos 60 dias seguintes.

Estabelecer a Credibilidade

Nas primeiras semanas em uma nova função, ou emprego, ninguém deve pretender alcançar um impacto considerável sobre o desempenho; o que pode, e deve fazer, é conquistar pequenas vitórias capazes de representar sinais de que alguma coisa está mudando na situação vigente. O objetivo nesse estágio inicial é estabelecer a credibilidade pessoal.

Como essas primeiras ações logicamente influirão desproporcionalmente sobre a percepção do novo líder pelos demais, ele deve pensar sobre a maneira pela qual conseguirá sentir-se "conectado" com a nova organização. Quais as mensagens que gostaria de emitir a respeito de quem é, e daquilo que representa? Quais as melhores maneiras de comunicar essas mensagens? Identificar os públicos fundamentais – assessores diretos, outros funcionários, públicos externos principais – e elaborar algumas mensagens talhadas para cada um deles. Tais mensagens não precisarão necessariamente referir-se aos planos do novo líder; ainda é cedo para tanto. Elas deverão concentrar-se principalmente em definir quem é o novo líder, os valores e objetivos que representa, qual o seu estilo e como planeja conduzir o empreendimento.

O novo líder precisa igualmente se preocupar com as formas de estabelecer contato. *Como* irá se apresentar? Os primeiros contatos com os assessores diretos serão individuais ou em grupo? Essas reuniões terão o formato de contatos informais destinados exatamente a se familiarizar com todos, ou irão de imediato concentrar-se em questões e compromissos de negócios? O novo líder irá utilizar outros canais, como *e-mail* e vídeo, para se fazer conhecer mais amplamente na empresa? Pretende organizar reuniões imediatas com o pessoal de fábricas mantidas pela organização fora da sede central?

À medida que avançar no processo de conectar-se com o público interno, o novo líder deverá identificar – e agir assim que puder para removê-los – focos de atrito existentes na nova organização. Precisará, igualmente, concentrar-se em relações externas deixadas de lado pelos antecessores e agir imediatamente no sentido de reparar essa situação. Eliminar reuniões redundantes, reduzir o tempo daquelas excessivamente prolongadas, ou melhorar os problemas de espaço físico – tudo isso contribui para o estabelecimento imediato da credibilidade pessoal do novo líder.

É inevitável que as pessoas comecem logo a avaliá-lo e as capacidades por ele demonstradas ou não. A credibilidade, ou a falta dela, dependerá das respostas dos integrantes da organização às seguintes perguntas a respeito do novo líder:

- Tem a visão e a firmeza necessárias para tomar decisões de impacto?
- Ostenta os valores com os quais os integrantes dessa comunidade se identificam, e que pretendem manter?
- Tem mesmo a energia exigida para a função?
- Exige, de si e dos demais, altos índices de desempenho?

Seja qual for o resultado, o pessoal começará a formar opiniões a respeito do novo líder com base em qualquer tipo de dados. As primeiras decisões do líder, boas ou não, servirão para orientar a percepção a seu respeito que acabará imperando. Uma vez consolidada a opinião a respeito do novo líder, dificilmente virá a ser revertida. E esse processo de formação de opinião ocorre com uma surpreendente rapidez.

Por isso, qual a melhor maneira de agir para estabelecer a credibilidade pessoal? Parte dela depende de um marketing pessoal eficiente, muito parecido com o processo de consolidação de marcas. O novo líder precisa dar razão para que as pessoas ao seu redor o associem a capacidades, atitudes e valores dignos de admiração. Não existe uma resposta única quanto a qual seria a melhor forma de conseguir tais objetivos. Em geral, porém, os novos líderes passam a ter credibilidade quando são:

- **Exigentes, mas igualmente bons julgadores** Líderes efetivos pressionam os subordinados a chegar a compromissos realistas e então exigem que cumpram o prometido. Quem, no entanto, nunca se mostra satisfeito com nada, estará simplesmente corroendo a motivação dos liderados.

- **Acessíveis, mas não íntimos em demasia** Ser acessível não significa estar permanentemente à disposição de qualquer um. É, pelo contrário, permitir o acesso de maneira a preservar sua autoridade.

- **Decisivos, mas justos** Novos líderes comunicam sua capacidade de assumir o comando sem se precipitar com decisões que ainda não estiverem prontos para concretizar. Claro que é fundamental projetar, logo no início, a impressão da capacidade de decidir, mas igualmente importante é adiar decisões de maior porte até sentir-se suficientemente informado para poder tomá-las com eficiência.

- **Orientados, mas flexíveis** Os novos líderes devem evitar um ciclo vicioso e o distanciamento progressivo de seus pares ao se mostrarem rígidos demais e insensíveis à possibilidade de estudar soluções múltiplas para um problema. Os líderes eficazes conquistam autoridade resolvendo as questões, mas também consultando outros e estimulando a colaboração.

- **Ativos, mas sem causar comoções** É muito tênue a distinção entre consolidar uma força de impulso e ser um peso esmagador para o grupo ou unidade comandados. É preciso fazer com que as coisas aconteçam, mas sempre evitando forçar as pessoas além das respectivas capacidades.

- **Dispostos a adotar decisões firmes, fortes, mas sempre humanos**
Os novos líderes podem precisar adotar decisões firmes logo ao assumir, mesmo que sejam as de demitir colaboradores considerados ineficientes. Novos líderes eficazes fazem o que é preciso ser feito, mas sempre de maneira a preservar a dignidade das pessoas, e com justiça.

Alavancar "Ensinamentos Valiosos"

Todas as ações do novo líder em suas primeiras semanas na organização tendem, em princípio, a ter repercussão. Como ilustração desse conceito, vale a pena lembrar a experiência de Lara Moore, que assumiu a gestão de uma unidade de mau desempenho em uma empresa de serviços financeiros. Com base em seu diagnóstico original, Lara constatou que a unidade sofria de um caso agudo de esclerose burocrática. O símbolo mais visível estava nos arquivos que iam do chão até o teto e nos quais o seu antecessor pretendia documentar todas as suas transações e decisões, por mais triviais que fossem. Uma das primeiras decisões de Lara foi remover todos aqueles arquivos, o que foi feito sob os olhares ao mesmo tempo de temor e admiração dos funcionários.

As primeiras decisões muitas vezes se transformam em histórias que podem definir o novo líder como herói ou vilão. Por exemplo, o novo líder encontra tempo para se apresentar informalmente ao pessoal de apoio, ou se concentra exclusivamente nos próprios gestores, colegas e assessores imediatos? Pode parecer simples demais, mas trata-se de uma característica que ajuda a rotulá-lo como "acessível" ou "remoto". A maneira pela qual o novo líder se apresenta à organização, o tratamento dispensado ao pessoal de apoio, seu estilo de enfrentar pequenos problemas – tudo poderá definir ou dar origem a histórias que percorrerão todos os escaninhos da organização a respeito do novo líder.

A fim de alavancar a mitologia em um sentido positivo, o novo líder precisa buscar e ostentar *momentos memoráveis*. São estes os atos – como a maneira pela qual Elena Lee enfrentou os supervisores recalcitrantes – que demonstram com a maior transparência a essência das pretensões do novo líder; eles também servem de modelo aos tipos de comportamento e atitude que o novo líder deseja incentivar. Esses atos não precisam ser necessariamente proclamações ou confrontos dramáticos. Podem ser tão simples, e tão difíceis, quanto fazer ao grupo de liderados as perguntas capazes de traduzir plenamente os principais problemas enfrentados pelo conjunto da organização.

Garantir Resultados Visíveis

Estabelecer credibilidade pessoal e desenvolver alguns relacionamentos-chave são elementos que ajudam o novo líder a concretizar ganhos imediatos. Logo, porém, ele deverá se dedicar a identificar oportunidades para alcançar melhorias tangíveis e rápidas no desempenho dos negócios. As melhores possibilidades para tanto são os problemas que poderá resolver com razoável rapidez e gastos modestos, e que, ao mesmo tempo, apresentam ganhos operacionais e financeiros visíveis. Exemplos disso são gargalos que restringem a produtividade e programas de incentivo que prejudicam o desempenho pelo fato de provocarem conflitos internos.

O que o novo líder precisa fazer é identificar duas ou três áreas fundamentais em que seja viável atingir rápidas melhorias. Isso porque, se pretender se dedicar a um número excessivo de iniciativas, estará se arriscando a perder o foco. Outra coisa que não deve fazer é apostar todas as fichas em uma única carta. É preciso pensar devidamente o risco gerencial: a melhor fórmula é elaborar um portfólio promissor de iniciativas de ganhos iniciais em que sucessos em uma ou mais delas possam contrabalançar eventuais fracassos em outras. A partir daí, a necessidade é concentrar-se incansavelmente na obtenção de bons resultados.

Para garantir um cenário de ganhos iniciais, a agenda de aprendizado do novo líder precisa determinar especificamente a melhor maneira de identificar oportunidades promissoras de aperfeiçoamento. Para conseguir transformar suas metas em iniciativas específicas destinadas a garantir ganhos iniciais, cabe ao novo líder trabalhar de acordo com as diretrizes a seguir enunciadas.

- **Manter em perspectiva as metas de longo prazo** As ações empreendidas com a finalidade de garantir ganhos iniciais devem, na maior extensão possível, servir aos itens prioritários e aos objetivos de longo prazo em matéria de mudança comportamental.

- **Identificar alguns pontos focais promissores** Pontos focais são áreas ou processos (como os processos de serviço ao consumidor para Elena Lee) cuja melhoria tenha condições de fortalecer radicalmente o desempenho geral da empresa tanto em operações quanto na parte das finanças. Outros exemplos de pontos focais são o processo pelo qual uma companhia de fundos mútuos relata suas operações ao organismo governamental de controle, ou a realocação de recursos, em uma companhia farmacêutica, da pesquisa para o marketing.

- **Concentrar-se nos mais promissores pontos focais** Especializar-se em alguns pontos focais significará a redução dos prazos e das energias necessários para concretizar resultados tangíveis. Uma melhoria imediata do desempenho nessas áreas possibilitará, ao novo líder, a liberdade e o espaço indispensáveis para dedicar-se a mudanças mais amplas.

- **Lançar projetos pilotos** Projetar iniciativas promissoras de planos pilotos voltados para os pontos focais escolhidos e que seja possível empreender de imediato. Ser bem-sucedido em projetos imediatos faz o plano geral decolar, dá confiança às equipes e se traduz em aperfeiçoamentos concretos. Foi isso que Elena Lee fez para começar a melhorar o serviço aos clientes na sua nova organização.

- **Promover os agentes da mudança** Identificar as pessoas de todos os níveis da organização dotadas do *insight*, da motivação e dos incentivos indispensáveis para o desenvolvimento da agenda do novo líder. Promover tais pessoas, como Elena Lee fez, a posições de crescente responsabilidade. Com isso se estará enviando a todos os funcionários a mais transparente mensagem de que a recompensa virá de acordo com o sucesso de cada um.

- **Alavancar os projetos pilotos a fim de promover novos comportamentos** Os projetos pilotos dos novos líderes, como ocorreu com aquele que Elena Lee colocou em prática, devem servir como modelos daquilo que pretenderem implantar futuramente na organização, grupo ou função. A lista de controle a seguir é para ser usada como elemento de auxílio no planejamento de projetos pilotos de grande impacto.

Lista de controle do projeto piloto

Em cada projeto piloto implementado a fim de garantir os ganhos iniciais, o novo líder deve fazer uso desta lista de controle para ter a certeza de estar criando altos padrões para as atitudes que pretende incentivar.

- Qual é a combinação perfeita de pessoas, em termos de conhecimento, habilidades e química pessoal?
- Quem tem a credibilidade, as qualificações em gerenciamento de projeto e a criatividade indispensáveis para comandar o projeto?
- O que é uma meta "expansível" viável?
- Quais são os prazos finais plausíveis?
- Qual o treinamento ou estrutura que o novo líder proporcionará a fim de orientar a equipe em termos de solução de problemas e tomada de decisões?
- Quais são os demais recursos necessários para o sucesso?
- Como agir a fim de obter o comprometimento das pessoas com as metas de resultados de alta qualidade?
- Qual a melhor forma de reconhecimento do sucesso?

Evitar Surpresas Previsíveis

Todo o esforço desenvolvido para a conquista dos ganhos iniciais corre o risco de reduzir-se a zero quando não se presta a devida atenção à identificação de possíveis pedras existentes no caminho e contra elas se termina chocando violentamente. Quando esta última hipótese chega a concretizar-se, todo o foco é instantaneamente desviado para o reparo dos danos causados pelo choque, enquanto as esperanças em torno de uma sistemática estabilização e consolidação do impulso inicialmente adquirido são jogadas pela janela.

Surpresas sempre ocorrem. Quando isso acontece, não há outra resposta a não ser juntar os cacos e propor a melhor resposta possível à crise instaurada. Com frequência bem maior, no entanto, os novos líderes são desviados de seu rumo por aquilo que meu colega Max Bazerman e eu chamamos de "surpresas previsíveis". São situações em que as pessoas dispõem de todas as informações necessárias para identificar o problema e adotar medidas preventivas, mas não o fazem em tempo hábil.[4]

Isso quase sempre ocorre porque o novo líder simplesmente não olha para os lugares certos nem faz as perguntas adequadas. Como vimos no Capítulo 1, todos temos preferência por lidar com determinado tipo de problema, bem como repulsa por outros que não nos sentimos suficientemente qualificados a enfrentar. Quem é do marketing e precisa assumir a liderança da equipe de lançamento de um novo produto quase sempre se concentrará mais nos aspectos de marketing, tendendo a deixar de lado as questões do âmbito da linha de produção. Nesse caso, essa pessoa precisará disciplinar-se de maneira a poder optar entre remexer em áreas nas quais não se sente inteiramente à vontade ou encontrar pessoas de confiança com a capacidade necessária para tal atribuição.

Outro motivo de surpresas previsíveis é que partes diferentes da organização guardam partes diferentes do quebra-cabeças, mas nenhuma delas consegue, sozinha, montar esse conjunto. Cada organização tem seus focos de informação. Quando não se consegue colocar em funcionamento processos capazes de fazer com que a informação mais importante veja a luz do dia e seja integrada, o que se está fazendo é exatamente assumir o risco de atropelamento por uma surpresa previsível.

O conjunto de perguntas a seguir apresentado tem grande utilidade na identificação de áreas de potenciais problemas:

- **Cenário externo** Mudanças em tendências da opinião pública, ação governamental ou condições da economia são fatores capazes de precipitar grandes problemas para a sua unidade? Exemplos: uma mudança na política do governo que passe a favorecer seus concorrentes ou a pesar de maneira insustentável nos preços ou custos dos produtos; uma grande mudança na opinião pública a respeito das implicações sanitárias ou de segurança do uso de produtos

---

[4] Consultar Michael Watkins e Max Bazerman, "Predictable Surprises: The Disasters You Should Have Seen Coming", *Harvard Business Review*, março de 2003.

de sua empresa, uma crise econômica emergente em um país em desenvolvimento.

- **Clientes, mercados, concorrentes e estratégias** É possível identificar o aparecimento de fatos novos com potencial para provocar desafios de grandes proporções no cenário em que sua empresa atua? Exemplos: um estudo sugerindo que o seu produto é inferior àquele de um importante concorrente, um novo concorrente que oferece um produto alternativo de menor preço do que o seu no mercado, uma guerra de preços etc.

- **Qualificações internas** A organização consegue identificar problemas potenciais com os processos, as aptidões e as capacidades de sua unidade que venham a desencadear uma crise? Exemplos: a perda inesperada de pessoas essenciais para a equipe; grandes problemas com a qualidade em uma fábrica principal; *recall* de produtos.

- **Políticas organizacionais** Há algum risco de que a empresa tropece inadvertidamente em algum obstáculo inesperado? Exemplos: determinadas pessoas em sua unidade são "intocáveis", mas o novo líder não tem conhecimento disso; o novo líder não chega a perceber que um executivo do mesmo escalão está trabalhando sutilmente para minar a sua posição.

Mudanças Fundamentais ou Liderando a Mudança

À medida que age sobre o ambiente para concretizar seus ganhos iniciais, o novo líder deve pensar constantemente na melhor maneira de fazer com que as mudanças passem a ocorrer na organização.

Mudança Planejada *versus* Aprendizado Coletivo

Uma vez identificados os problemas ou questões mais importantes a serem enfrentados de imediato, o passo seguinte do novo líder é decidir se já é tempo de se engajar em mudanças, como destacou minha colega Amy Edmondson, do tipo planejar-e-implementar, ou na promoção coletiva do aprendizado.[5]

---

[5] Amy Edmondson foi quem desenvolveu esta utilíssima distinção.

A abordagem direta do planejar-e-implementar para mudar funciona melhor quando o novo líder tem certeza de contar com os seguintes fundamentos de suporte perfeitamente em ordem:

1. **Consciência** Existe uma massa crítica de pessoas conscientizada da necessidade de mudar.

2. **Diagnóstico** O líder sabe o que precisa ser mudado, e por quê.

3. **Visão** O novo líder tem uma visão impulsionadora e uma estratégia sólida.

4. **Plano** O novo líder tem a qualificação indispensável para consolidar uma planificação detalhada.

5. **Sustentação** O novo líder conta com uma coligação interna suficientemente poderosa para dar sustentação à implementação das mudanças.

A abordagem do planejar-e-implementar pode funcionar adequadamente em situações de mudança completa, por exemplo, quando as pessoas reconhecem a existência de um problema, suas características são mais técnicas do que culturais ou políticas, e todos estão ansiosos por uma solução.

Se, no entanto, qualquer das condições acima enumeradas não se fizer presente, a abordagem única do planejar-e-implementar tenderá a causar problemas, em vez de soluções, para o novo líder. Se ele estiver, por exemplo, em um realinhamento e as pessoas insistirem em não reconhecer a necessidade de mudanças, provavelmente receberão esse plano com um silêncio de pedra. Será, portanto, indispensável construir a conscientização da necessidade de mudança, ou destacar o diagnóstico do problema, ou criar uma visão e estratégia agregadoras, ou desenvolver um sólido plano interfuncional de implementação, ou, ainda, criar uma coligação de suporte da mudança.

A fim de concretizar qualquer uma dessas metas, o novo líder agirá adequadamente se puder se concentrar em um processo coletivo de aprendizado, e não no desenvolvimento e imposição de planos de mudanças. Quando muitas pessoas na organização se mantêm, por exemplo, cegamente ignorantes da emergência de problemas, o novo líder precisa colocar em andamento um processo capaz de abrir caminho em meio a esse véu. Em vez de organizar um ataque frontal às defesas da organização, será melhor empenhar-se em um tipo de guerra de guerrilhas, capaz de desmantelar lentamente as resistências e, ao mesmo tempo, incrementar a conscientização sobre a necessidade de mudanças.

Isso pode ser feito mediante a exposição de pessoas importantes a novas maneiras de operar e pensar o negócio, tais como novos dados sobre a satisfação dos clientes e promoções competitivas. O que se pode igualmente promover é alguma comparação com as melhores organizações do setor, levando o grupo a analisar a maneira de agir dos concorrentes mais renomados. Também é viável levar as pessoas a imaginar novas maneiras de fazer coisas antigas – por exemplo, programar para um local diferente da sede da empresa uma reunião de análise conjunta dos principais objetivos ou da melhor maneira de aperfeiçoar os processos existentes.

O principal, então, é saber quais seriam as partes do processo de mudança mais beneficiadas e estimuladas pelo planejamento, e quais as que tirariam melhor proveito do aprendizado coletivo. É preciso, sobretudo, pensar sobre a mudança que se pretende colocar em prática na nova organização. E, a partir daí, utilizar o fluxo dos elementos do diagnóstico do Gráfico 4-2 a fim de determinar em que setores os processos de aprendizado coletivo serão mais importantes para o sucesso da empresa.

Começar as Mudanças Comportamentais

À medida que programar os ganhos iniciais, o novo líder não poderá esquecer que os meios que utilizar para concretizá-los são tão importantes quanto os fins atingidos. As iniciativas que puser em prática para atingir esses ganhos iniciais devem exercer uma função dupla no estabelecimento de novos padrões de comportamento. Elena Lee fez exatamente isso quando organizou e treinou com o maior cuidado sua equipe de projetos e se lançou de imediato à implementação das recomendações principais desses funcionários motivados.

A fim de conseguir mudar sua organização, o novo líder terá provavelmente de se lançar à árdua tarefa de mudar sua cultura. Isso porque a organização pode estar entre as que têm maus hábitos por demais enraizados, mas que não podem deixar de ser quebrados. E, embora saibamos o quanto é difícil para uma pessoa mudar padrões habituais, isso por certo será menos problemático para um grupo de pessoas imbuídas desse espírito e da necessidade de se apoiarem mutuamente na tarefa.

GRÁFICO 4-2

Estrutura do diagnóstico para a mudança gerencial

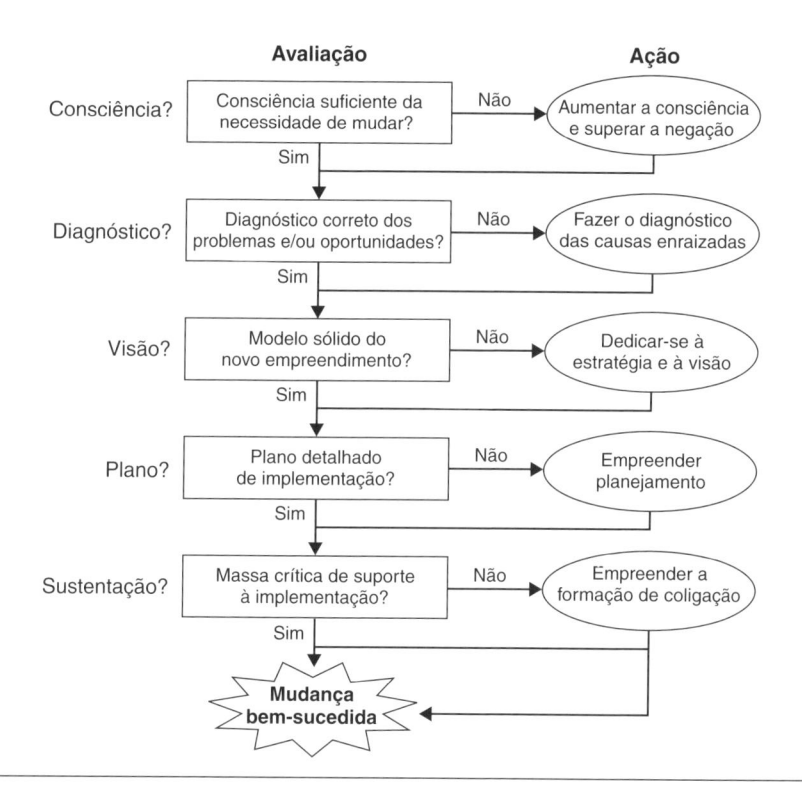

	Avaliação		Ação
Consciência?	Consciência suficiente da necessidade de mudar?	Não →	Aumentar a consciência e superar a negação
	↓ Sim		
Diagnóstico?	Diagnóstico correto dos problemas e/ou oportunidades?	Não →	Fazer o diagnóstico das causas enraizadas
	↓ Sim		
Visão?	Modelo sólido do novo empreendimento?	Não →	Dedicar-se à estratégia e à visão
	↓ Sim		
Plano?	Plano detalhado de implementação?	Não →	Empreender planejamento
	↓ Sim		
Sustentação?	Massa crítica de suporte à implementação?	Não →	Empreender a formação de coligação
	↓ Sim		
	Mudança bem-sucedida		

Pura e simplesmente detonar a cultura existente e começar tudo de novo quase nunca constitui a melhor maneira de proceder. Há limites às mudanças que as pessoas – e as organizações – conseguem absorver de uma vez só. E as culturas organizacionais têm invariavelmente tanto virtudes quanto falhas; elas é que proporcionam previsibilidade e podem constituir fontes de orgulho. Quando o novo líder faz circular a mensagem de que nada presta na organização e na cultura até então existente, certamente está tirando de todos uma fonte fundamental de estabilidade em tempos de mudança. Ao mesmo tempo, está com isso se privando de uma fonte potencial de energia positiva que poderia ser utilizada para incrementar o desempenho.

O fundamental, então, é identificar os elementos positivos e negativos entranhados na cultura. E, a seguir, exaltar e elogiar os elementos positivos, paralelamente ao esforço para mudar os negativos. Esses aspectos funcionais da cultura familiar constituem a melhor ponte para a travessia do passado para o futuro.

Ajustar a Estratégia à Situação

A escolha das técnicas de mudança de comportamento/atitude deve ocorrer em função da estrutura, de processos, de aptidões e – acima de tudo – da situação do grupo do novo líder. Note-se, por exemplo, a diferença entre a promoção da mudança de comportamentos/atitudes em situações de mudança completa e de realinhamento. Na primeira, o que existe é uma combinação de pressão de prazos e a necessidade de identificar e defender, com a maior presteza, o núcleo viável da empresa. Técnicas do tipo contratar gente de fora e estabelecer equipes de projeto para iniciativas específicas de melhoria do desempenho são, muitas vezes, uma boa opção. Agora, contraste-se esta situação com a imperante nos realinhamentos, em que o mais aconselhável é começar com abordagens menos óbvias da mudança de comportamento/atitude. Mudando as mensurações de desempenho e dando início a um processo de comparação, o novo líder abre caminho para o surgimento de uma visão coletiva sobre a melhor maneira de realinhar a empresa.

O novo líder precisa, por fim, ter sempre em mente o objetivo mais crucial: criar um ciclo virtuoso capaz de incentivar e reforçar o comportamento/atitude desejados e que contribua para a concretização dos itens prioritários. É preciso lembrar que se está visando a modestos ganhos iniciais que constituam a base de mudanças fundamentais no curto prazo.

CONTROLE DA ACELERAÇÃO

1. Dentro da situação real da empresa, quais deveriam ser os prazos e a extensão de cada uma das ondas de mudanças pretendidas pelo novo líder?

2. A partir daquilo que você, novo líder, sabe atualmente, quais são os seus itens prioritários? Em função dessas prioridades, o que você precisará fazer durante seu tempo de transição a fim de estabelecer os fundamentos indispensáveis para sustentar essas prioridades?

3. Quais as mudanças em comportamento/atitude das pessoas que você gostaria de ver consolidadas na organização ao final de sua era? Descreva com todos os detalhes possíveis os tipos de comportamento/atitude que você incentivaria ou desencorajaria.

4. O que você pode começar a fazer durante a sua transição para mudar comportamentos na organização?

5. Como você planeja se conectar à nova organização? Quais são os seus públicos preferenciais, e quais as mensagens que gostaria de transmitir-lhes? Quais são as melhores fórmulas de comprometimento?

6. Quais são os pontos focais mais promissores para os seus primeiros esforços visando à melhoria do desempenho? Escolha um ponto focal e defina até onde ganhos iniciais nessa área serviriam como modelo para o comportamento que você pretende obter das pessoas à sua volta.

7. Em função das mudanças que pretende implantar, quais são as áreas em que haverá necessidade de estabelecer um processo de aprendizado coletivo?

5. Negociar o Sucesso

Quando Michael Chen foi promovido a gerente da área de tecnologia da informação (TI) da unidade-chave de uma empresa de petróleo, ficou orgulhoso e muito feliz – até receber telefonemas de dois colegas. Ambos fizeram o mesmo comentário, do tipo "pode ir fazendo logo um novo *curriculum vitae*. A Cates acabará com você em pouco tempo".

A nova diretora de Chen, Vaughan Cates, era uma gestora compulsiva, com reputação de sempre obter os melhores resultados – e, também, de ser dura com as pessoas. Cates assumira recentemente a diretoria geral da unidade de Chen, e em pouco tempo várias das pessoas por ela comandadas já haviam sido demitidas.

Os amigos de Michael detalharam o que entendiam como a configuração do problema a ser enfrentado. "Claro que você tem tido muitos sucessos", disse um deles. "Mas a Cates sempre vai achar que você não é suficientemente agressivo. Você é um planejador, um formador de equipes. Ela certamente o considerará muito lento e sem propensão a tomar decisões drásticas."

Assim advertido, Michael Chen tratou de trabalhar com Vaughan Cates a fim de ganhar tempo para o diagnóstico e o planejamento. "Pretendo operar com um prazo inicial de 90 dias, começando com 30 dias para tomar conhecimento do conjunto da situação", disse ele à diretora. "A partir daí, estarei em condições de apresentar uma avaliação detalhada e um planejamento com objetivos e ações para os 60 dias restantes desse período." Michael continuamente colocava a diretora a par dos seus avanços. Pressionado a tomar uma decisão sobre a compra de um grande sistema em apenas três semanas, ele se aferrou ao cronograma original. Ao final desses 30 dias, apresentou um plano consistente que teve a aprovação da nova superiora.

Um mês depois, Michael Chen voltou a relatar alguns ganhos iniciais e pediu a Vaughan Cates um maior número de funcionários para conseguir dar conta de um projeto que a empresa considerava fundamental. A diretora submeteu-o a um exaustivo questionamento, mas ele, tendo pleno conhecimento do tema em discussão, não fraquejou em momento algum. Cates acabou concordando com as solicitações, ainda que estabelecendo prazos finais rígidos para o surgimento de resultados práticos. Armado com tudo o que julgava necessário, Michael Chen logo apresentou relatórios dando conta da concretização da maioria dos objetivos intermediários.

Aproveitando o impulso inicial, Chen tratou de estabelecer um acordo com a sua diretora em relação ao estilo de trabalho. E, na primeira reunião a respeito, foi logo deixando claro: "Temos estilos diferentes, mas posso garantir que só me comprometo com metas que tenho condições de concretizar". E complementou: "Quero ser julgado pelos resultados, não pelos métodos usados ". O confronto persistiu durante quase um ano, mas ao final desse período Michael Chen já havia estabelecido um sólido e produtivo relacionamento de trabalho com a sua superiora imediata.

A fim de alcançar o mesmo resultado que Michael Chen consolidou com Cates, é aconselhável sempre *negociar o sucesso*, para que não se parta de uma posição antecipadamente condenada ao fracasso. Vale a pena investir muito tempo, desde o começo, nessa questão fundamental da relação de trabalho, porque o novo diretor sempre estará fazendo comparações, interpretando as ações do novo líder junto a outros elementos decisivos na organização e controlando o acesso desse mesmo novo líder a recursos indispensáveis para o trabalho a ser desenvolvido. Será esse diretor, mais do que qualquer outra pessoa na empresa, o detentor do maior impacto sobre a possibilidade de chegar mais rapidamente ao ponto de equilíbrio, e, dessa forma, sobre o eventual sucesso ou fracasso do novo líder.

Negociar o sucesso significa envolver-se de maneira proativa com o novo superior a fim de dar forma ao processo de conquista dos resultados projetados. É muito grande o número de novos líderes que não dão a devida importância a esse envolvimento, considerando a respectiva posição, pelos méritos que os levaram até ela, mais do que estável – e, em consequência disso, acabam fracassando.

A alternativa é obter uma situação de estabilidade mediante a negociação, com o gestor, de expectativas realistas, de como chegar a um consenso sobre a situação e assegurar os recursos indispensáveis à consecução dos objetivos. Ao negociar com habilidade e realismo com Vaughan Cates, Michael Chen estabeleceu os alicerces do próprio sucesso.

É preciso levar em conta que a natureza da relação com o novo gestor dependerá sempre do nível do novo líder na hierarquia da organização e da situação por ele enfrentada. Quanto mais elevada a sua posição na hierarquia da empresa, maior será sua autonomia de ação. Isso ocorrerá principalmente em situações em que o novo líder e seu superior trabalharem em localizações diferentes. A ausência de um controle permanente pode ser um ponto positivo, quando o novo líder tem a autonomia às vezes indispensável para o sucesso, mas também pode ser fatal, quando ele acaba se enforcando na própria corda.

O que o novo líder precisa da parte de seu superior é algo que igualmente varia de acordo com as diferentes situações do modelo ST_ARS. Em se tratando de uma situação de realinhamento, o novo líder precisa que seu gestor o ajude a sustentar a necessidade da mudança. Em uma situação de sucesso continuado, a ajuda do gestor será no sentido de proporcionar tempo para o necessário aprendizado sobre a empresa e evitar aqueles erros provocados justamente pelo desconhecimento dos bastidores e que, quando cometidos, podem ameaçar os ativos centrais do negócio. Em situações de lançamento, o novo líder precisa de recursos e proteção contra interferência excessiva dos níveis superiores da empresa. Em mudanças completas, às vezes precisará ser impulsionado a reduzir com a indispensável rapidez o negócio a um núcleo principal com condições de dar origem a uma situação toda nova.

Há muita coisa que o novo líder tem condições de fazer a fim de construir uma relação de trabalho produtiva com seu superior. Este capítulo pretende justamente apresentar formas de estabelecer o tipo adequado de diálogo e como criar um plano de 90 dias. É conveniente estudá-lo com atenção mesmo quando se estiver na situação de, apesar de exercer uma função nova, continuar subordinado ao mesmo gestor de antes. Ocorre que a nova relação nem sempre continua igual à anterior em situações diferentes. As expectativas do gestor podem ser diferentes, e o líder talvez tenha necessidade de recursos maiores do que aqueles com os quais lidava anteriormente. Muitos gestores supõem erradamente que podem continuar a trabalhar com o mesmo superior da mesma forma de antes, quando em funções diferentes. É bom não cometer esse erro.

É igualmente adequado pensar sobre a melhor maneira de aplicar as ideias apresentadas neste capítulo para acelerar a consolidação do relacionamento de trabalho com os novos assessores. Quanto mais cedo esses assessores atingirem o ponto de equilíbrio, maiores serão os benefícios para o novo líder.

Concentrar-se no Fundamental

Sempre que se questiona gerentes experientes sobre a melhor maneira de estabelecer uma produtiva relação de trabalho com um novo diretor, as observações assumem a forma de listas do que é preciso fazer e daquilo que não se deve fazer. Comecemos pelo que não se deve fazer:

- **Não jogar o passado no lixo** Nada se ganha e, pelo contrário, muito se perde com as críticas às pessoas que lideraram a organização antes da chegada do novo líder. Isso não significa que este deva tolerar mediocridades. É preciso entender o passado, concentrando-se ao mesmo tempo em avaliar e garantir atitudes e resultados no presente e na condução das reformas necessárias para dar sustentação a um desempenho superior.

- **Não ficar afastado da chefia** Em se tratando de um diretor que não incentiva os contatos com o novo líder, ou quando é pessoa de difícil trato e interação, o novo líder terá de encontrar maneiras de chegar até ele. Do contrário, a comunicação indispensável entre essas duas partes será irremediavelmente prejudicada, ou poderão surgir inevitáveis quebras nas expectativas. Pode parecer muito bom ficar inteiramente à vontade, sem controle aparente, mas é aconselhável não se sentir tentado a fazer uso exagerado dessa liberdade. É preciso encontrar maneiras de entrar regularmente na agenda do diretor. Garantir que ele esteja totalmente a par dos problemas que o novo líder enfrenta, e também que este esteja a par das expectativas do diretor a seu respeito, e de que maneira e em que direção estejam eventualmente mudando.

- **Nunca surpreender o diretor** Não é aconselhável transmitir pessoalmente más notícias ao diretor. Sempre há o risco de que ele opte por matar o mensageiro – no caso, o próprio novo líder. No entanto, a maioria dos gestores considera um pecado ainda maior, da parte do novo líder, não ter a capacidade de apresentar-lhes, com a antecipação necessária, problemas emergentes. A pior de todas as situações para o diretor é, sem dúvida, tomar conhecimento da existência de problemas em sua divisão por intermédio de terceiros. O melhor é transmitir ao diretor no mínimo um alerta, assim que surgirem indícios de uma crise em andamento.

- **Não recorrer ao diretor apenas em casos de dificuldades** Ninguém consegue progredir em uma função quando leva ao diretor exclusivamente problemas. É preciso ter um plano também. Isso definitivamente não significa que o novo líder deva ter sempre as condições de apresentar soluções infalíveis. O tempo e os esforços necessários para gerar soluções podem facilmente conduzi-lo pelo caminho difícil de apresentar surpresas ao diretor. A chave é dedicar alguns minutos de análise muito séria sobre a melhor maneira de encarar o problema, determinar o próprio papel nessa jornada e qual a ajuda necessária para chegar à melhor solução.

- **Não gastar tempo com a lista de realizações** Existe uma tendência, mesmo entre gestores de alto escalão, a utilizar reuniões com diretores como uma oportunidade para percorrer sua lista de realizações e prioridades. Existem, obviamente, ocasiões apropriadas para tanto, mas certamente não é isso o que o diretor estará esperando ouvir do novo líder. Como um experiente executivo explica, "eu sempre digo aos meus assessores diretos que imagino que estejam sempre ocupados, e que só recorram a mim para discutir o que estão procurando fazer e qual será a melhor forma de ajudá-los".

- **Não tentar mudar o gestor** Um gerente de reconhecida capacidade contou a história de como conseguiu agendar uma reunião com seu diretor em um começo de tarde e imediatamente se lançar à revisão de uma importante questão – só para descobrir que o gestor estava pegando no sono. O gerente se surpreendera ao verificar, quando do agendamento, que aquela janela de tempo estava aberta, não apenas naquele dia, mas em quase todos os dias da semana. A surpresa era só dele, pois outros já haviam constatado que o diretor precisava mesmo era daquela "janela" para um breve cochilo, e por isso só marcavam reuniões em outros horários. A questão aqui, qual seria? Dar-se conta de que, ante a improbabilidade de conseguir mudar os hábitos do seu gestor imediato, o melhor mesmo é adaptar-se ao seu estilo e idiossincrasias.

Tendo até aqui examinado aquilo que não se deve fazer, é preciso deixar claro que existem atitudes que devem ser sempre adotadas. Desde que se consiga colocá-las em prática regular, o convívio do novo líder com o seu novo gestor será consideravelmente facilitado. A seguir, a relação:

- **Adotar plena responsabilidade por fazer com que essa relação de trabalho dê resultados** Este é o lado contrário do "não se esconda". É preciso não esperar que o diretor se apresente a qualquer hora para oferecer o tempo e o apoio necessários ao sucesso do novo líder na função. O melhor mesmo é começar pelo entendimento de que cabe ao novo líder a responsabilidade pelo sucesso dessa relação de trabalho. Se o diretor se dispuser a percorrer a metade do caminho para tanto necessário, já será uma grata surpresa.

- **Tornar claras e transparentes as expectativas mútuas de forma imediata e repetidamente** É indispensável conseguir administrar as expectativas de maneira realista. O novo líder estará em grande dificuldade se o seu diretor exigir que ele tenha soluções imediatas para, por exemplo, uma empresa que enfrenta sérias dificuldades estruturais. É boa política deixar desde logo claras as dificuldades maiores e conseguir assim refrear qualquer tipo de expectativa irrealizável. A partir daí é também boa política fazer verificações periódicas sobre as expectativas da direção, especialmente para evitar que voltem a ser inviáveis.

- **Negociar prazos adequados de diagnóstico e planejamento de ações** O novo líder não pode se permitir ser jogado de imediato a combater incêndios, nem pressionado a tomar decisões antes de estar preparado. Deve, isto sim, conseguir prazos adequados para estabelecer o diagnóstico da nova organização e a partir daí traçar um plano de ação. Isso deu certo para Michael Chen em suas negociações com Vaughan Cates, e pode funcionar com qualquer novo líder competente. O plano de 90 dias discutido ao final deste capítulo é um excelente veículo para a concretização dessa meta.

- **Programar a concretização de ganhos iniciais em áreas de grande importância para o diretor** Quaisquer que possam ser as suas prioridades, o novo líder deve conhecer e levar em conta também as do seu diretor. Quais são os interesses e objetivos do gestor, e de que forma aquilo que o novo líder está projetando/fazendo se encaixa nesse quadro mais amplo? Uma vez firmado o conhecimento a esse respeito, cabe projetar resultados de curto prazo nessas áreas. Uma das melhores maneiras de atingir tal meta é concentrar-se em não mais do que três objetivos importantes para o diretor e discutir o que se está fazendo a respeito deles todas as vezes que houver uma interação. Dessa forma, o diretor se sentirá de alguma forma "proprietário" do sucesso do novo líder. Não se pode, porém, cometer o erro de empreender ações que se considere mal encaminhadas. A função do novo líder, em parte, é dar forma às percepções do diretor sobre o que pode realizar e o que deve ser feito.

- **Marcar pontos junto às pessoas cujas opiniões o diretor reconhecidamente respeita** A opinião do diretor sobre o novo líder será baseada parcialmente em interações diretas e nas opiniões emitidas por aqueles em quem ele confia. É possível que o diretor tenha relações firmes e preestabelecidas com pessoas que se encontrem sob o comando do novo líder. Não se aconselha, de maneira alguma, buscar abertamente a aprovação de pessoas reconhecidamente da confiança do diretor. Indispensável é estar atento aos múltiplos canais pelos quais as informações a respeito do novo líder e de seu desempenho acabarão chegando ao diretor.

Observando essas regras básicas, o novo líder estará pronto para começar a planejar a melhor maneira de entrosar-se com o seu superior direto.

Preparar-se para Cinco Conversas Fundamentais

A relação de trabalho do novo líder com seu superior imediato terá de ser construída por meio de um diálogo continuado. As discussões começarão certamente bem antes de se aceitar a nova função, devendo continuar ao longo da transição e mais adiante ainda. Há algumas questões fundamentais no centro desse diálogo. Na verdade, vale a pena incluir planos para cinco conversas diferentes com o novo diretor a respeito de cinco matérias diretamente relacionadas à transição no plano de 90 dias. Não se trata de questões a serem tratadas, cada uma delas, em reuniões separadas, mas, sim, de fios interrelacionados de um mesmo diálogo.

1. **A conversa sobre o diagnóstico da situação** Nesta oportunidade, o objetivo será buscar entender de que maneira o diretor imediato avalia a situação de negócio. É uma situação de mudança completa, de início/lançamento, de realinhamento ou de sucesso continuado? Como a organização terá chegado ao ponto em que se encontra? Quais são os fatores – tanto os negativos quanto os promissores – que fazem dessa situação um desafio? Com quais recursos da organização o novo líder pode contar para crescer junto com ele? O novo líder pode ter uma visão que não seja exatamente a mesma do diretor, mas o essencial é que tenha plena consciência de como o superior hierárquico vê essa situação.

2. **A conversa sobre as expectativas** O tema dominante nesta conversação deve ser tentar entender e negociar as expectativas em torno da atuação do novo líder. O que o diretor precisa e espera que o novo líder concretize em curto e médio prazos? O que será considerado sucesso? De que maneira será avaliado o desempenho do novo líder? Quando? É possível que se chegue à conclusão de que as expectativas do diretor são irreais e que, por isso mesmo, faz-se necessário um trabalho bem feito no sentido de adaptá-las às possibilidades presentes. Além disso, como parte da campanha mais abrangente no sentido de garantir ganhos iniciais, como discutidos no Capítulo 4, é preciso jamais esquecer que é necessário prometer menos para conseguir realizar mais.

3. **A conversa sobre o estilo** Esta conversação precisa abranger todas as definições da melhor interação possível entre o novo líder e o diretor, de maneira continuada. Qual a forma de comunicação preferida do diretor? Pessoal? Por escrito? Por *voice-mail* ou por *e-mail*? Com que frequência? Quais os tipos de decisões sobre os quais o diretor exige ser consultado antecipadamente, e quais as modalidades em que a decisão fica a cargo do novo líder? Quais são as diferenças de estilo entre o líder e o diretor, e quais as implicações dessas diferenças para a escolha da melhor forma de interação?

4. **A conversa sobre os recursos** Trata-se, em essência, de uma negociação a respeito dos recursos mais importantes. O que será indispensável para possibilitar o sucesso do novo líder? O que será necessário partir do diretor para que isso aconteça? Os recursos em pauta não devem limitar-se a questões financeiras e de recursos humanos. Em uma situação de realinhamento, por exemplo, o diretor precisará ajudar o

novo líder a convencer a organização a reconhecer e a confrontar a necessidade de mudanças.

5. **A conversa sobre o aprimoramento individual** Por fim, será preciso discutir as maneiras pelas quais o período do novo líder na função que está assumindo contribuirão para o seu aprimoramento pessoal. Quais as áreas em que o novo líder mais precisa desenvolver suas capacidades? Existem projetos e missões especiais que ele poderá assumir nesse mesmo período (desde que não representem prejuízo para sua concentração no objetivo principal)? A organização disponibiliza cursos ou programas para o aprimoramento de qualificações pessoais?

Na prática, o diálogo sobre essas questões poderá acabar combinando afinidades e evoluir ao longo do tempo. O novo líder tanto poderá encaminhar várias das cinco questões acima definidas em uma única reunião quanto desenvolver vários pontos de uma única questão no decorrer de uma série de breves contatos. Michael Chen abordou estilo e expectativas em uma única reunião e estabeleceu um cronograma para conversar sobre a situação e, com mais profundidade de detalhes, sobre as expectativas.

A sequência recém-descrita tem, porém, uma lógica. As primeiras conversas devem girar em torno de análise de situações, expectativas e estilo. À medida que o entendimento for crescendo, o novo líder ganhará condições de negociar recursos, retornar ao diagnóstico da situação e redefinir, na medida das necessidades, as expectativas. No momento em que considerar razoavelmente estabelecida a sua relação com o diretor, será possível para o novo líder entrar na conversação a respeito do seu aprimoramento pessoal. É aconselhável preparar-se com muito cuidado para cada uma dessas conversações, a fim de estar em condições de deixar perfeitamente claro para o diretor o que se pretende conseguir em cada um desses intercâmbios de opiniões.

As diretrizes detalhadas a seguir apresentadas terão bastante utilidade no planejamento de cada uma das cinco conversações com o diretor.

Planejar a Conversa sobre Situações

Estabelecer um entendimento comum da situação de negócios enfrentada, e dos desafios e oportunidades a ela relacionados, é o objetivo maior do novo líder na *conversa sobre o diagnóstico da situação*. Esse entendimento comum terá fundamental importância em tudo aquilo que ele pretender realizar. Se ele não conseguir definir sua nova situação da mesma forma que o diretor, é provável que não receba o suporte indispensável para a concretização das metas fixadas. Assim, a primeira conversa com o diretor precisa concentrar-se em uma clara definição da nova situação, usando para tanto o modelo ST_ARS como linguagem em comum.

Adequar o Suporte à Situação

O suporte que o novo líder precisará receber do diretor dependerá do cenário da empresa – se está em situação de lançamento, mudança completa, realinhamento ou sucesso continuado. Uma vez obtido o entendimento conjunto da situação, é preciso pensar cuidadosamente a respeito de qual seria o melhor papel do diretor e sobre que tipos de suporte o novo líder precisaria conseguir a partir dele. Em todas as quatro situações citadas, o líder precisará que o diretor lhe proporcione o rumo, o suporte e o espaço necessários para *desempenhar seu papel*. A Tabela 5-1 relaciona os melhores papéis que o novo líder pode esperar que o diretor venha a desempenhar em cada uma das situações do modelo ST_ARS.

TABELA 5-1

Suporte mais adequado em cada situação

Situação	Papel preferencial do diretor
Lançamento	• Ajudar a obter rapidamente os recursos indispensáveis • Metas transparentes, mensuráveis • Orientação em pontos de transição estratégicos • Ajudar a manter a concentração exigida
Mudança completa	O mesmo que na situação de lançamento, e mais: • Suporte à adoção e implementação de decisões pessoais de peso • Suporte em situações de mudança ou correção da imagem externa da organização e de seus integrantes • Ajuda para concretizar o enxugamento na medida certa e no tempo adequado
Realinhamento	O mesmo que na situação de lançamento, e mais: • Ajuda no trabalho de despertar a consciência para a necessidade de mudança, especialmente quando o novo líder proceder de outra organização
Sucesso continuado	• Teste continuado da realidade: a situação é mesmo de sucesso continuado ou está mais para um realinhamento? • Suporte ao exercício de boas medidas de defesa do sucesso e a evitar erros que possam prejudicar o empreendimento • Ajuda na descoberta de rumos que levem o empreendimento a um *status* superior

Planejar a Conversa sobre Expectativas

O ponto principal da *conversa sobre expectativas* é a possibilidade de que o novo líder e seu diretor imediato deixem claras e alinhadas as expectativas de cada um quanto ao futuro. É preciso estabelecer pontos de entendimento sobre metas de curto e médio prazos, sobre prazos em geral, e sobre a maneira de mensurar os resultados atingidos. O que entenderão por sucesso, respectivamente, o diretor e o líder? A que altura o diretor passará a exigir resultados concretos? De que forma o líder avaliará suas realizações? Dentro de quais limites de prazos? Se o líder conseguir atingir as metas definidas, o que virá em seguida? Sempre que um novo líder não consegue administrar as expectativas, é mais do que certo que passará a ser por elas administrado.

Adequar as Expectativas à Situação Existente

O ideal é que líder e diretor consigam estabelecer expectativas compatíveis com uma avaliação compartilhada da situação existente. Em uma situação de mudança completa, por exemplo, certamente as duas partes concordarão com a necessidade da adoção imediata de medidas decisivas. Da mesma forma, devem então fixar expectativas explícitas para o futuro imediato, tais como adotar decisões de peso para reduzir os custos em áreas não essenciais ou concentrar as atividades nos produtos com as maiores margens de lucros. Em situações como esta, a mensuração mais coerente do sucesso terá por base as melhorias apresentadas no desempenho financeiro geral do empreendimento.

Visar a Ganhos Iniciais em Áreas Importantes para o Diretor

Sejam quais forem as prioridades do novo líder, ele precisará em primeiro lugar determinar as maiores preocupações do diretor e projetar alguns ganhos iniciais nessas áreas. Para ter sucesso, o novo líder não poderá dispensar a ajuda do diretor; em compensação, deverá empenhar o melhor de seus esforços em benefício do sucesso deste. Dando-se atenção às prioridades do diretor, ele se sentirá parceiro e participante do sucesso alcançado pelo líder. A abordagem mais efetiva e de maior sinergia é a que consegue integrar as metas do diretor com os projetos do novo líder em busca de ganhos iniciais. Se isso não for viável, o novo líder deve concentrar-se em realizar alguns ganhos iniciais baseados exclusivamente nas prioridades identificadas do diretor.

Identificar os "Intocáveis"

Existindo partes da organização – sejam elas produtos, instalações ou pessoas – pelas quais o diretor demonstre preocupação especial, o novo líder deverá procurar identificar, no menor prazo possível, quais são e como lidar com elas. Não será nada agradável descobrir que se está fazendo pressão para desativar uma linha de produção que foi anteriormente lançada pelo diretor, ou para substituir alguém que foi durante a vida toda amigo ou aliado desse mesmo diretor. Assim, o melhor é deduzir de imediato quais são as preferências do diretor nesses campos. A maneira mais lógica de fazer isso é procurar estudar e entender o histórico da personalidade dele falar com outras pessoas e estar sempre atento à sua expressão facial, ao seu tom de voz e à sua linguagem corporal. Enquanto não se tiver certeza de nada disso, uma boa tática é lançar uma ideia como balão de ensaio e observar com todo o cuidado qual será a reação – ou indiferença – do diretor a respeito dela.

Educar o Gestor

Uma das primeiras tarefas do novo líder será procurar formatar a percepção do seu diretor quanto àquilo que pode ou deveria realizar. Não será nenhum espanto constatar que o diretor tem expectativas irreais, ou pelo menos não concordantes com as do novo líder, sobre o que precisa ser feito. Se for este o fato, haverá muito trabalho pela frente até conseguir uma convergência entre essas maneiras diferentes de pensar. Em uma situação de realinhamento, por exemplo, o diretor pode atribuir os piores problemas existentes a um determinado setor da empresa, embora, na opinião do novo líder, esses problemas estejam em direção completamente inversa. Nesse caso, será preciso "educar" o diretor com relação aos problemas existentes a fim de possibilitar um redirecionamento das expectativas. Para tanto, o novo líder terá de agir com muita cautela, especialmente nos casos em que o diretor se identifique claramente com o modo antigo de fazer as coisas, ou tenha alguma responsabilidade pelos problemas que estão sendo enfrentados.

Prometer Menos, Cumprir Mais

Qualquer que seja o índice das expectativas do novo líder e do diretor, é sempre aconselhável, para o líder, inclinar-se a prometer menos a fim de ter condições de cumprir mais. Trata-se de uma estratégia que contribui para consolidar a credibilidade. É indispensável, para tanto, analisar a que ponto a capacidade de mudança da organização poderá influir na possibilidade de cumprir os compromissos assumidos. A melhor estratégia é ser conservador nas promessas. Assim, os resultados tenderão a satisfazer e entusiasmar, conforme o caso, o diretor. Pelo contrário, se a promessa for exagerada e não chegar a ser plenamente cumprida, a credibilidade de quem a fez estará abalada. Mesmo se a meta atingida, ao final, for muito boa, sempre ficará pelo caminho o sentimento do diretor de que o líder não cumpriu totalmente aquilo que havia prometido realizar.

Esclarecer, Esclarecer e Esclarecer

Mesmo estando certo a respeito das expectativas do diretor, o líder precisará voltar regularmente a ele para confirmar e esclarecer situações. Alguns gestores têm certeza de seus objetivos, mas não conseguem expressá-los adequadamente; assim, às vezes o novo líder se arrisca a chegar ao destino certo pelo caminho errado. Por isso, precisa estar preparado para continuar perguntando até chegar a um entendimento pleno dos objetivos. Uma forma de se conseguir isso é fazer a mesma pergunta de diferentes formas, tomando assim consciência de todos os aspectos da questão. Outra é procurar ler nas entrelinhas e desenvolver boas hipóteses a respeito de possíveis novos rumos desenhados pelo gestor. Ou, ainda, colocar-se na posição deste e imaginar como ele julgaria, nessa situação, o trabalho desenvolvido pelo novo líder. Imaginar como está se adaptando ao quadro geral da situação. Acima de tudo, não deixar que as questões mais importantes pareçam ambíguas. A ambiguidade a respeito de metas e expectativas acaba se tornando perigosa. Como disse um novo líder, "o nó [em qualquer discussão sobre o que foi determinado previamente a respeito de expectativas de resultados] nunca será desfeito por você, mas, sim, pelo supervisor".

Trabalhar com Vários Gestores

As dificuldades em matéria de gerenciar expectativas são ainda maiores quando se responde a mais de um diretor, ou quando o novo líder e o diretor trabalham em locais diferentes. O princípio fundamental é mantido, mas a ênfase em cada um de seus aspectos pode variar. Quando se responde a mais de um líder, é preciso ter certeza de equilibrar cuidadosamente ganhos e perdas entre todos eles. Sempre que houver, entre esses superiores, algum inegavelmente dotado de maior poder, fará sentido, para o novo líder, inclinar-se desde logo na direção dele, desde que seja viável alterar este equilíbrio, com toda a flexibilidade, sempre que isso se tornar indispensável. Na impossibilidade de obter a aprovação dos vários superiores, é essencial fazê-los a se juntarem à mesa de discussão para estabelecer um rumo, qualquer que seja. De outra forma, quem pode ser reduzido a pedaços é o líder que não se mostrar habilitado a trabalhar produtivamente dessa forma.

Trabalhar a Certa Distância

Administrar longe dos olhos do diretor é questão que apresenta um elenco distinto de desafios. O risco de sair de sintonia sem se dar conta do fato é naturalmente maior, e torna necessário agir com disciplina ainda mais rígida em questões de comunicação, organizando contatos e reuniões especificamente para ter a certeza de que se continua na mesma linha do superior. Nessa situação torna-se ainda mais crítico o estabelecimento de métricas claras e abrangentes, de maneira a que o diretor tenha uma visão razoável do que está acontecendo, e que o novo líder se mostre capaz de gerir eficazmente por delegação.

Planejar o Estilo da Conversa

As preferências pessoais em questões de estilo influenciam a maneira de aprender, comunicar, exercer influência sobre terceiros e tomar decisões. Na *conversa sobre o estilo*, o objetivo maior será determinar de que forma o líder e seu diretor poderão trabalhar em conjunto sem que surja uma descontinuidade. Este foi, na verdade, o maior desafio que Michael Chen enfrentou no desenvolvimento de sua relação de trabalho com a diretora Vaughan Cates. Mesmo que o superior nunca chegue a ser amigo íntimo ou mentor do líder, o indispensável é que ele respeite a sua capacidade profissional.

Diagnosticar o Estilo do Gestor

O primeiro passo é diagnosticar o estilo de trabalho do novo gestor e como adaptar-se a ele. Quando o líder envia continuadas mensagens ao diretor sobre um problema urgente, não recebe resposta rápida e acaba sendo recriminado por não ter passado a ele a informação, uma coisa fica mais do que óbvia: o gestor não usa nem dá o devido valor ao serviço de mensagens.

Qual seria a preferência desse superior em matéria de comunicação interpessoal? Com que frequência? De quais decisões o gestor prefere tomar parte, e quais as que ele admite deixar ao cuidado exclusivo de seu assessor imediato? O diretor é daqueles que chegam ao trabalho mais cedo do que todo mundo e é sempre o último a sair? Ele por acaso espera que seus imediatos façam o mesmo?

Detalhar com todo o cuidado as diferenças de estilo entre líder e diretor e também suas implicações é a melhor maneira de determinar qual será a interação entre os dois. Suponhamos um líder que prefere aprender falando com pessoas experientes e um diretor que se orienta pela leitura e análise de dados coligidos. Quais serão os tipos de problemas e desentendimentos mais prováveis a partir dessa diferença de estilos, e o que fazer para evitá-los? Suponhamos, ainda, um diretor que tenda a microgerenciar e um líder que prefere uma ampla área de independência. Como deverá agir o líder para administrar essa tensão?

Um procedimento de grande ajuda poderá ser conversar com pessoas que trabalharam anteriormente com o diretor. Naturalmente, o novo líder precisará se dedicar a isso com uma enorme dose de tato. Não poderá jamais ser visto como alguém à procura de críticos dos métodos de ação do diretor. Precisará, para tanto, limitar-se a assuntos menos essenciais, entre eles, evidentemente, qual o estilo de comunicação preferido pelo diretor. É preciso ouvir os pontos de vista dos outros, mas o realmente indispensável é desenvolver uma estratégia de ação baseada na experiência própria anterior.

Indispensável, igualmente, é observar como o diretor se relaciona com os demais. Há consistência na atitude dele? Tem "favoritos" entre os assessores? Existem determinadas questões em que inevitavelmente tende ao microgerenciamento? Ele costuma culpar, em casos de desempenho inaceitável, um grupo reduzido de subordinados?

Estabelecer as Dimensões da Área de Influência

Os diretores quase que inevitavelmente acabam estabelecendo uma "zona própria" exclusiva em matéria de tomada de decisões. O líder deve pensar nessa zona como a definição dos limites de sua própria zona de decisões. Quais seriam as decisões que o diretor gostaria de ver o líder adotar por iniciativa própria, mas mantendo-o sempre a par do conjunto da questão? Esse líder tem, por exemplo, liberdade de adotar decisões-chave de caráter pessoal? A que altura do processo o superior deseja ser consultado? Seria, acaso, na etapa de decisões capazes de afetar áreas mais amplas de política geral da companhia – por exemplo, conceder férias aos funcionários? Ou quando os projetos com que o novo líder trabalha chegam a mexer com questões de política da empresa? E quando é que o diretor prefere tomar pessoalmente qualquer decisão?

No início, o novo líder deve se conformar em ficar limitado a uma área muito pequena de influência. À medida que o diretor for adquirindo confiança nele, as dimensões dessa área irão naturalmente aumentar. Se isso não ocorrer, ou se essa área continuar pequena demais para que o novo líder tenha efetividade, estará na hora de abordar a questão diretamente com o diretor.

Adaptar-se ao Estilo do Diretor

O líder precisará, desde o começo, tomar plena consciência de que o processo de estabelecer uma relação positiva com o diretor é de sua inteira responsabilidade. Em resumo, isso significa adaptar-se ao estilo do diretor. Se o superior odiar mensagens de voz, o líder não deve usar esse instrumento. Se o diretor se caracterizar por exigir conhecimento detalhado de tudo aquilo que acontece na sua unidade, a solução é sobrecarregá-lo com informações. O novo líder não deve fazer coisa alguma que possa comprometer sua capacidade de atingir resultados superiores nos negócios, mas, sim, buscar oportunidades de tornar menos áspero o dia a dia de sua relação com o diretor. Outras pessoas que tiverem trabalhado em estreito contato com o diretor poderão ser consultadas a respeito de quais seriam as melhores abordagens para esse estreito contato. A partir daí, será indispensável testar as táticas mais promissoras em cada caso. Quando a dúvida for maior do que qualquer perspectiva de sucesso, a melhor alternativa será simplesmente perguntar ao diretor como ele gostaria que o novo líder procedesse.

Enfrentar as Questões Mais Difíceis

Quando se tornar evidente a existência de profundas diferenças em estilos, o procedimento mais adequado será enfrentar diretamente essas diferenças. De outra forma, o líder correrá o risco de ver o diretor interpretar uma diferença de estilo não como tal, mas, talvez, como desrespeito ou até mesmo incompetência do novo líder. Melhor levantar a questão do estilo antes que ela se torne uma fonte de atrito, e conversar com o diretor sobre possíveis maneiras de acomodar tais diferenças de estilo. Essa conversa pode limpar o caminho para que ambas as partes consigam atingir os objetivos.

Uma estratégia comprovadamente eficaz é a que manda concentrar as primeiras conversas com o diretor em objetivos e resultados, e não na maneira de concretizá-los. O líder poderá simplesmente afirmar que está preparado para encontrar diferenças entre o seu modo de agir e o do diretor, quanto a determinadas questões ou decisões, mas que, acima de tudo, está comprometido por inteiro com a concretização dos resultados que as duas partes já projetaram. Uma afirmação desse tipo prepara o diretor para encarar tais diferenças com naturalidade. E o líder deve insistir periodicamente junto ao diretor para que a avaliação se dê em matéria dos resultados que está concretizando, em vez de se concentrar nos métodos para tanto empregados.

Também pode ser de grande utilidade discutir judiciosamente as questões de estilo com alguém que seja da plena confiança do diretor, que terá quase sempre condições de esclarecer o novo líder a respeito de potenciais questões e soluções antes que sejam discutidas diretamente com aquele. Desde que se encontre a pessoa certa para esse aconselhamento, ela terá condições de ajudar o líder a encaminhar uma questão complicada da maneira mais amena possível.

Um erro que o líder não pode cometer é tentar avaliar todas as questões de estilo em apenas uma conversa a respeito. Mesmo sabendo que um diálogo dedicado explicitamente às questões de estilo é uma das melhores maneiras de dar início a um relacionamento de trabalho. Depois disso, o líder precisa continuar a prestar cuidadosa atenção ao estilo do diretor, e a ele adaptar-se à medida que esse relacionamento de trabalho evoluir.

Planejar a Conversação sobre os Recursos

A *conversação sobre os recursos* deve constituir uma negociação continuada com o novo diretor em busca dos recursos indispensáveis à concretização das metas pretendidas. Antes de iniciar essa conversação, é aconselhável o líder estabelecer com o diretor um entendimento comum sobre qual é a situação vivida pela empresa, suas metas e expectativas, e tudo isso em torno de estilos de trabalho mutuamente eficientes. A partir daí, o líder terá de assegurar os recursos indispensáveis para a concretização das expectativas de ambas as partes.

Os recursos necessários irão depender da situação vivida e poderão variar em diferentes pontos no tempo.

- Em uma *situação de lançamento*, as necessidades mais urgentes serão, quase sempre, de recursos financeiros adequados, suporte técnico e recursos humanos com a devida especialização aos objetivos do empreendimento.

- Em uma situação de *mudança completa*, será preciso contar com autoridade, apoiada por posição política, para tomar decisões firmes e garantir a indispensável parcela dos escassos recursos humanos e financeiros.

- Em uma situação de *realinhamento*, o novo líder precisará de apoio consistente e público a fim de convencer a organização a enfrentar a necessidade de mudança. O ideal é que o diretor apareça sempre ombro-a-ombro com o líder, ajudando-o a enfrentar e superar as ondas de indiferença e complacência que costumam caracterizar tais períodos.

- Em uma situação de *sustentação do sucesso*, é indispensável contar com os recursos financeiros e técnicos para fazer com que o empreendimento central continue seu caminho de êxito e poder explorar novas oportunidades de bons empreendimentos. Será igualmente vital enfrentar algumas novas exigências de ampliação das metas a fim de evitar que, no mínimo, o líder acabe sendo levado pelo conformismo com o sucesso até então obtido.

O primeiro passo é decidir quais serão os recursos – tangíveis e intangíveis – indispensáveis para o sucesso de um empreendimento. Deve-se identificar os recursos disponíveis, como pessoal experiente ou novos produtos prestes a serem lançados no mercado e, então, os recursos cuja obtenção só será viável com o apoio de terceiros. É preciso fazer-se a pergunta: "O que, exatamente, preciso que o diretor me proporcione?". Quanto mais cedo se conseguir articular os recursos necessários, tanto mais cedo será igualmente possível explanar essas solicitações nas conversas com o diretor.

O melhor mesmo é colocar na mesa de discussão o quanto antes o maior número viável de questões pendentes. O novo líder deve tentar usar a abordagem do "menu", que se faz graduando os custos e os benefícios dos diferentes níveis do comprometimento de recursos. "Se as vendas do meu departamento deverão apresentar um aumento de 7% no próximo ano, precisarei de x dólares em investimentos. Se elas tiverem de aumentar em 10%, precisarei então de $x + y$ dólares." Recorrer muito à fonte é uma maneira mais do que certa de perder a credibilidade. Se o novo líder considerar que vai precisar de mais tempo do que o planejado inicialmente a fim de definir da maneira mais correta os recursos indispensáveis para atingir metas específicas, o melhor mesmo é que ele consiga investir bem esse tempo. Michael Chen negociou o estabelecimento do prazo necessário – um recurso crítico – de maneira a estar apto a evitar esse problema mais adiante.

Cumprir ou Mudar as Regras?

Há situações em que a melhor maneira de concretizar metas e objetivos é jogar de acordo com as regras existentes. Sempre que se conseguir manobrar no âmbito das normas culturais e políticas aceitas, será natural e até esperado que o novo líder solicite recursos – e isso facilitará que obtenha aquilo de que precisa.

Em outras situações – especialmente em realinhamentos e mudanças completas – poderá ser necessário mudar ou até mesmo abandonar por completo antigas maneiras de realizar negócios. Em tais situações, as necessidades de recursos sempre serão naturalmente mais consideráveis, e mais danoso qualquer fracasso no sentido de assegurar esses recursos. O líder precisará negociar com mais dureza para conseguir aquilo de que precisa. Essas circunstâncias exigem que ele se mostre transparente sobre a necessidade de que a situação, as expectativas e os recursos disponíveis sejam de alguma forma equivalentes, pois só assim haverá uma possibilidade razoável de sucesso. Antes de entrar em discussões a respeito disso, portanto, o novo líder precisará ter uma imagem perfeitamente clara da situação enfrentada, além de dados em grande quantidade e das condições de explicar exatamente por que determinados recursos são essenciais para o êxito do empreendimento. A partir daí, o novo líder terá de apresentar firmeza em suas convicções. Continuar pressionando a diretoria. Buscar o apoio de pessoas de prestígio na organização para ajudar a explicar a situação. Buscar aliados no plano interno e no plano externo. É bem melhor, nesses casos, pressionar com toda a energia disponível do que sangrar silenciosamente até a morte do empreendimento sonhado.

Negociar Recursos

À medida que avançar no desenvolvimento da luta pela obtenção de recursos, o novo líder deverá ter em mente alguns princípios eficazes de negociação:

- **Concentrar-se em interesses paralelos** Explorar todas as circunstâncias capazes de ajudar a compreender as prioridades de seu superior imediato e de quaisquer outras autoridades na empresa que se apresentarem úteis para a concretização dos indispensáveis recursos. O que há de importante para eles no investimento desses recursos?

- **Procurar intercâmbios de interesse mútuo** Lutar pela disponibilização de recursos que venham a ser úteis tanto aos interesses do superior e/ou da empresa quanto aos do novo líder e sua carreira. Procurar fórmulas capazes de beneficiar as carreiras de seus pares em troca do indispensável apoio deles aos objetivos do líder.

- **Elencar recursos e resultados** Destacar os benefícios para o desempenho geral que poderão advir do investimento de maiores recursos na unidade sob o comando do novo líder. Criar um "menu" capaz de estabelecer com clareza o que o líder pode atingir (ou não) com os recursos do momento, e quais os montantes de tais recursos com os quais seria viável concretizar as expectativas.

Planejar a Conversa sobre o Desenvolvimento Pessoal

Quando a relação de trabalho com o diretor chegar a um ponto de comprovada maturidade, terá chegado o momento de começar a discutir a melhor maneira de o período do líder nessa posição contribuir para o seu desenvolvimento individual. Quais são as habilidades mais necessárias para melhorar seu desempenho na função? Quais, se existentes, as debilidades em sua capacidade gerencial que precisam ser tratadas com fins de aperfeiçoamento? Existem projetos ou missões especiais em que o novo líder tenha condições de envolver-se (sem com isso desviar sua concentração do projeto principal) a fim de aguçar ainda mais as capacitações de que já dispõe? Existem cursos ou programas formais cuja realização contribuiria para aperfeiçoar suas aptidões já demonstradas?

O melhor momento para se preocupar com essas situações é por ocasião de transposição de estágios na carreira do líder. Quando este é um gerente de primeira viagem, deve formar o hábito de consultar o diretor em busca de *feedback* e ajuda no desenvolvimento de suas habilidades de supervisão. Essa disposição de buscar *feedback* a respeito das próprias forças e fraquezas e, em especial, a capacidade de agir a partir do *feedback* obtido são fatores capazes de transmitir uma forte mensagem sobre capacidades presentes e potencialidades futuras.

O princípio fundamental dessa questão é o mesmo em qualquer momento, seja em uma posição gerencial iniciante, na de líder funcional, na de diretor, ou na de CEO. Sempre que estiver em um ponto da carreira profissional em que o sucesso exigir um conjunto diferenciado de aptidões e atitudes, o líder precisará disciplinar-se de maneira a conseguir aprender com outros que já chegaram a patamares semelhantes.

O líder não deve restringir seu foco a aptidões técnicas. Quanto mais ele estiver ascendendo na hierarquia empresarial, tanto mais importantes lhe serão aquelas aptidões mais instintivas, como a capacidade de diagnóstico cultural e político de situações diversas, de comandar processos de negociação, de construir coalizões, e de gerenciar conflitos. O treinamento formal sempre é útil, mas a participação em missões de complementação das habilitações principais – em equipes de projetos, em setores novos da organização, em funções diversificadas, em sedes diferentes – é indispensável como forma de aprimorar aquela capacidade básica do gerenciamento.

Estabelecendo as Bases: o Plano de 90 Dias

Seja qual for a situação enfrentada, será sempre útil formatar um plano de 90 dias e conseguir a aprovação do diretor para os principais elementos desse planejamento. Normalmente, um bom líder consegue desenvolver um plano desses depois de algumas semanas no novo emprego, quando já estiver começando a entender a organização e a configuração do terreno em que pisa.

Esse plano de 90 dias deve ser feito por escrito, mesmo quando ainda não passar de uma série de esboços de intenções. Será preciso que especifique prioridades e metas, bem como marcos intermediários. É de capital importância compartilhar os pontos principais do plano com o diretor e fazer com que ele o entenda e aprove. Assim, o plano acabará servindo como uma espécie de "contrato" entre o líder e o diretor a respeito de como serão investidos da melhor maneira seu tempo e dedicação, deixando perfeitamente claro para ambos aquilo que pretendem realizar e também o que jamais farão com esse objetivo.

O desenvolvimento do plano requer sua divisão em três blocos de 30 dias, cada. Ao final de cada um desses blocos, o líder deverá reunir-se com o diretor a fim de avaliar a situação existente. (Claro que essa interação deverá ser bem mais frequente, e as reuniões mais formais e específicas.) O primeiro bloco de 30 dias deve ser dedicado a aprender e a consolidar a credibilidade pessoal. Como fez Michael Chen, o ideal é negociar esse período inicial de aprendizado e cuidar para que o diretor também cumpra a parte a ele destinada por acordo mútuo. A seguir virá o desenvolvimento de uma agenda de aprendizado e de um plano pessoal de aprendizado. O líder deve estabelecer metas pessoais semanais e manter uma disciplina que lhe facilite a avaliação e o planejamento semanais.

Os principais resultados ao final dos primeiros 30 dias deverão consistir em um diagnóstico da situação, na identificação das prioridades máximas e na elaboração do planejamento dos próximos 30 dias, de preferência com o estabelecimento de metas sobre quando e como concretizar alguns ganhos iniciais. A reunião de avaliação com o diretor deve concentrar-se na análise da situação e nas conversações a respeito das expectativas, com um olho posto no alcance de um consenso sobre a situação, na transparência das expectativas e no apoio do diretor aos 30 dias seguintes do plano. A disciplina semanal de avaliação e planejamento deve ser mantida.

No marco dos 60 dias, a reunião de revisão deve concentrar-se em analisar o progresso obtido na concretização dos objetivos estabelecidos para os 30 dias precedentes. Será igualmente necessário debater o que se pretende atingir nos dias subsequentes (ou seja, até o final do plano dos 90 dias). Dependendo da situação e do nível hierárquico do novo líder na organização, as metas por ele visadas a esta altura do plano poderão incluir a identificação dos recursos indispensáveis para viabilizar o estabelecimento de grandes iniciativas, o ajustamento das avaliações iniciais em matéria de estratégias e estruturas, e a apresentação das primeiras realizações de sua equipe de trabalho.

Desenvolver-se como Líder

Tendo chegado a este ponto com relativo sucesso, o profissional não *terá* simplesmente um novo gestor; ele estará capacitado a *ser* um novo gestor. E com isso terá certamente novos subordinados. Da mesma forma que esse líder precisou desenvolver uma relação produtiva com seu diretor, esses subordinados precisarão trabalhar de maneira eficiente com o novo líder. Aí vale a pena lembrar o passado: já houve alguma experiência em que o novo gestor conseguiu ajudar os subordinados a enfrentar com sucesso as respectivas transições? O que será preciso fazer de maneira diferente nesta nova oportunidade?

Será chegada a hora de pensar na melhor maneira de aplicar todo o aconselhamento contido neste capítulo ao interagir no trabalho com os seus próprios assessores diretos. A regra de ouro de todas as transições consiste em fazer a transição dos outros da mesma forma que se gostaria de ser comandado nessa situação (ver, a respeito, "A Regra de Ouro das Transições", na página seguinte). A mesma estrutura das cinco conversações pode ajudar a construir um relacionamento produtivo com as pessoas que se reportam diretamente ao líder. Assim, é indispensável apresentar essa estrutura a todos eles logo no início e agendar uma primeira conversa com cada um deles a fim de avaliar a situação e as expectativas mútuas. Destacar a importância de que eles façam alguma coisa diretamente relacionada com essa situação antes da reunião – por exemplo, ler o Capítulo 3, sobre como adequar a estratégia a cada situação – é uma boa ideia. Da mesma forma que avaliar a rapidez que se poderá alocar à transição de cada um deles.

A Regra de Ouro das Transições

Pense um pouco sobre qual seria a melhor maneira, em sua opinião, de novos diretores o ajudarem na transição para novas funções. Em uma situação ideal, quais deveriam ser os tipos de orientação e apoio por eles proporcionados? Agora, analise a maneira pela qual você costuma trabalhar com novos assessores diretos. Quais os tipos de orientação e apoio que lhes proporciona? A seguir, justaponha essas avaliações. Você conduz a transição de terceiros da forma que gostaria que a sua fosse conduzida? Se houver alguma grande inconsistência entre a maneira pela qual preferiria ser orientado na condição de novo assessor direto e a orientação que você dá aos seus novos assessores diretos, está mais do que claro que você faz parte do problema.

Ajudar assessores diretos a acelerar sua transição é algo mais do que apenas ser um bom gerente e contribuir para o desenvolvimento de terceiros. Quanto mais rapidamente seus assessores diretos entrarem no ritmo pretendido, mais capacitados eles estarão para colaborar com a concretização das metas e dos objetivos do novo líder.

Por fim, é indispensável buscar aprender tanto com os maus quanto com os bons gestores. Sempre haverá um ponto na carreira de um gestor em que ele se sentirá muito abaixo da condição de estrela da companhia. É surpreendentemente grande o número dos administradores que garantem que "os chefes ruins me ensinaram muito mais do que os qualificados". Ocorre que gestores ruins acabam obrigando os subordinados a pensar sobre os efeitos negativos de uma liderança deficiente. Todo aquele que se sentir prejudicado pela tirania e pelos defeitos de um chefe ruim, o melhor que terá a fazer será dedicar-se a uma avaliação muito cuidadosa de quais são os erros cometidos por ele, de como agiria um bom gestor em situação semelhante – e tratar de aplicar essas percepções ao seu próprio desempenho.

CONTROLE DA ACELERAÇÃO

1. Qual a eficiência atingida no estabelecimento de relações com novos gestores no passado? O que você acha que fez de certo nesse sentido? Em que áreas entende precisar de aperfeiçoamento?

2. Crie um plano para a discussão do diagnóstico de situação. Com base em tudo o que já conhece sobre o novo empreendimento, quais serão os temas por você abordados com o novo diretor nessa conversa? O que você pretende dizer-lhe diretamente? Em que ordem considera apresentar as questões selecionadas?

3. Crie um plano para ajustar as expectativas. De que maneira pretende deduzir as expectativas do novo diretor a respeito do seu trabalho?

4. Crie um plano para a conversação sobre estilos. De que maneira buscará deduzir a preferência do novo diretor para interagir com você, novo líder? Qual será o modo de comunicação (*e-mail*, mensagens de áudio ou escritas, contato direto) preferido do novo diretor? Qual deveria ser, a seu ver, a frequência das interações? Até que ponto você deverá detalhar os assuntos em pauta? Quais seriam as decisões que você não poderia tomar sem consultar antecipadamente o seu diretor?

5. Crie um roteiro para a discussão dos recursos. Dentro das metas pretendidas, quais serão os recursos realmente indispensáveis? Em não obtendo a totalidade dos recursos pretendidos, qual seria a parte de seu planejamento a ser repensada? Sendo eventualmente os recursos disponíveis maiores do que a previsão, quais resultados positivos você poderia garantir? E lembre-se: não deixe de apresentar um plano de negócios de real solidez.

6. Formule um plano para discutir o desenvolvimento pessoal. Quais são os seus pontos fortes, e quais precisam ser melhorados? Que tipo de missão ou projeto poderia ajudá-lo a desenvolver aptidões em que ainda se considera deficiente?

6.Concretizar o Alinhamento

Hannah Jaffey, consultora de recursos humanos, assumiu o cargo de vice-presidente da área de RH de uma empresa de serviços de investimentos. A organização vivia um conflito interno tão penoso que havia executivos seniores que não conversavam mais entre si. Hannah foi incumbida de dar suporte ao presidente na implementação de mudanças pontuais e com elas reverter a insustentável situação.

Uma de suas primeiras constatações foi a necessidade de uma urgente reengenharia na estrutura e no sistema de incentivos da empresa. Ao longo do crescimento desordenado até então registrado, a alta gestão havia organizado novos produtos em unidades de negócios separadas. Com as mudanças recentemente ocorridas no mercado, as bases de clientes de várias das unidades acabaram se superpondo e, mesmo assim, essas unidades não contavam com qualquer incentivo à cooperação interna. O resultado de tudo isso? Clientes confusos e conflitos internos sobre quais das unidades seriam "proprietárias" dos relacionamentos com os principais consumidores.

Convencida da urgência de um realinhamento estrutural, Hannah tratou de preparar seu caminho junto ao novo superior, o presidente da companhia. Apresentou sua argumentação, mas não conseguiu convencê-lo. Para ele, o problema estava nas pessoas. A estrutura organizacional até então sempre funcionara a contento, foi o que disse a Hannah, e no futuro, com as pessoas certas nos lugares certos, com certeza poderia funcionar adequadamente.

Hannah, porém, convicta de suas constatações, insistiu na necessidade das mudanças. Chamou, por exemplo, a atenção dele para situações em que incentivos cruzados alimentavam conflitos internos evitáveis. Colheu e armazenou, paralelamente, dados a respeito de como outras empresas se organizaram para enfrentar situações semelhantes. Levou algum tempo, mas finalmente Hannah convenceu o presidente de que a empresa realmente precisava de mudanças estruturais, e, também, de trocar determinadas pessoas.

A partir de então, a empresa fez com que suas unidades de marketing e vendas mudassem de foco – concentrando-se em clientes, em vez de produtos –, e consolidou as operações em um grupo conjunto que passou a dar suporte a todas as unidades. Paralelamente, o presidente contratou um novo diretor de vendas. O realinhamento deu resultados: passado um ano, a empresa funcionava sem conflitos, os clientes se mostravam satisfeitos e os lucros haviam registrado um salto de 15%.

Quanto mais a pessoa ascender na hierarquia das organizações, tanto mais tenderá a assumir o papel do arquiteto organizacional, criando o contexto no qual outros poderão atingir desempenho de qualidade superior. Por mais carisma que tiver, ninguém poderá esperar concretizar muita coisa se os elementos de proa em sua unidade estiverem fundamentalmente fora do alinhamento. Assim, o líder acabará se sentindo como se tivesse de empurrar uma rocha por dia montanha acima.

Sempre que estratégia, estrutura, sistemas e capacitações estiverem na jurisdição da nova função que alguém assumir na organização, será indispensável começar a analisar a arquitetura da organização e a avaliar o alinhamento entre esses elementos fundamentais. Nos primeiros meses não se poderá concretizar muito mais do que um diagnóstico consistente e talvez dar partida às questões pertinentes ao alinhamento. Programas destinados a avaliar a arquitetura do grupo e a começar a identificar áreas carentes de melhorias deverão, porém, fazer parte – sempre – do *plano de 90 dias*.

Equipado com os *insights* resultantes dessa avaliação, o líder poderá começar a agir, durante a transição, no sentido de alinhar estratégia, estrutura, sistemas e capacidades, tornando assim viável o desempenho de qualidade. Naturalmente, isso não é algo que se possa consolidar facilmente em poucos meses. É, no entanto, essencial começar a reajustar as peças necessárias para a concretização dos realinhamentos mais difíceis. Na verdade, isso poderá ser crucial para que o novo líder consiga criar valor e chegar logo ao ponto de equilíbrio.

Mesmo que, como foi o caso de Hannah Jaffey, o novo líder não tenha a autonomia necessária para modificar fundamentalmente a organização, é indispensável que leia o presente capítulo. Afinal, sempre poderá surgir a necessidade de convencer pessoas influentes – o presidente da empresa, ou executivos do mesmo nível hierárquico – de que a falta de alinhamento é um dos mais sérios obstáculos à concretização de um desempenho de nível realmente superior. Mais ainda, o entendimento detalhado do alinhamento organizacional ajudará o líder a consolidar sua credibilidade junto a pessoas de maior nível na organização, demonstrando assim o potencial para a ocupação de funções ainda mais importantes do que a atual.

Definir a Arquitetura Organizacional

É preciso começar imaginando-se como o arquiteto da sua unidade, ou grupo. Pode parecer um papel muitas vezes desempenhado anteriormente, mas, na verdade, é quase sempre o contrário. São poucos os gestores treinados sistematicamente para atuar em projetos organizacionais. Como os gestores normalmente têm controle limitado sobre o projeto organizacional nas primeiras fases da carreira, acabam aprendendo pouco a respeito do tema. É comum encontrar pessoas menos graduadas queixando-se da falta de alinhamento e até mesmo manifestando seu espanto com o fato de "os idiotas lá de cima" permitirem a continuidade de acordos que obviamente não funcionam. No momento de uma promoção aos níveis intermediários da hierarquia organizacional, no entanto, aqueles mesmos críticos de antes estão bem avançados no caminho de se tornar mais um daqueles *idiotas*. Por isso, o melhor a fazer é começar logo a aprender alguma coisa sobre a maneira adequada de avaliar e projetar organizações.

A fim de se estar adequadamente equipado para atingir os objetivos traçados, é preciso fazer com que, no âmbito de um grupo, cinco elementos da arquitetura organizacional trabalhem em conjunto:[1]

- **Estratégia** A abordagem central que a organização utilizará para atingir suas metas.

- **Estrutura** Como as pessoas são posicionadas nas unidades e como o seu trabalho é coordenado.

---

[1] Esta é uma adaptação da conhecida estrutura de análise organizacional "7-S" de McKinsey. Ver R. H. Waterman, T. J. Peters e J. R. Phillips, "Structure Is Not Organization", *Business Horizons*, 1980. Para uma visão mais abrangente, consultar "Organizational Alignment: The 7-S Model", Case 9-497-045 (Boston: Harvard Business School, 1996). Os sete Ss representam (em inglês): estratégia, estrutura, sistemas, pessoal, qualificações, estilo e valores compartilhados.

- **Sistemas** Os processos utilizados para agregar valor.

- **Capacidades** As habilitações dos vários grupos de recursos humanos na organização.

- **Cultura** Os valores, as normas e os entendimentos que configuram o comportamento.

É evidente a necessidade da existência de uma estratégia centralizada para que se consiga progredir com eficiência. Mais claro do que isso, só o fato de que a falta de alinhamento entre *qualquer* dos cinco elementos supracitados contribui para inutilizar até mesmo a melhor das estratégias. A estratégia impulsiona os outros elementos *e* é por eles influenciada. Por exemplo, quando a opção for alterar a estratégia de um grupo, provavelmente será preciso alterar sua estrutura, seus sistemas e suas capacitações como forma de dar sustentação ao novo plano. Como a Figura 6-1 demonstra, dar transparência à estratégia e alinhar os respectivos elementos de apoio são elementos que precisam andar de mãos dadas.

FIGURA 6-1

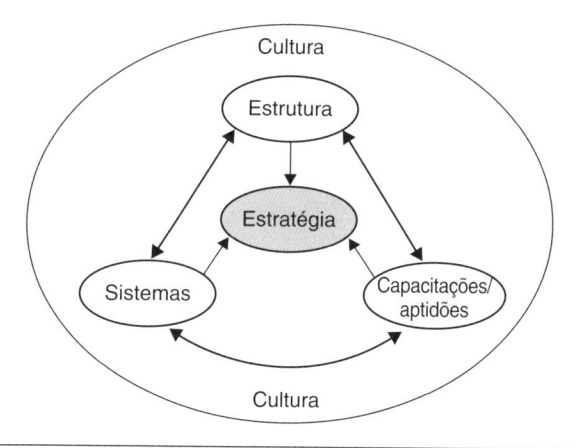

Elementos da arquitetura organizacional

Identificar Alinhamentos Incorretos

São muitas as maneiras de levar uma organização a um alinhamento deficiente. Por isso, o objetivo maior do novo líder durante seus primeiros 90 dias na função deve ser a tentativa de identificar pontos potenciais de desalinhamento e, a seguir, elaborar um plano capaz de corrigi-los. Entre os tipos mais comuns de desalinhamento figuram:

- **Desalinhamento entre capacitações e estratégia** Imaginemos o gestor de um grupo de P&D cujo objetivo seja aumentar as ideias para novos produtos geradas por esse grupo. Apesar dessa intenção, o grupo não entende as técnicas mais modernas nem apoia instrumentos que permitiriam ao líder desenvolver um número maior de experiências em ritmo mais acelerado que o até então observado. Nesse caso, são as capacitações/aptidões do grupo que não dão suporte à sua estratégia.

- **Desalinhamento entre sistemas e estratégia** Suponhamos o gestor de um grupo de marketing cuja estratégia é concentrar-se em um novo segmento de clientes. Se o grupo não conseguir estabelecer uma maneira eficiente de compilar e analisar informações a respeito desses clientes, os sistemas desse grupo não poderão dar suporte à sua estratégia.

- **Desalinhamento entre estrutura e sistemas** Imaginemos o gestor de um grupo de desenvolvimento de produtos cujos membros são organizados por linhas de produtos. A justificativa dessa estrutura é que ela se concentra em capacidades técnicas especializadas de produtos específicos. A estrutura, porém, apresenta uma face negativa: o grupo não conta com sistemas eficazes para integrar as habilidades superpostas de diversas equipes de produtos. O desalinhamento resultante entre estrutura e sistemas tornaria difícil demais para o grupo inteiro chegar, algum dia, a um desempenho ótimo.

Como Escapar de Algumas das Armadilhas Mais Comuns

São muitos os gestores que recorrem a soluções simplistas para encarar problemas complicados de alinhamento. É bom ficar atento às armadilhas a seguir descritas, que são extremamente comuns:

- **Tentar a reestruturação em meio a problemas arraigados** Reorganizar a estrutura de um grupo empresarial em tempos de dificuldades pode ser o equivalente a alguém que tivesse tentando organizar as poltronas no deque do *Titanic* antes do naufrágio. O melhor a fazer é não entrar em tal projeto, no mínimo até que se tenha um entendimento completo da maneira pela qual a reorganização encaminhará as causas mais diretas dos problemas enfrentados. Do contrário, haverá grande possibilidade de criar novos desalinhamentos e recuos, desorganizando o grupo, reduzindo a produtividade e pondo em risco a credibilidade.

- **Criar estruturas de exagerada complexidade** Esta é uma armadilha relacionada à situação. Embora possa parecer excelente, no papel, criar uma estrutura, como uma matriz, na qual as pessoas em diferentes unidades compartilhem responsabilidades e em que as "tensões criativas" sejam trabalhadas mediante a interação dessas pessoas, o resultado mais comumente observado desse processo é uma paralisia burocratizada. O melhor mesmo é empenhar-se pelo estabelecimento, onde isto for possível, de linhas limítrofes muito claras de responsabilidade. E, também, simplificar a estrutura ao máximo, sem chegar a comprometer os objetivos centrais.

- **Problemas dos processos de automação** A automação dos processos centrais de um grupo tende a gerar ganhos significativos de produtividade, qualidade e confiabilidade, mas não deixa de ser um erro grave agilizar um processo em prática por meio de nova tecnologia quando esse processo apresenta sérios problemas subjacentes. A automação não irá resolver automaticamente esses problemas, e, pelo contrário, talvez sirva para agudizá-los. Analisar e organizar os processos é o que se deve fazer em primeiro lugar; e, só a partir daí, decidir se a automação fará sentido.

- **Mudar por mudar** É preciso resistir à tentação de derrubar cercas existentes antes de se ter um perfeito entendimento do motivo que levou à instalação dessas barreiras. Novos líderes que se sentem pressionados a deixar sua marca na organização muitas vezes determinam mudanças em estratégia e estruturas antes de terem conseguido entender profundamente o negócio em que estão envolvidos. Nesses casos, uma vez mais, o imperativo de agir, discutido no Capítulo 2, acaba produzindo a receita certa do fracasso.

- **Superestimar a capacidade do grupo a absorver mudanças de rumos estratégicos** Fica muito fácil divisar uma nova estratégia extremamente ambiciosa. Na prática, contudo, é muito difícil para um grupo mudar em matéria de reação a reformas estratégicas de grande escala. O ideal é avançar incrementalmente à medida que o tempo for permitindo. Concentrar-se em algumas prioridades vitais. Determinar mudanças modestas na estratégia do grupo, testá-las e, a partir daí, refinar progressivamente a estrutura, os processos, as aptidões e a cultura da organização.

Começar a Jornada

Alinhar uma organização é algo parecido a preparar-se para uma longa viagem em um veleiro. Em primeiro lugar, são escolhidos o destino (a missão e os objetivos) e a rota (a estratégia). Depois, é preciso definir o tipo de barco para a viagem (a estrutura), como equipá-lo (os sistemas) e quais os tripulantes ideais (as aptidões/capacidades). Ao longo da jornada, é indispensável manter os olhos sempre abertos em busca de recifes/obstáculos que não figuram nas cartas de navegação.

O ponto subjacente aqui é que o alinhamento organizacional tem uma lógica. Mudar a estrutura antes de decidir a estratégia dificilmente poderá ser produtivo. Da mesma forma, não se consegue avaliar adequadamente a tripulação/equipe existente antes de se estabelecer firme controle sobre o destino, a rota e o próprio barco.

1. **Começar pela estratégia** Cumpre estabelecer uma visão geral sobre o que entende a equipe com respeito aos objetivos maiores da organização e às prioridades máximas do líder. A estratégia para tanto tem de ser planejada e integrada com lógica.

2. **Examinar a estrutura de apoio, os sistemas e as aptidões** O segundo passo é verificar se a estrutura, os sistemas e as capacidades/aptidões do grupo serão suficientes para sustentar as mudanças de estratégia pretendidas pelo novo líder. Só verificar não basta, é preciso analisar e entender por inteiro esses pontos. Sendo um ou mais deles inadequados para a estratégia pretendida, se faz necessário imaginar a melhor maneira de adaptar a estratégia à situação e elaborar (ou adquirir) as capacidades para tanto exigidas.

3. **Decidir como e quando a nova estratégia será lançada** Equipado a essa altura com um entendimento mais aprofundado das atuais capacitações do grupo disponível, o novo líder deve estabelecer um mapa para mudar a estratégia (sempre que tal mudança for necessária). Esboçar estratégias tanto em posicionamento (mercados, clientes e fornecedores) e mudanças nas capacidades de apoio. A partir daí, adotar um prazo realista para a concretização de tais mudanças.

4. **Remodelar simultaneamente a estrutura, os sistemas e as habilidades** Não fará praticamente sentido algum remodelar a estrutura existente do grupo enquanto não se houver determinado as implicações de tal movimento para os sistemas e também para as capacidades de apoio da equipe. Por isso é indispensável evitar cair na tentação de mexer isoladamente na estrutura e nos sistemas; os dois são intimamente ligados.

5. **Fechar o círculo** Conforme o novo líder entender melhor a estrutura, os sistemas e as capacidades/aptidões de seu grupo, mais refinado será o seu *insight* quanto às aptidões da equipe existente e sua capacidade de mudança cultural. Esse *insight*, por seu turno, aprofundará o entendimento do líder a respeito de quais são as mudanças possíveis – e em que lapso de tempo – no posicionamento estratégico.

Refinar a Estratégia

Uma estratégia lógica e bem pensada habilitará o grupo de negócios a concretizar seus objetivos e a contribuir para expandir a margem competitiva da organização no todo. É a estratégia que define o que uma organização realizará e, de maneira crítica, o que ela não fará.

As questões fundamentais da estratégia são as que dizem respeito aos clientes, ao capital, às aptidões e aos compromissos. A relação a seguir ajuda a definir um esboço da estratégia de uma unidade.

- **Clientes** Qual dos segmentos do conjunto atual de clientes a organização pretende continuar a servir? De quais mercados ela irá se retirar? Em quais novos mercados pretende penetrar, e quando?

- **Capital** Dos empreendimentos em que continuará atuando, quais serão aqueles em que a organização irá investir, e de quais deles buscará recursos? Qual o montante de capital para tanto necessário, e quando precisará estar disponível? Qual será a fonte desse capital?

- **Aptidões** Em que terrenos a organização é competente, e em quais dos atuais não tem mostrado eficiência? Quais das capacidades organizacionais presentes (por exemplo, uma sólida organização de desenvolvimento de novos produtos) será possível alavancar? Quais delas precisam ser reforçadas? Quais a organização precisa criar ou adquirir?

- **Compromissos** Quais as principais decisões sobre comprometimento de recursos a serem tomadas? Quando? Quais são os compromissos passados de difícil reversão com que será preciso conviver ou abandonar?

Vai além do escopo deste livro uma imersão mais aprofundada nos meandros da estratégia empresarial, até mesmo em função da disponibilidade de excelentes recursos para assessorar o leitor na solução de tais questões (ver, a propósito, as sugestões na seção de "Leituras Recomendadas", ao final do livro). Nosso foco está em avaliar a estratégia mais correta mediante o exame de sua coerência, adequação e implementação.

Avaliação da Coerência

Existe algum tipo de lógica na base das escolhas de segmentos de mercado, produtos, tecnologias, planos e objetivos que compõem a estratégia? Avaliar se os elementos de uma estratégia se ajustam uns aos outros requer um bom exame da lógica que a isso esteja presidindo, para ver se faz algum sentido. As pessoas que desenvolveram a estratégia avaliaram realmente todas as suas ramificações e os aspectos práticos de sua implementação?

Como se avalia a lógica de uma estratégia? Para começar, é preciso examinar os documentos que descrevem a estratégia do grupo, entre eles planos estratégicos e proclamações de objetivo/missão. Depois disso, é necessário decompor a estratégia em seus componentes – mercados, produtos, tecnologias, planos funcionais e objetivos. E cabe perguntar: Essas várias dimensões da estratégia representam o melhor apoio umas das outras? Existe uma fiação lógica fazendo a conexão dessas partes diversificadas? Mais especificamente, existe uma conexão óbvia entre a análise de mercado e os objetivos do grupo? O orçamento de desenvolvimento de produtos se harmoniza com os investimentos de capital projetados na parte de operações da estratégia? Existem planos concretos destinados a preparar o pessoal de vendas para lidar com novos produtos no organograma?

Se a estratégia geral fizer sentido, essas conexões se tornarão evidentes com a maior naturalidade.

Avaliação da Adequação

Será essa estratégia suficiente para aquilo que o grupo precisa realizar nos próximos dois a três anos? Ajudará o grupo a dar sustentação às metas da organização como um todo? A estratégia do grupo pode ser bem pensada e, melhor ainda, integrada. Mas, será também a mais adequada? Ou seja, terá ela condições de capacitar o grupo a desenvolver aquilo que precisa realizar para ter sucesso – e ajudar a organização em geral a ter sucesso – nos próximos dois a três anos?

A fim de avaliar a adequação, aconselha-se usar estas três abordagens:

1. **Fazer perguntas sérias** O chefe realmente acredita que a estratégia proporcionará um retorno suficiente em relação ao esforço que o grupo precisará empreender a fim de implementá-la? Existem planos em marcha para garantir, desenvolver e preservar recursos com os quais desenvolver a estratégia? São as metas de lucros e outras suficientemente elevadas para manter o grupo no caminho certo? Existem recursos financeiros suficientes destinados a investimento de capital? E para pesquisas?

2. **Usar o método FFOR: Analisar as forças, as fraquezas, as oportunidades e os riscos relacionados à estratégia**[2] A seguir, um exemplo de cada um desses fatores:

   - Uma força da estratégia: Flexibilidade para desenvolver e lançar novos produtos em reação às rápidas mudanças nas preferências dos consumidores.

   - Uma fraqueza da estratégia: Dependência exagerada de poucos e antigos produtos.

   - Uma oportunidade da estratégia: Um novo mercado ao qual o grupo possa passar a servir mediante a ampliação de uma marca existente.

---

[2] A estrutura SWOT foi descrita originalmente no final da década de 1960 por Edmund P. Learned, C. Roland Christiansen, Kenneth Andrews e William D. Guth, em *Business Policy: Text and Cases* (Homewood, IL: Irwin, 1969).

- Um risco da estratégia: Um concorrente que se lança em um mercado central com tecnologia nova e superior.

3. **Examinar o histórico da criação da estratégia** Aqui é preciso descobrir quem dirigiu o processo do desenvolvimento da estratégia. Teria sido esse processo apressado? Ou foi protelado? Na primeira hipótese, alguma ramificação pode ter restado sem os devidos cuidados. A segunda, se imperante, pode ter sido um compromisso em termos de mínimo denominador comum que emergiu a partir de uma batalha política. E quaisquer erros cometidos durante o processo de desenvolvimento poderiam comprometer a adequação da estratégia.

Avaliação da Implementação

A estratégia foi realmente implementada com toda a dedicação e impulso necessários? Em caso negativo, quais foram as razões para tanto? Depois de certificar-se disso, é preciso avaliar de que maneira a estratégia do grupo está sendo implementada – o que as pessoas estão *fazendo*, não o que estão dizendo. Agir dessa forma ajudará o líder a detalhar quaisquer problemas surgidos de eventuais inadequações na *formulação* ou na *implementação* da estratégia. Para tanto, é preciso cuidar dos seguintes tipos de perguntas:

- As métricas de desempenho especificadas na estratégia estão sendo usadas para a adoção das decisões do dia a dia?

- São os aspectos de desempenho que a gestão põe em prática realmente consistentes com os destaques da estratégia? Quais são os objetivos que a organização parece estar buscando?

- Se a estratégia exige trabalho em equipe e integração interfuncional, os integrantes da organização estão realmente agindo como equipes e concretizando a colaboração interfuncional?

- Uma vez que a estratégia exija novas qualificações dos empregados, existe na prática alguma infraestrutura de treinamento e desenvolvimento destinada a aperfeiçoar essas capacidades?

As respostas a esses tipos de perguntas indicarão se há necessidade de batalhar por mudanças na estratégia adotada pelo grupo ou na implementação dessa mesma estratégia.

Modificar a Estratégia

Imagine-se a situação de quem descobre sérias falhas na estratégia em vigor na empresa cuja direção assume. Terá condições de mudar radicalmente essa estratégia ou sua forma de implementação? Isso depende de dois fatores: a situação ST_ARS em que estiver ingressando e a capacidade de convencer outras pessoas e de consolidar apoio às respectivas ideias.

Propor mudanças significativas na estratégia é mais difícil em realinhamentos. É aí que se torna necessário convencer pessoas que acreditam que a sua unidade ou equipe trabalha com eficiência usando as abordagens existentes. Se o novo líder estiver convicto de que foi a estratégia que levou o grupo para o caminho errado, sua principal tarefa será apresentar dúvidas e fazer perguntas que possam persuadir os gestores e outros a reexaminá-la. A seguir, algumas perguntas com tais possibilidades:

- Se este plano puder ser concretizado, quais seriam alguns resultados *não pretendidos* dele derivados?

- O plano parece destinado a servir a um mercado ampliado. É realmente este o objetivo geral da empresa?

- O plano é agressivo. Quais seriam os outros objetivos que se deveria deixar em suspenso a fim de concretizar suas metas?

Uma vez chegando-se à conclusão de que a estratégia atual levará o grupo para a frente, ainda que não com a rapidez necessária nem com a amplidão desejada, o rumo de ação mais sábio a adotar-se poderia ser o de adaptá-lo no princípio e planejar mudanças maiores para mais tarde. Por exemplo, elevar modestamente as metas relativas às receitas, ou recomendar investimentos em uma tecnologia necessária mais cedo do que a estratégia atualmente em prática aconselha. Mudanças mais drásticas podem esperar até que se tenha aprendido melhor a respeito da situação geral e consolidado apoio entre os componentes principais do grupo.

Moldar a Estrutura do Grupo

Uma vez determinadas quais são as mudanças necessárias na estratégia do grupo, pode-se começar a abordar as mudanças estruturais vitais para a sustentação da estratégia pretendida.

O que é exatamente a estrutura? Em resumo, a estrutura do grupo é a maneira pela qual organiza pessoal e tecnologia para dar sustentação à sua estratégia.[3] A estrutura consiste nos seguintes elementos:

- **Unidades** A maneira pela qual são agrupados os assessores diretos do líder – por função, por produto ou por área geográfica.

- **Autoridade** Quem pode tomar qual decisão, e como.

- **Sistemas de mensuração e recompensa de desempenho** Quais são as medidas de avaliação de desempenho e os sistemas de recompensa em vigor.

- **Mecanismos de relatório de relacionamentos e partilha de informações** De que maneira as pessoas observam e controlam a realização do trabalho, e quais os seus métodos de compartilhamento de informação e de adoção de decisões de alto nível.

Avaliação da Estrutura

Antes de começar a gerar ideias para reformular a estratégia em vigor no grupo, é preciso avaliar a maneira pela qual os quatro elementos estruturais interagem. As peças componentes estão fora de sincronia ou agem em harmonia? Faz-se então necessário perguntar:

- A maneira pela qual os integrantes da equipe estão agrupados ajuda realmente a atingir os objetivos centrais? Estão as pessoas certas nos lugares certos para trabalhar com vista a esses objetivos centrais?

- A estrutura do processo decisório está permitindo que sejam adotadas as melhores decisões de maneira eficiente?

---

[3] Para uma exploração mais aprofundada dessas questões, ver Michael C. Jensen, *Foundations of Organizational Strategy* (Cambridge: Harvard University Press, 1998).

- As realizações que estão sendo mensuradas e recompensadas são realmente as mais importantes para a consecução dos objetivos estratégicos?
- Os relatórios de relacionamentos promovem o compartilhamento das informações certas no momento exato e monitoram o trabalho de maneira a dar suporte à estratégia em vigor?

Quando se está em uma situação de lançamento/início – e, por isso mesmo, formando um novo grupo –, não existem estruturas palpáveis a avaliar. Em vez disso, é preciso pesar como se *quer* que as diferentes peças da estrutura venham a funcionar nesse grupo.

Enfrentando os Desequilíbrios

A organização perfeita não existe; todas elas englobam custos e benefícios. Assim, o desafio do gestor é encontrar o equilíbrio adequado para a situação que *ele* enfrenta. À medida que se pensa nas mudanças a serem implantadas na estrutura de um grupo, é bom manter em perspectiva alguns dos problemas mais comuns que costumam surgir:

- **A base de conhecimentos da equipe é estreita (ou ampla) demais** Quando se reúne um grupo de pessoas com experiência e capacidades *semelhantes*, elas podem acumular vastidões de especialidades. Caso, porém, sua base de conhecimento se mostre por demais limitada e especializada, o resultado tende a se traduzir em isolamento e compartimentalização. Grupos com uma *ampla mescla* de aptidões tendem a integrar seus conhecimentos com maior sucesso, mesmo que ao custo do desenvolvimento de uma profunda especialização.

- **O escopo do poder decisório dos colaboradores é por demais reduzido (ou exagerado)** A melhor regra geral é que as decisões sejam feitas pelas pessoas dotadas dos mais relevantes conhecimentos, desde que existam incentivos suficientes para que estejam permanentemente dando o melhor de si em proveito da organização. Em um processo de decisão centralizado, o líder (e talvez mais alguns integrantes de seu círculo íntimo) tem condições de adotar decisões rápidas. Isso, no entanto, às vezes significa a renúncia ao benefício da capacidade de outras pessoas em melhores condições de tomar algumas dessas decisões. É igualmente uma estrutura que leva a decisões mal orientadas e que pesa em excesso sobre os responsáveis por todas as decisões. Se, por outro lado, existirem no grupo pessoas com poder decisório, mas incapazes de um devido entendimento das implicações maiores de suas escolhas, é evidente que elas acabarão tomando, mais cedo ou mais tarde, decisões equivocadas.

- **Funcionários não devidamente recompensados** Gestores eficientes alinham os interesses de cada uma das pessoas com poder decisório com os interesses do grupo como um todo. É por isso que os sistemas de compensações baseados nos resultados da equipe são eficazes em algumas organizações. Eles concentram as atenções de todos os integrantes do grupo na capacidade de trabalhar em conjunto. Problemas surgem quando os esquemas de mensuração de resultados e de compensações não conseguem recompensar adequadamente os colaboradores por seus esforços individuais *nem* pelos do coletivo. Problemas aparecem igualmente quando as recompensas privilegiam interesses individuais em detrimento dos objetivos mais amplos do grupo – o que ocorre, por exemplo, quando vários colaboradores que poderiam servir ao mesmo grupo de clientes não se sentem incentivados a cooperar entre si. Era esse o problema que, como narrado no começo deste capítulo, Hannah Jaffey enfrentava.

- **Relatórios de relacionamentos conduzem à compartimentalização ou à diluição da confiabilidade** Esses relatórios ajudam a observar e controlar as ações de um grupo, a determinar responsabilidades e a incentivar a confiança. Relatórios de relações hierárquicas facilitam essas tarefas, mas arriscam conduzir à compartimentalização e a uma deficiente troca de informações. Esquemas mais complexos de relatórios, como estruturas de matriz, ampliam o compartilhamento da informação e reduzem a compartimentalização, mas podem também diluir perigosamente os índices de confiabilidade.

Alinhar Sistemas Fundamentais

Os sistemas (muitas vezes chamados de "processos") capacitam um grupo a transformar informação, materiais e conhecimento em valor, na forma de produtos ou serviços comercialmente viáveis, novo conhecimento ou ideias, relacionamentos produtivos, ou qualquer outro elemento considerado essencial pelas grandes organizações. De novo, como ocorre com as estruturas, é preciso perguntar-se se os processos atualmente em vigor no grupo dão o adequado suporte à sua estratégia. Ou seja, esses processos conseguirão capacitar o grupo a cumprir – ou até mesmo a superar – os objetivos definidos na estratégia?

Não se pode esquecer que a extensão e os tipos de processos dos quais se necessita dependem da natureza do objetivo maior – conduzir uma execução impecável ou estimular a inovação.[4] Não é viável esperar atingir altos níveis de qualidade e confiabilidade (e baixos custos) sem uma concentração intensiva no desenvolvimento de processos que especifiquem tanto os fins quanto os meios (métodos, técnicas, instrumentos) em completo detalhamento. Exemplos óbvios disso são plantas de manufatura e organizações de serviços. O problema é que esses mesmos tipos de processos podem impedir a inovação. Por isso, sendo o estímulo à inovação o objetivo maior, é preciso desenvolver processos concentrados principalmente em definir os fins e verificar rigorosamente a concretização das principais metas intermediárias, e não tanto em controlar os meios.

Fazendo Análise de Processos

Uma empresa de cartões de crédito que buscava identificar seus processos fundamentais chegou aos resultados mostrados na Tabela 6-1. A partir daí, passou a mapear e aperfeiçoar cada um desses processos, desenvolvendo esquemas apropriados de mensuração e alteração dos sistemas de recompensa para obter um melhor alinhamento das atitudes. A empresa concentrou-se igualmente em identificar os principais pontos de estrangulamento existentes em sua estrutura. Em todas as funções identificadas como carentes do necessário controle, foram alterados os procedimentos e introduzidos novos instrumentos de apoio. O resultado de todo esse esforço traduziu-se em um notável aumento tanto da satisfação dos clientes quanto da produtividade da organização.

Qualquer unidade ou grupo está habilitado a estabelecer tantos processos quanto a companhia de cartões de crédito. O primeiro desafio rumo a essa meta é identificar esses processos, e decidir quais são, dentre eles, os mais importan-

---

[4] Consolidar organizações "ambidestras" que possam fazer as duas partes com a mesma eficiência é um desafio de grandes proporções. Ver Michael L. Tushman e Charles O'Reilly III, *Winning Through Innovation: A Practical Guide to Leading Organizational Change and Renewal*, edição revisada (Boston: Harvard Business School Press, 2002).

tes para a estratégia da organização. Essas atividades vitais são os *processos centrais* desse grupo ou unidade. Por exemplo, tomemos um grupo cuja estratégia priorize a satisfação do cliente em relação ao desenvolvimento de produtos. Ela deverá necessariamente garantir que todos os processos incluídos no fornecimento de produtos ou serviços aos clientes estejam voltados para a concretização dessa prioridade.

TABELA 6-1

Exemplo de análise de processos

Processos de produção/ entrega de serviços	Processos de suporte dos serviços	Processos de negócios
Processamento dos aplicativos	Cobranças	Gerenciamento da qualidade
Verificação do crédito	Verificação dos clientes	Gerenciamento financeiro
Produção do cartão de crédito	Gerenciamento de relacionamentos	Gerenciamento dos recursos humanos
Gerenciamento de autorizações	Gerenciamento de informação e tecnologia	
Processamento das transações		
Faturamento		
Processamento dos pagamentos		

Alinhando Sistemas com a Estrutura

Se os processos centrais do grupo devem dar suporte à sua estratégia, eles precisam igualmente alinhar-se com a *estrutura* (a maneira pela qual se organizam pessoas e trabalho) da unidade. Vale comparar essa relação com o corpo humano. Nossa anatomia – esqueleto, musculatura, pele e outros componentes – é a fundação *estrutural* para as funções normais do corpo. Nossa fisiologia – circulação, respiração, digestão, etc – constitui o elenco de *sistemas* que habilita as várias partes do corpo a trabalhar em conjunto. Nas organizações, assim como nos corpos, tanto a estrutura quanto os processos devem ser sólidos e reforçar-se mutuamente.

A fim de avaliar a eficiência e a eficácia de cada um dos processos centrais, é preciso examinar quatro aspectos:

- **Produtividade** O processo transforma com eficiência conhecimento, materiais e trabalho em valor?
- **Tempo hábil** O processo produz o valor desejado nos prazos programados?
- **Confiabilidade** O processo é adequadamente confiável, ou falha seguidamente?
- **Qualidade** O processo produz valor de uma forma que satisfaça consistentemente os padrões de qualidade exigidos?

Quando sistemas e estrutura funcionam em harmonia, ambos os elementos se reforçam entre si e à estratégia. Por exemplo, uma organização de serviços aos clientes estruturada em torno de segmentos específicos também compartilha informação entre as equipes e reage eficazmente às questões que dizem respeito a todos os grupos de consumidores.

Quando sistemas e estrutura não se harmonizam – por exemplo, quando diferentes equipes concorrem pelo mesmo conjunto de clientes, lançando mão de diferentes processos de vendas – acabam provocando uma paralisação mútua e sabotando a estratégia do grupo.

Aperfeiçoando os Processos Centrais

Qual a maneira mais indicada de aperfeiçoar um processo central? Começa-se pela elaboração de um *mapa do processo* – um diagrama enxuto da maneira exata pela qual as tarefas integrantes de um determinado processo fluem entre as pessoas e grupos deles encarregados. A Figura 6-2 mostra um mapa simplificado do processo de atendimento de pedidos.

Depois disso, os responsáveis por cada estágio do processo devem mapear o seu fluxo do começo ao fim. A essa altura, a equipe precisa ser instada a localizar os problemas de *gargalo* e *interface* entre os responsáveis por elencos limítrofes de tarefas. Por exemplo, erros ou atrasos costumam ocorrer quando alguém de relações com o cliente comunica ao grupo de atendimento a necessidade de dar tratamento especial a um determinado pedido. Falhas nos processos constituem lugar comum em situações desse tipo. É preciso trabalhar com a equipe para identificar as oportunidades de aperfeiçoamento de desempenho.

FIGURA 6-2

Um mapa do processo

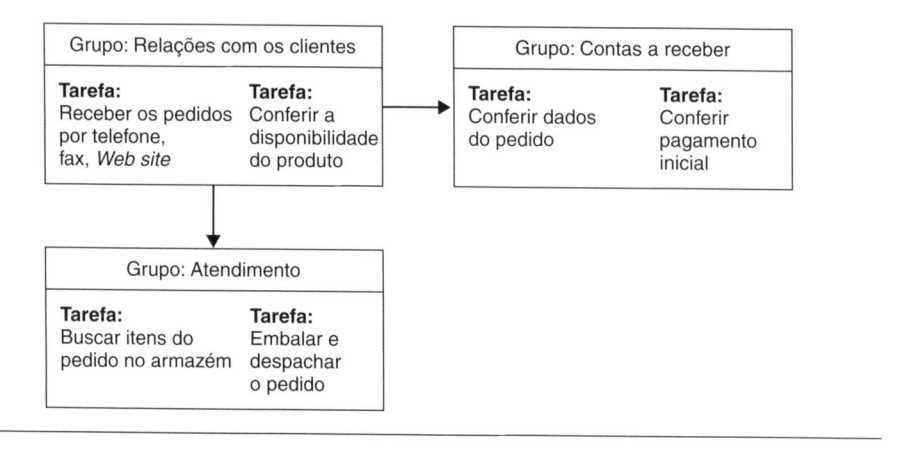

```
┌─────────────────────────────────┐      ┌─────────────────────────────────┐
│ Grupo: Relações com os clientes │      │ Grupo: Contas a receber         │
├──────────────────┬──────────────┤      ├──────────────────┬──────────────┤
│ Tarefa:          │ Tarefa:      │ ───▶ │ Tarefa:          │ Tarefa:      │
│ Receber os pedidos│ Conferir a   │      │ Conferir dados   │ Conferir     │
│ por telefone,    │ disponibilidade│    │ do pedido        │ pagamento    │
│ fax, Web site    │ do produto   │      │                  │ inicial      │
└──────────────────┴──────────────┘      └──────────────────┴──────────────┘
         │
         ▼
┌─────────────────────────────────┐
│ Grupo: Atendimento              │
├──────────────────┬──────────────┤
│ Tarefa:          │ Tarefa:      │
│ Buscar itens do  │ Embalar e    │
│ pedido no armazém│ despachar    │
│                  │ o pedido     │
└──────────────────┴──────────────┘
```

A análise dos processos estimula o aprendizado coletivo. Ajuda todo o grupo a entender exatamente quem faz o quê, dentro e entre as unidades ou grupos, para executar um determinado processo. Criar um mapa de processo também esclarece os motivos do surgimento de problemas. O líder, o superior e o grupo podem decidir qual a melhor maneira de aperfeiçoar o processo. Para isso, existem duas opções: uma reengenharia radical do processo ou o aperfeiçoamento incremental continuado.

Cabem aqui algumas palavras de advertência. O líder é provavelmente responsável por diversos processos. Sempre que assim for, é aconselhável gerenciá-los como um portfólio, jamais tentando introduzir mudanças radicais em mais do que alguns processos centrais de cada vez. O grupo certamente não terá condições de absorver mudanças excessivas. Como mencionamos anteriormente, o líder não deve de imediato tratar de automatizar processos problemáticos, uma tática que raramente resolve o verdadeiro problema que está no fundo das deficiências do processo. Os problemas com os processos normalmente estão centrados na comunicação deficiente, em expectativas mal interpretadas, ou no desconhecimento da maneira pela qual um determinado negócio funciona. A solução de problemas mais aprofundados conseguirá produzir benefícios mais consistentes do que o simples recurso à automação.

Desenvolver a Base de Capacidades do Grupo

Serão os assessores diretos do líder dotados das capacidades e dos conhecimentos indispensáveis para que possam tocar os processos centrais do grupo da melhor maneira possível – e assim dar suporte à estratégia identificada e implementada? Se não forem, toda a arquitetura do grupo poderá ruir como um castelo de cartas. Uma base de capacidades compreende os quatro tipos de conhecimento a seguir relacionados:

- **Especialização individual** Obtida por meio de treinamento, educação e experiência.

- **Conhecimento relacional** Um entendimento de como trabalhar em conjunto para integrar o conhecimento individual a fim de atingir objetivos e metas específicos.

- **Conhecimento embutido** As tecnologias centrais das quais dependem o grupo e o desempenho, entre elas bancos de dados de clientes ou tecnologias de P&D.

- **Metaconhecimento** A consciência de a quem recorrer para obter informações fundamentais; por exemplo, mediante afiliações a entes externos como institutos de pesquisas e parceiros de tecnologia.

Identificando Lacunas e Recursos

A meta mais ampla na avaliação das capacidades de um grupo é sempre a de identificar: 1) *lacunas críticas* entre aptidões e conhecimento necessários e existentes; e 2) *recursos subutilizados,* tais como tecnologias parcialmente exploradas e especialidades desperdiçadas. Preencher lacunas e fazer um melhor uso de recursos mal utilizados pode gerar enormes ganhos em desempenho e produtividade.

A fim de identificar lacunas em conhecimento e aptidões, cumpre, em primeiro lugar, rever a estratégia e os processos centrais identificados. A partir daí, então, identificar qual combinação dos quatro tipos de conhecimento é necessária para dar suporte aos processos centrais do grupo. Isso deve ser empreendido como um exercício de futurismo no qual a meta principal é projetar a combinação ideal de conhecimentos. Depois, cabe avaliar as aptidões, o conhecimento e as tecnologias presentes no grupo. Quais são as lacunas assim vistas? Quais delas podem ser rapidamente preenchidas, e quais precisarão de tempo mais prolongado para o devido redimensionamento?

A melhor maneira de identificar os recursos subutilizados é procurar indivíduos ou grupos na unidade que costumam apresentar desempenho bem acima da média. O que os capacitou a tanto? Contam eles com recursos (tecnologias, métodos, materiais e suporte de pessoal especializado) que poderiam vir a ser exportados para o restante da unidade? Existem ideias promissoras de produtos engavetadas em função da falta de interesse ou de investimentos? Há condições de adaptar os recursos de produção existentes para que sirvam a novos segmentos de clientes?

Entender a Cultura do Grupo

A cultura é o elemento que cerca e influencia os outros quatro elementos da arquitetura organizacional, moldando o pensamento em torno da estratégia, da estrutura, dos sistemas e das aptidões. Na verdade, os problemas mais importantes de negócios que um líder tende a enfrentar em uma situação nova têm quase que certamente uma dimensão cultural.

A cultura da organização consiste nas normas e nos valores que configuram o modo de agir, as atitudes e as expectativas dos integrantes das equipes. A cultura da organização é que acaba influenciando seus componentes a respeito do que se deve fazer e do que não se pode fazer. Muitas vezes, como se discutiu anteriormente, existem suposições fundamentais a respeito da maneira pela qual as coisas funcionam que são tão entranhadas e não discutidas que as pessoas não chegam sequer a se dar conta de sua existência.

Hábitos e normas culturais têm uma maneira especialmente frustrante de reforçar o *status quo* – por mais que este precise de mudanças. Por isso, é vital que o novo líder consiga diagnosticar problemas existentes na cultura da organização e tome providências imediatas a seu respeito. Somente então a cultura poderá sustentar por inteiro a estratégia do grupo e se alinhar adequadamente com as outras partes de sua arquitetura – estrutura, sistemas e aptidões.

Para entender a cultura do grupo, é preciso vasculhar bem mais a fundo os sinais evidentes dela, tais como logotipos, estilos de vestir e maneiras de comunicar ou interagir, bem como as normas sociais ou os valores compartilhados que orientam o comportamento geral. É preciso aprofundar-se nas mais arraigadas pressuposições que os integrantes do grupo dão como permanentes. Para um novo líder que pretende alinhar as várias dimensões do seu grupo com a estratégia identificada, as premissas mais relevantes são:

- **Poder** Quem, na opinião dos colaboradores, pode exercer legitimamente a autoridade e tomar decisões?

- **Valor** Quais as ações e os resultados que, na opinião dos colaboradores, criam valor? Por valor podem ser entendidos formatos como obter lucros, satisfazer os clientes, promover a inovação, criar ambientes de trabalho de suporte mútuo entre seus integrantes, e assim por diante.

Como se faz para impor suposições fundamentais? Para entender suposições a respeito do poder, é preciso estudar a maneira pela qual as decisões eram tomadas no passado. Por exemplo, quem se reportava a quem? A fim de entender definições sobre valor, é preciso observar em que as pessoas empregam seu tempo, e o que mais as incentiva. Por exemplo, integrantes de equipes tendem a concentrar-se em consolidar relações positivas e colaborativas? Têm o serviço ao cliente como prioridade? Empregam a maior parte de seu tempo em tentativas de gerar novas e promissoras ideias de produtos? A precisão na execução é valorizada?

Dando Início à Mudança Cultural

Não constitui expectativa razoável para os primeiros 90 dias concretizar mais do que o diagnóstico da cultura da organização e começar a trabalhar na mudança de alguns comportamentos/atitudes. A relação a seguir configura cinco maneiras de dar início a mudanças culturais. Sejam quais forem os métodos utilizados, o principal é que eles estejam voltados para mudanças culturais alinhadas com a estratégia, a estrutura, os sistemas e as capacidades do grupo.

- **Mudar a mensuração do desempenho e os respectivos incentivos**
  É indispensável mudar a forma de julgar o sucesso. Depois disso, vem a etapa de alinhar os objetivos dos colaboradores a essas novas métricas. Por exemplo, mudar o equilíbrio entre incentivos individuais e coletivos. O sucesso exige mesmo que as pessoas trabalhem em conjunto e coordenação rígidos – por exemplo, em uma equipe de desenvolvimento de novos produtos? Se isso é um fato, urge dar maior peso aos incentivos coletivos. Há no grupo pessoas que funcionam independentemente – por

exemplo, em uma unidade de vendas? Se isso é real, e se as contribuições individuais dessas pessoas ao empreendimento podem ser mensuradas, é aconselhável atribuir maior ênfase aos incentivos individuais.

- **Criar projetos-piloto** Os colaboradores precisam ter a oportunidade de fazer experiências com novos instrumentos e comportamentos. Por exemplo, o líder deve criar uma força-tarefa para testar uma abordagem inovadora da produção, ou para superar problemas na distribuição.

- **Contratar pessoas externas** Isso requer que se traga pessoas estranhas ao empreendimento, de maneira extremamente criteriosa, a fim de estimular o pensamento criativo e a disciplina entre os integrantes do grupo. Uma pessoa nova pode revelar-se especialista em uma área fundamental – por exemplo, desenvolvimento de novos produtos ou gestão de P&D. É também viável contratar um consultor de processos – alguém com sólido currículo em negócios, mas que se concentre em desenvolver o processo do diálogo de grupo e represente um suporte aos esforços do líder no sentido de implementar as mudanças.

- **Promover o aprendizado coletivo** Isso é feito pela exposição dos integrantes do grupo a novas formas de operar e pensar o negócio – por exemplo, perspectivas diferentes quanto a clientes e concorrentes. Uma boa ideia em tal sentido é engajar-se em comparações com as melhores organizações do setor em que se atua.

- **Incentivar a imaginação coletiva** É preciso descobrir meios de incentivar as pessoas a trabalhar criativamente, especificamente na visualização de novas formas de concretizar os processos. Uma boa maneira de incentivar essa ação é promover reuniões de estudo e apresentação de ideias, fora do local de trabalho, a fim de aperfeiçoar os processos em vigor.

Concretizar o Alinhamento

Recorra a toda essa análise para desenvolver um plano de alinhamento de sua organização. Se ocorrerem repetidas frustrações dos esforços para fazer com que as pessoas passem a agir de formas mais produtivas, será um sinal da necessidade de recuar no tempo e interrogar e avaliar se há desentendimentos organizacionais provocando problemas indesejados.

CONTROLE DA ACELERAÇÃO

1. Quais são as suas observações provisórias sobre eventuais desencontros entre estratégia, estrutura, sistemas, aptidões e cultura? Como agir para analisar com mais profundidade até confirmar ou redefinir essas impressões?

2. Quais decisões sobre clientes, capital, capacidades e comprometimentos o novo líder precisará tomar? Como e quando adotar essas definições?

3. Qual é a sua avaliação atual da coerência, ou falta de, da estratégia da organização? Quais as ideias já despertadas sobre mudanças na estratégia da organização?

4. Quais são as forças e as fraquezas da estrutura da organização? Como está imaginando potenciais mudanças estruturais?

5. Quais são os processos centrais na organização? Até que ponto funcionam adequadamente? Quais as suas prioridades para o aperfeiçoamento dos processos?

6. Quais são as lacunas de recursos e os recursos subutilizados já identificados? Quais as suas prioridades para reforçar a base de capacidades/aptidões?

7. Quais são os elementos funcionais e não funcionais da cultura? O que você, como novo líder, pode começar para mudar essa cultura?

7. Montar a Equipe

Indicado para comandar a unidade de instrumentos de precisão, assoberbada de problemas, de uma grande indústria, Liam Geffen tinha plena consciência das dimensões da tarefa a que estava se lançando. E isso ficou ainda mais evidente quando ele pôde examinar o relatório com a avaliação do desempenho dos integrantes de sua equipe no ano anterior. Não havia meio-termo: quem não era excelente era péssimo. O que indicava, também, até que ponto seu antecessor trabalhava com base em favoritismos pessoais.

As conversas mantidas com seus assessores imediatos confirmaram a suspeita de Liam de que as avaliações de desempenho estavam eivadas de preconceitos. Algo que chamou particularmente sua atenção foi o fato de o encarregado do marketing parecer razoavelmente competente mas, de maneira alguma, o pequeno deus descrito nos relatórios. O problema maior residia no fato de o homem acreditar piamente nessa propaganda enganosa. Já a gestora da área de vendas mostrou-se, nas primeiras avaliações de Liam, uma competente trabalhadora em equipe, apesar das decisões equivocadas a ela atribuídas pelo líder anterior da unidade. As relações entre marketing e vendas eram compreensivelmente tensas.

Liam reconheceu de imediato que teria de dispensar no mínimo um desses profissionais – ou talvez os dois . Manteve reuniões individuais com cada um deles e expôs com a maior franqueza o que pensava daquela avaliação de desempenhos contida no relatório do antecessor. Feito isso, apresentou-lhes planos minuciosos com os resultados que esperava dos respectivos setores nos 60 dias seguintes. Enquanto isso, ele e o seu vice-presidente de recursos humanos começaram a procurar, sem alarde, um novo diretor de marketing. Liam também manteve reuniões com pessoal de nível intermediário da área de vendas, tanto para avaliar suas capacidades quanto para encontrar alguém que preenchesse as condições requeridas de um candidato à direção do departamento, caso precisasse efetuar ali uma substituição.

No final de seu terceiro mês na função, Liam já havia deixado claro para o diretor de marketing que ele não preenchia os requisitos necessários, tanto que o homem logo pediu demissão. A diretora do departamento de vendas, enquanto isso, parecia crescer em função do desafio a ela lançado. Liam proporcionou-lhe novas oportunidades, induzindo um desempenho ainda melhor. E com um pouco mais de tempo ela despertou em Liam a confiança necessária para indicá-la como a nova diretora das duas áreas – vendas e marketing.

Liam Geffen reconheceu que não podia se arriscar a colocar as pessoas erradas em sua equipe. Quem, a exemplo dele, tiver de trabalhar com um grupo de assessores imediatos herdado, precisará passar a *formar* uma equipe a fim de encontrar o talento indispensável para conseguir resultados de qualidade superior. As decisões mais importantes adotadas nos primeiros 90 dias serão provavelmente aquelas referentes aos integrantes dessa equipe. O sucesso na formação de uma equipe de alto desempenho dará ao líder o suporte indispensável para a criação de valor. Quem não concretizar esse sucesso enfrentará enormes dificuldades, pois não há líder, por maior que seja sua capacidade, que consiga fazer as coisas sozinho. Decisões inadequadas em matéria de pessoal tomadas prematuramente logo irão se transformar em um pesado fardo para seu responsável. Vale, aqui, o que definiu um experiente administrador de empresas: "contrate na pressa, arrependa-se na parada".

Encontrar a equipe adequada é essencial, mas não basta. O primeiro passo é avaliar os remanescentes de uma equipe e decidir quem deve continuar e quem deve sair. O segundo passo consiste em desenvolver um plano para a contratação de novos colaboradores e a instalação dos remanescentes nas posições mais adequadas – sem com isso provocar grande transtorno ao desempenho no curto prazo. Mesmo isso ainda não é o suficiente. Será necessário estabelecer metas, incentivos e mensurações de desempenho capazes de impulsionar a equipe rumo aos objetivos desejados. Por fim, o líder precisará estabelecer novos processos de promoção do trabalho em equipe. Este capítulo ajudará o leitor a orientar-se pelos meandros desse caminho.

Como Evitar Armadilhas Comuns

A maioria dos novos líderes comete erros grosseiros no que diz respeito à formação de uma equipe de sucesso. O resultado de tais erros pode ser um atraso significativo na conquista do ponto de equilíbrio, ou até mesmo um desastre completo. A seguir, algumas das armadilhas mais características que surgem no caminho desses líderes.

- **Manter a equipe existente por tempo demais** Há líderes que se precipitam na "limpeza da casa", mas o mais comum é que acabem mantendo pessoas por períodos mais prolongados do que os aconselháveis. Seja por arrogância ("essas pessoas não trabalhavam direito porque lhes faltava um líder como eu"), ou porque se evita tomar duras decisões envolvendo pessoas, os líderes se arriscam a manter equipes de trabalho de nível inferior ao necessário. O resultado disso quase sempre é que eles acabam tendo de carregar um peso maior do que o aconselhável ou não atingem as metas por eles mesmos traçadas. Um executivo experiente definiu assim a questão: "O líder sempre se considera capacitado a resolver qualquer situação. Isso é impossível. O que ele não pode é se deixar conduzir por questões pessoais. Seja qual for o integrante da equipe mantido na função sem trabalhar a contento, seus colegas ficam sabendo. E os pares do líder, também". Uma boa regra prática para o novo líder é chegar ao final dos primeiros 90 dias já sabendo quem continuará e quem deixará a equipe. Ao final dos primeiros seis meses, o líder já deverá ter informado as mudanças que pretende implantar no pessoal aos principais interessados na questão, especialmente ao seu superior e ao departamento de recursos humanos. Se esperar mais tempo do que isso, a equipe se tornará "dele", e com isso as dificuldades para justificar e implementar mudanças aumentarão exponencialmente. Naturalmente, esse prazo irá depender da situação ST_ARS enfrentada pelo líder. O prazo poderá ser mais curto em uma mudança completa e mais prolongado em uma situação de sucesso continuado. O principal é estabelecer alguns prazos improrrogáveis para chegar a conclusões a respeito da equipe e adotar medidas coerentes com elas já no plano dos primeiros 90 dias, e a partir daí manter-se fiel a essas conclusões e decisões.

- **Não consertar o avião em voo** A menos que se esteja em uma situação de lançamento, não será preciso formar uma equipe a partir do zero. Todo novo líder herda uma equipe e precisa moldá-la de acordo com as metas necessárias para realizar as prioridades máximas. O processo de formação da equipe é um pouco parecido com a ação de consertar um avião em pleno voo. Ninguém chegará ao ponto de destino se insistir em ignorar a necessidade de consertos. Claro que ninguém também pretenderá derrubar o avião na tentativa de consertá-lo. Essa situação pode apresentar um dilema: é essencial substituir algumas pessoas, embora algumas delas sejam essenciais para ajudar a conduzir o empreendimento no curto prazo. O que o líder faz em tal situação? Em primeiro lugar, desenvolve opções com a maior rapidez possível. Isso pode incluir a contratação de pessoas em caráter temporário a fim de que aprendam os fundamentos das funções, ou a busca, nos escalões inferiores da organização, de pessoas em condições de enfrentar o desafio proposto.

- **Não encaminhar em paralelo questões de alinhamento da organização e de reestruturação da equipe** Nenhum comandante de um navio conseguirá fazer as melhores escolhas para a sua tripulação se não conhecer o destino, a rota e o próprio navio. Da mesma forma, o novo líder não conseguirá formar sua equipe enquanto não tiver uma definição clara a respeito das mudanças necessárias em matéria de estratégia, estrutura, sistemas e capacidades/aptidões. Se assim não for, o líder poderá se achar na posição de comandante das pessoas certas nas funções erradas. Como ilustra a Figura 7-1, os esforços do líder para avaliar a organização e conseguir seu alinhamento devem andar em paralelo com a avaliação da equipe e das mudanças que nela se fizerem imperiosas.

FIGURA 7-1

Sincronizando o alinhamento da arquitetura e a reestruturação da equipe

Alinhamento organizacional / Reestruturação da equipe

- Avaliação → O que é
- Processo decisório → Como deveria ser
- Planejamento para a mudança → Como concretizar
- Implementação → Concretizando

- **Não conseguir manter os mais competentes** Uma gestora com larga experiência na função compartilha algumas lições duramente aprendidas a respeito do risco que se corre de perder as pessoas mais competentes de uma equipe. "Quando se sacode a árvore, corre-se o risco de derrubar mais do que apenas as maçãs podres", disse ela. Isso significa que a incerteza sobre quem permanecerá na equipe e quem será dispensado pode acabar levando os elementos mais qualificados a se antecipar à mudança e buscar novos rumos. Embora sejam quase que insuperáveis as restrições sobre o que o líder pode ou não demonstrar a respeito de quem tem mais probabilidades de aproveitamento e de quem só terá o agradecimento da despedida, é preciso que ele busque maneiras eficazes de sinalizar aos elementos mais competentes que a capacidade deles está sendo reconhecida. Essa garantia é capaz de render bons dividendos ao líder.

- **Dedicar-se a formar a equipe antes que o grupo central esteja definido** É realmente tentador desencadear de imediato atividades típicas da formação de equipes, como solução conjunta de problemas, reuniões de planejamento e de projetos. Os novos líderes detentores de um estilo de construção de consenso muitas vezes se mostram ansiosos por estabelecer ligação direta com os *insights* de seus assessores imediatos. Trata-se, porém, de uma abordagem que tem um risco característico: ela fortalece a formação de laços em um grupo, às vezes envolvendo pessoas destinadas a deixar logo a empresa. Por isso, é aconselhável evitar explicitamente quaisquer atividades típicas da formação de equipe até que estejam nos devidos postos os elementos realmente desejados desse grupo. Isso não significa, evidentemente, que se deva evitar reunir as pessoas como um grupo.

- **Tomar decisões dependentes da implementação antes da hora** Sempre que o sucesso da implementação de um projeto exigir a aceitação plena por parte da equipe, o líder deverá adiar criteriosamente a adoção de decisões no mínimo até que os integrantes centrais dessa equipe estejam instalados nos postos certos. Sempre haverá decisões de adiamento impossível. O problema é que poderá ser especialmente difícil implementar decisões que comprometam novos contratados com rumos de ação que não ajudaram a definir. Por isso, é preciso comparar cuidadosamente os benefícios de agir rapidamente em matéria de grandes iniciativas com os eventuais prejuízos de não conseguir a aceitação plena de pessoas contratadas depois do desencadeamento desses projetos.

- **Tentando fazer tudo sozinho** Por último, é preciso ter em mente que o processo de reestruturar uma equipe é algo eivado de profundas complicações emocionais, legais e políticas da empresa. Por isso, o melhor é *não* tentar fazer sozinho essa reestruturação. O mais indicado é conseguir a melhor assessoria a tal respeito a fim de poder projetar uma estratégia. O apoio de um competente profissional de recursos humanos é indispensável a qualquer iniciativa que vise a reestruturar uma equipe de trabalho.

Avaliando a Equipe Disponível

O novo líder invariavelmente fica com alguns bons profissionais, outros de nível médio, e vários que evidentemente não servem para as finalidades pretendidas. Ele também herda um grupo com dinâmicas e políticas internas próprias – no grupo certamente haverá aqueles que sonhavam em ser promovidos ao cargo agora exercido pelo novo líder. Durante os primeiros 30 a 60 dias na função, o líder precisará descobrir efetivamente quem é quem, quais as funções de cada indivíduo, e qual foi o desempenho passado do grupo.

Estabelecendo Critérios

O novo líder inevitavelmente irá formando impressões a respeito dos integrantes da equipe a cada novo encontro com eles. Ele não deve suprimir essas primeiras reações, sejam quais forem, mas, sim, afastar-se delas e buscar fazer uma avaliação mais rigorosa.

O ponto de partida deve ser a autoconsciência a respeito dos *critérios* a serem explícita ou implicitamente usados para avaliar as pessoas que se relacionarem diretamente com o novo líder. É preciso levar em conta os seguintes seis critérios:

- **Competência** A pessoa em análise tem a competência técnica e a experiência necessárias para desempenhar com eficiência a função a ela destinada?

- **Capacidade de julgamento** Essa pessoa é dotada de boa capacidade de julgamento, especialmente quando sob pressão ou quando forçada a fazer sacrifícios em benefício de um propósito mais amplo?

- **Energia** Como membro da equipe, a pessoa em avaliação acrescenta o tipo adequado de energia à função, ou parece esgotada ou desinteressada?

- **Foco** O avaliado é capaz de estabelecer prioridades e de se manter fiel a elas, ou parece mais inclinado a oscilar em todas as direções do vento?

- **Relacionamentos** O indivíduo em julgamento relaciona-se facilmente com os colegas de equipe e acata e contribui para o processo decisório em grupo, ou é alguém de difícil convívio no trabalho?

- **Confiança** O líder pode efetivamente confiar em que a pessoa sob avaliação vá cumprir a palavra empenhada e agir de acordo com os compromissos assumidos?

Para uma leitura dinâmica dos critérios a serem usados, aconselha-se preencher a Tabela 7-1. O interessado deve dividir 100 pontos entre os seis critérios de acordo com o *peso relativo* a eles atribuído quando da avaliação dos colaboradores imediatos. Esses números devem ser registrados na coluna do meio, de maneira que a soma exata seja 100. A partir daí, é preciso identificar um desses critérios como a "questão fundamental", significando que, se a pessoa não atingir um critério básico nessa dimensão, nada mais poderá ser feito. É preciso marcar a questão fundamental escolhida com um asterisco na coluna da direita.

TABELA 7-1

Análise dos critérios de avaliação

Critérios de avaliação	Pesos relativos (dividir 100 pontos entre as seis questões)	Questão fundamental (designar com um asterisco)
Competência		
Capacidade de julgamento		
Energia		
Foco		
Relacionamento		
Confiança		

Então, é preciso reconsiderar. Isso realmente representa acuradamente os valores aplicados pelo líder ao analisar seus assessores imediatos? Em caso afirmativo, essa análise sugere qualquer potencial falha na maneira pela qual são geradas opiniões a respeito de terceiros?

As avaliações provavelmente refletirão determinadas suposições a respeito daquilo que pode ou não ser mudado nas pessoas que trabalham para o líder. Ao atribuir uma nota baixa ao bom relacionamento e uma nota alta à capacidade de julgamento, o avaliador provavelmente está entendendo que os relacionamentos em seu grupo constituem algo sobre o qual pode exercer influência, e que o mesmo não ocorre em matéria da capacidade de julgamento. Da mesma forma, o líder pode ter identificado a confiança como um ponto-limite – como muitos líderes também fazem – por acreditar que precisa confiar naqueles que com ele trabalham e por entender a confiabilidade como um traço de caráter que não pode ser mudado.

Gradação de Situações

Até que ponto os critérios de avaliação do líder devem variar conforme a situação enfrentada? Potencialmente, muito. Suponhamos um líder que está assumindo a vice-presidência de vendas, administrando um grupo de gerentes regionais de vendas espalhados por uma ampla área geográfica. Quais deveriam ser as diferenças entre os critérios de avaliação desses gerentes e aqueles que o vice-presidente aplicaria ao se encarregar de um projeto de desenvolvimento de novos produtos?

Essas funções diferem profundamente e na mesma medida da *operação independente* e da *dispersão geográfica* dos assessores imediatos do vice-presidente. Quando esses colaboradores operam com independência em relação ao seu superior imediato, no caso o vice-presidente, sua capacidade de trabalhar em conjunto tem valor relativo bem abaixo daquele que ostentariam se o vice-presidente estivesse no comando de uma equipe interdependente de desenvolvimento de produtos. A dispersão geográfica desses imediatos, por sua vez, tem normalmente o efeito de um fator limitador da possibilidade do vice-presidente de promover o aperfeiçoamento do desempenho e da qualificação deles. Dessa maneira, o vice-presidente precisa esperar, para o bem de toda a organização, que eles tenham limites razoáveis de capacidade e competência de julgamento.

O critério aplicado pelo líder pode igualmente depender da situação – lançamento, mudança completa, realinhamento ou sucesso continuado – por ele enfrentada. Em um processo de sucesso continuado, ele provavelmente terá tempo de se dedicar ao aperfeiçoamento de um ou dois integrantes de alto potencial da sua equipe. Em casos de mudança completa, em contraste, o líder precisará de pessoas capazes de operar com um nível máximo de eficiência desde o primeiro momento. Já em casos de lançamento, o líder pode se dispor a compensar um pouco de confiança por um alto nível de energia e foco, muito embora isso não seja de maneira alguma admissível em situações de sucesso continuado.

Vale a pena gastar algum tempo pensando a respeito do critério a ser usado na avaliação da nova equipe. Uma vez pronta essa avaliação, o líder estará bem preparado para comandar um sistemático e rigoroso acompanhamento analítico da equipe.

Avaliar as Pessoas

No momento em que se começa a avaliar cada integrante da equipe utilizando os critérios para tanto estabelecidos, o primeiro teste de cada um é no sentido de identificar se não conseguem atingir as exigências-limite do líder. Nesse caso, é melhor começar a pensar em substituir essas pessoas, o que não significa que todos aqueles que tiverem conseguido superar essa prova estejam automaticamente destinados a altas realizações. É preciso que o líder continue rumo à etapa seguinte, que é a de avaliar as forças e as fraquezas das pessoas, dando aí a gradação do valor relativo atribuído a cada um dos critérios. O problema é saber: quem atinge a gradação adequada? Quem não passa no teste?

É preciso que o líder mantenha entrevistas individuais com todos os integrantes da nova equipe no menor prazo possível. Dependendo do estilo do líder, esses primeiros encontros podem assumir o formato de conversas formais ou informais, revisões formais, ou uma combinação dos principais aspectos dos dois métodos. A preparação e o foco do líder para tais encontros é que devem ser padronizados:

1. **Preparar-se para cada uma das entrevistas** Revisar históricos individuais, dados sobre o desempenho e outros instrumentos de avaliação. Familiarizar-se com as aptidões técnicas ou profissionais de cada pessoa a fim de ter condições de avaliar de que maneira os entrevistados funcionam na equipe.

2. **Fazer perguntas de conteúdo** Como vimos no Capítulo 2, sobre aprendizado, é preciso fazer a cada pessoa o *mesmo* conjunto de perguntas, por exemplo:

    - Qual sua opinião sobre a estratégia vigente?

    - Quais os maiores desafios e oportunidades à espera da equipe no curto prazo? E no longo prazo?

- Que recursos poderiam ser utilizados com maior eficácia?
- De que maneira seria possível aperfeiçoar a ação conjunta da equipe?
- Se você estivesse na minha posição, a que ponto dedicaria *maior* atenção?

3. **Buscar indicações manifestadas verbalmente e por outros meios**
   Cuidando da entonação das palavras, da linguagem corporal e dos fatores motivadores.

   - Prestar atenção ao que a pessoa não diz. Passa informações espontaneamente ou apenas se for instada a isso? Responsabiliza-se por problemas existentes em sua área? Procura desculpas? Culpa os outros?

   - Até que ponto as expressões faciais e a linguagem corporal da pessoa são consistentes com suas respostas?

   - Quais são os tópicos que provocam as respostas mais emocionais? Aqueles fatores motivadores proporcionam indícios sobre o que impulsiona a pessoa e os tipos de mudança que poderiam energizá-la.

   - Fora das reuniões individuais, o líder deve buscar verificar a maneira pela qual o indivíduo sob análise se relaciona com outros integrantes da equipe. Essas relações parecem cordiais e produtivas? Tensas e competitivas? Opinativas ou reservadas?

Testar a Capacidade de Julgamento

O líder precisa ter certeza de que está avaliando a *capacidade de julgamento*, não a competência técnica ou a inteligência geral. São muitas as pessoas brilhantes com escassa capacidade de julgamento, da mesma forma que algumas pessoas medianas a têm bem desenvolvida. Por isso é indispensável ter claro qual a combinação de conhecimento e capacidade de julgamento desejada para as pessoas-chave da equipe.

Uma das maneiras de avaliar a capacidade de julgamento é trabalhar com determinada pessoa por um certo período e observar se ela tem capacidade de 1) elaborar previsões consistentes e 2) desenvolver estratégias adequadas para evitar o surgimento de problemas. Ambas as capacidades se nutrem dos *mode-*

los mentais, ou as maneiras de identificar os traços e as dinâmicas de situações emergentes e de traduzir esses *insights* em ação efetiva. É nisso que consiste a real capacidade de julgamento. O problema, naturalmente, é que o líder não tem muito tempo, e às vezes pode demorar demais até descobrir se alguém fez ou não boas previsões. Felizmente, há maneiras de acelerar esse processo.

Uma delas consiste em testar a capacidade de julgamento das pessoas em áreas nas quais o *feedback* sobre suas habilidades de previsão surgirá com relativa presteza. Uma boa abordagem a ser testada é pedir às pessoas cuja capacidade de julgamento se pretende avaliar opiniões a respeito de questões externas que despertem seu entusiasmo. Pode ser política, culinária, esportes; o que importa não é o tema, mas desafiar a pessoa em avaliação a fazer previsões a respeito do assunto. "Quem você acha que terá melhor desempenho no debate?" "O que é mais importante para fazer o suflê perfeito?" "Qual será o time ganhador do jogo desta noite?" Insistir para que assuma uma opinião – a indisposição de se colocar em posição vulnerável pode constituir, por si, um sinal de alerta. Depois disso, é preciso pressionar igualmente em busca de justificativas para as previsões feitas. O raciocínio faz sentido? Sempre que possível, deve-se empreender o acompanhamento das situações abordadas, como forma de verificar o que acontece.

Aquilo que está em teste é a capacidade de uma pessoa de *aplicar julgamento especializado* sobre uma determinada área. A especialização em determinada área é quase sempre feita no terreno preferencial de negócios da pessoa, desde que tenha motivos suficientes para tanto. Seja qual for a modalidade escolhida, o fundamental é encontrar maneiras – além de simplesmente esperar para ver de que forma as pessoas se adaptam às funções a elas destinadas – de sondar em busca da excelência em especialização.

Analisar as Peças-chave da Equipe

Quando se administra uma equipe cujos integrantes têm especialidades funcionais diversificadas – como marketing, finanças, operações e P&D –, é preciso manter um controle dessas qualificações nas respectivas áreas. Isso pode ser muito difícil, especialmente para gerentes gerais estreantes na função. Tratando-se de um estreante promovido na própria empresa, o mais indicado é que procure se aconselhar e ouvir as opiniões de pessoas que respeita e nas quais confia em cada função e que conheçam os integrantes da equipe.

Para quem começa a desempenhar a função de gerente geral, uma boa ideia é desenvolver um gabarito próprio para avaliar cada uma das partes principais. Um bom gabarito consiste em diretrizes e sinais de alerta para avaliar pessoas em funções como marketing, vendas, finanças e operações. A fim de desenvolver cada um desses gabaritos, é aconselhável buscar em primeiro lugar opiniões de gestores mais experientes sobre o que eles consideram mais importante em cada uma dessas áreas.

Avaliar o Conjunto da Equipe

Além de analisar individualmente os integrantes da equipe, o líder precisa avaliar a sua atuação conjunta. As técnicas a seguir ajudam a detectar problemas na dinâmica geral do grupo:

- **Estudar os dados** É indispensável ler os relatórios e as minutas das reuniões da equipe. Se a organização promove estudos a respeito do clima ou do ânimo de unidades separadas, seus resultados também devem ser avaliados.

- **Fazer perguntas sistematicamente** O líder deve analisar as respostas individuais ao elenco comum de perguntas feito nas reuniões separadas com os integrantes da equipe. As respostas são majoritariamente consistentes? Em caso positivo, isso pode indicar a existência de uma linha compartilhada de opiniões, e também que todos os integrantes compartilham realmente impressões parecidas sobre o que está fazendo. Caberá ao líder avaliar o que resultar das observações. As respostas indicam pouca consistência? Nesse caso, a equipe não está agindo com coerência.

- **Sondar as dinâmicas do grupo** O líder deve observar de que maneira a equipe interage nas primeiras reuniões. É possível detectar já aí qualquer tipo de aliança interna? Determinadas atitudes? Papéis de liderança? Quem se reporta a quem em determinadas questões? Quando alguém fala, há entre os outros manifestações faciais ou outro tipo de expressão de desacordo ou frustração com o que está sendo dito? O líder deve prestar atenção a esses sinais a fim de testar seus primeiros *insights* e identificar a existência de grupos internos e de atritos na equipe.

Reestruturando a Equipe

A essa altura, a análise das qualificações individuais dos integrantes da equipe já deve ter sido suficiente para habilitar o líder a encontrar a melhor maneira de situar cada um deles. Fazendo uso dessas constatações, cabe então ao líder incluir todos os funcionários em uma das seguintes categorias:

- **Manter na função atual** A pessoa desempenha satisfatoriamente sua atual função.

- **Manter e desenvolver** O indivíduo precisa aperfeiçoar suas capacidades, sempre que houver tempo para tanto.

- **Transferir para outra função** A pessoa tem qualidades, mas não está na função em que elas teriam melhor proveito para a empresa.

- **Observar por algum tempo** O indivíduo precisa ser observado e também tem necessidade de um plano de desenvolvimento pessoal.

- **Substituir (baixa prioridade)** A pessoa deve ser substituída, mas não se trata de caso de urgência.

- **Substituir (alta prioridade)** A pessoa deve ser substituída logo que possível.

Alternativas à Dispensa Imediata

O novo líder poderá sentir-se inclinado a dispensar de pronto aquelas pessoas que qualificar como obstáculos aos seus planos. O melhor, no entanto, é que ele gaste algum tempo com o estudo das alternativas. Dispensar um funcionário pode ser uma questão complicada e uma grande perda de tempo. Mesmo nos casos em que os motivos para a dispensa são evidentes, o processo de demissão pode consumir meses, ou mais. Quando não houver registros concretos do mau desempenho causador da dispensa, a documentação desses fatos certamente levará um bom tempo.

Mesmo assim, o novo líder sempre tem algumas alternativas à disposição. Muitas vezes, o próprio colaborador trata de apressar sua saída da função/empresa ao perceber, por parte do novo líder, sinais claros de que não terá futuro na nova situação. O líder tem também a possibilidade de interagir com o departamento de recursos humanos a fim de transferir a pessoa por ele visada para uma função mais compatível com as aptidões demonstradas.

- **Movimentação lateral** É a transferência do colaborador para uma função, na própria equipe, adequada às suas possibilidades. Esta certamente não será a solução definitiva para funcionários realmente problemáticos, mas pode ajudar o líder, no curto prazo, a manter a organização em funcionamento enquanto trata de encontrar as pessoas realmente certas para cada uma das posições em aberto.

- **Transferir para outra área na organização** Aqui o novo líder deve interagir com o RH para ajudar uma determinada pessoa a encontrar seu espaço em outro lugar da organização. Quando bem encaminhada, essa transferência acaba beneficiando o novo líder, o indivíduo em questão e o conjunto da organização. Não se trata, no entanto, de solução a que se deva recorrer sem que se tenha a convicção de que a pessoa visada terá um bom desempenho na nova situação. O novo líder que por acaso optar simplesmente por transferir um funcionário-problema para os ombros de outro gerente acabará prejudicando sua própria reputação.

Desenvolver Substituições

Para manter a equipe em atividade durante a etapa de busca da melhor configuração possível de longo prazo, às vezes torna-se necessário conservar no emprego um colaborador já considerado inadequado enquanto se procura o substituto ideal. Tão logo se convença de que determinado colaborador não servirá aos seus propósitos, o novo líder deve começar discretamente a procurar um substituto. Isso se faz por meio da avaliação de outras pessoas na própria equipe ou em outros setores da organização que tenham potencial para novas missões. Utilizam-se normalmente as reuniões de avaliação de nível e relatórios periódicos como forma de analisar eventuais talentos à espera de aproveitamento. E também se recorre ao RH com o objetivo de procurar os colaboradores com as qualificações desejáveis para a função disponível.

Tratar as Pessoas com Respeito

Ao longo de cada uma das etapas do processo de reestruturação da equipe, o líder deve esforçar-se ao máximo para tratar *a todos* com o maior respeito. Mesmo se for unanimidade entre os integrantes da unidade que determinada pessoa precisa ser substituída, a reputação do líder será arranhada se as ações que empreender com esse propósito forem vistas como injustas. Por isso, ele deve fazer todo o possível para demonstrar às pessoas o cuidado com que está avaliando as qualificações dos integrantes da equipe e a adequação entre funções e indivíduos. Os assessores imediatos do líder formarão uma impressão permanente a respeito dele a partir da maneira com que desenvolver essa parte de suas funções.

Alinhando Metas, Incentivos e Mensurações

Contar com as pessoas certas na equipe é essencial, mas não o bastante. Para concretizar suas prioridades máximas e assegurar os ganhos iniciais, o líder precisará definir adequadamente qual a melhor contribuição que cada integrante da equipe poderá dar em tal sentido. Trata-se de um processo que exige a fragmentação das metas maiores em suas partes componentes e trabalhar com a equipe na atribuição da responsabilidade para com cada um desses elementos a um determinado integrante do grupo. Depois disso é preciso formalizar o comprometimento de cada um desses integrantes com as metas estabelecidas. De que maneira o líder induz esse comprometimento? A resposta mais curta é: por meio de incentivos eficazes e também de critérios transparentes da mensuração do desempenho.

Definir Sistemas de Incentivo

Uma combinação de instrumentos de "empurrar" e "puxar" é a melhor forma de motivar uma equipe e modelar seu comportamento (ver a Figura 7-2). Os *instrumentos de empurrar*, como planos de gratificação, sistemas de mensuração de desempenho, orçamentos anuais e assemelhados, motivam as pessoas por meio da autoridade, da lealdade, do temor e da expectativa da recompensa por trabalho produtivo. Os *instrumentos de puxar*, tais como uma visão atrativa, inspiram as pessoas ao acenar com uma imagem positiva e entusiasmante do futuro.

Vai depender do líder a escolha da combinação de instrumentos, a partir da avaliação que ele fizer a respeito do que realmente motiva os integrantes da equipe. Os funcionários mais ativos e participantes provavelmente reagirão melhor aos incentivos de aspiração. Já as pessoas mais metódicas e menos propensas a riscos se inclinarão pelos instrumentos de incentivo.

FIGURA 7-2

Usando instrumentos de "empurrar" e "puxar" para motivar a equipe

Instrumentos de empurrar
- Incentivos
- Sistema de relatórios
- Processos de planejamento
- Procedimentos
- Declaração de missão

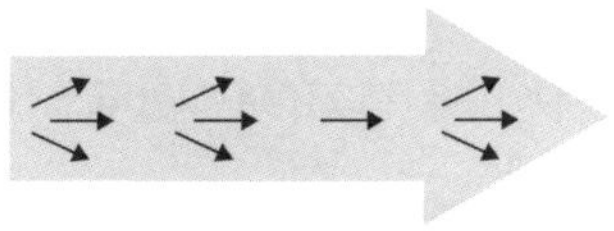

Instrumentos de puxar
- Visão compartilhada
- Trabalho de equipe

Qual a melhor maneira de combinar esses dois tipos de incentivos? São várias as opções à disposição do líder. É fundamental, no entanto, que ele se questione sobre como pretenderá recompensar a equipe pela consecução de objetivos. Qual combinação de recompensas *monetárias* e *não monetárias* pretende utilizar?

Igualmente importante é decidir se as recompensas serão determinadas pelo o desempenho *individual* ou *coletivo*. A necessidade maior é de uma *equipe* de alto desempenho, ou basta contar com um *grupo* de alto desempenho? Essa distinção é muito importante. Quando os colaboradores imediatos do líder trabalham de maneira independente, e o sucesso do grupo depende principalmente de ações individuais, não é preciso promover o trabalho em equipe, sendo, pois, preferível pensar em um sistema de incentivos individuais. Quando o sucesso, pelo contrário, depende sobretudo da cooperação entre os assessores imediatos e da integração de suas capacidades, o trabalho verdadeiramente de equipe é essencial, sendo, portanto, mais do que aconselhável promover metas e incentivos de grupo a fim de conquistar o necessário alinhamento.

Normalmente, o líder gosta de criar incentivos tanto para a excelência individual (quando os assessores imediatos concretizam tarefas independentes) quanto para a excelência da equipe (quando eles desempenham tarefas interdependentes). A combinação adequada de recompensas individuais e grupais depende da importância relativa da atividade independente e interdependente para o sucesso geral da unidade. (Ver "A Equação dos Incentivos".)

Projetar sistemas de incentivos é um desafio, mas os riscos de incentivos inadequadamente alinhados são igualmente grandes. É preciso fazer com que os colaboradores imediatos funcionem como verdadeiros agentes do líder, quer sejam individuais ou coletivas as responsabilidades de cada um deles. O líder certamente não se inclina a proporcionar incentivos para a concretização de metas individuais quando a necessidade maior é do trabalho coletivo, ou vice-versa.

A equação dos incentivos

A *equação dos incentivos* define a combinação de incentivos a ser usada para motivar o desempenho pretendido. A seguir, suas fórmulas básicas.

A. Recompensa total = recompensa não monetária + recompensa monetária

O montante relativo tanto da recompensa não monetária quanto da monetária depende (1) da disponibilidade de recompensas não monetárias, como promoção e reconhecimento, e (2) da importância a elas atribuída pelas pessoas integrantes do processo.

B.   Recompensa monetária = compensação fixa
+ compensação com base no desempenho

O montante relativo tanto da compensação fixa quanto daquela com base no desempenho depende (1) da extensão da visibilidade e da possibilidade de mensuração das contribuições dos funcionários, e (2) do intervalo entre o desempenho e os resultados. Quanto mais reduzidas a visibilidade e a possibilidade de mensurar das contribuições e maior o intervalo, tanto mais é preciso recorrer à compensação fixa.

C. Compensação baseada no desempenho = compensação baseada no desempenho individual + compensação baseada no desempenho do grupo

O montante relativo das compensações com base em desempenho individual ou coletivo depende da extensão da interdependência das contribuições. Quando o desempenho qualificado procede da soma de esforços independentes, o desempenho individual deve ser recompensado (por exemplo, em uma equipe de vendas). Quando o fator crítico é a cooperação e interação grupal, incentivos grupais devem ter maior peso (por exemplo, em uma equipe de desenvolvimento de novos produtos). Observe-se que é possível haver diversos níveis de incentivos com base no trabalho do grupo – equipe, unidade e a empresa como um todo.

Definir Métricas de Desempenho

Estabelecer – e fazer cumprir – métricas de desempenho claras e explícitas é a melhor maneira de induzir a confiabilidade. Isso significa determinar mensurações de desempenho que possibilitem ao líder saber sem qualquer possibilidade de erro se um integrante da equipe atingiu suas metas individuais.

A boa norma manda evitar metas definidas genericamente, tais como "melhorar as vendas" ou "reduzir o tempo de desenvolvimento de novos produtos". Pelo contrário, é indispensável definir metas em termos quantificáveis. Por exemplo, "aumentar as vendas do produto x em 15 a 30% ao longo do quarto trimestre deste ano", ou "reduzir o tempo de desenvolvimento do produto da linha y de 12 meses para seis meses nos próximos dois anos".

Estabelecendo os Processos da Nova Equipe

Uma vez estabelecida a equipe e definidos seus objetivos e incentivos, o passo seguinte é pensar sobre a maneira de fazer com que tudo funcione. Isto é, quais serão os processos que moldarão o trabalho coletivo da equipe? As equipes têm as mais variadas maneiras de conduzir reuniões, tomar decisões, resolver conflitos e dividir responsabilidades e tarefas. O novo líder invariavelmente se dispõe a introduzir novas maneiras de proceder. Para conseguir seu objetivo, é indispensável que não se jogue a essa missão de maneira precipitada. Em primeiro lugar, ele deve obter o máximo de informações sobre como funcionava a equipe antes de sua chegada, e se esses processos eram, ou não, efetivos. Com esse conhecimento, poderá preservar aquilo que dava resultados e mudar tudo o que estava errado.

Avaliar os Processos Vigentes

Qual a maneira mais indicada de assumir rapidamente o controle dos processos que a equipe existente conduz? É, certamente, necessário conversar com os integrantes da equipe e com o pessoal de apoio, com seu novo superior hierárquico e, quando possível, com o antecessor no comando da equipe. Assim, o novo líder poderá obter junto a todos eles informações sobre suas funções e detalhes a respeito dos processos mais importantes. É igualmente aconselhável ler as atas das reuniões e os relatórios das equipes. Em resumo, o novo líder deve buscar respostas para as seguintes perguntas:

- **Papéis dos participantes** Quem exercia a maior influência sobre o antecessor na liderança da equipe? Quem era o "advogado do diabo"? Quem era o inovador? Quem procurava sempre fugir das incertezas? Quem era o integrante ouvido com maior atenção pelos demais membros da equipe? Quem era o conciliador? E o agitador?

- **Reuniões da equipe** Qual era a frequência das reuniões? Quem participava? Quem determinava as pautas?

- **Tomada de decisões** Quem tomava quais tipos de decisões? Quem era sempre consultado a respeito das decisões? Quem era a primeira pessoa informada sobre as decisões adotadas?

- **Estilo de liderança** Qual era o estilo de liderança do antecessor na função? Isto é, como gostava de aprender, comunicar, motivar e controlar decisões? Como comparar o estilo de liderança do antecessor com o do sucessor? Sendo as diferenças entre ambos por demais acentuadas, como proceder para administrar o impacto que isso terá inevitavelmente sobre a equipe?

Identificar Processos para a Mudança

Uma vez identificada a maneira de agir da equipe no passado – e também o que dava resultados e o que não funcionava –, é chegada a hora de fazer uso desse aprendizado e de estabelecer os novos processos considerados indispensáveis. Muitos líderes, por exemplo, decidem que os processos de reunião e tomada de decisões da equipe ganharão bastante com uma revisão. Nestes casos, o aconselhável é começar com uma exposição ampla e compreensível de quais são as mudanças visadas. Qual será a frequência das reuniões? Quem participará de quais reuniões? Como serão as pautas estabelecidas e antecipadamente divulgadas? O estabelecimento de processos claros e efetivos ajudará a equipe a aglutinar-se e garantir alguns ganhos iniciais como grupo.

Mudar os Participantes

Um problema muito comum dos processos de equipe – e igualmente uma grande oportunidade de mostrar que mudanças estão em curso – é o relacionado com quem participa de reuniões centrais da equipe. Em algumas organizações, reuniões importantes costumam ser por demais abrangentes, com excesso de participantes em discussões e tomada de decisões. Nesses casos, o mais indicado é agir rapidamente para reduzir o grupo central e organizar melhor as reuniões, enviando uma mensagem muito clara de que o objetivo é valorizar a eficiência e o foco. Há organizações em que, pelo contrário, as reuniões importantes são excludentes, o que deixa sistematicamente à margem desse processo pessoas com opiniões e informação potencialmente importantes. Para mudar tal quadro, o novo líder precisa expandir criteriosamente a participação, em uma clara mensagem de que não haverá favoritismos nem exclusão de opiniões dos interessados.

Gerenciar o Processo Decisório

O processo decisório é outra área fértil em termos de potencial de melhorias. São poucos os líderes de equipes que conseguem fazer um bom trabalho com a gestão do processo decisório. Isso se deve em parte ao fato de que decisões diferentes requerem processos decisórios diferenciados; já a maioria dos líderes de equipe se aferra à abordagem única. Isso ocorre porque preferem manter o estilo com o qual se identificam e por acreditarem que precisam ser coerentes em suas ações, sob pena de instilar a incerteza entre seus assessores imediatos.

Uma pesquisa que realizei em colaboração com Amy Edmondson e Mike Roberto indica que isso não passa de teimosia.[1] O importante é contar com uma estrutura para entender e comunicar o motivo pelo qual decisões diferentes serão abordadas de maneiras diferenciadas.

FIGURA 7-3

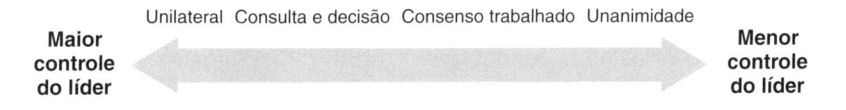

Âmbito do processo decisório em grupo

	Unilateral	Consulta e decisão	Consenso trabalhado	Unanimidade	
Maior controle do líder	←――――――――――――――――――――――――→				Menor controle do líder

---

[1] Nosso trabalho concentrou-se na melhor maneira de fazer com que líderes de equipes existentes venham a gerenciar mais efetivamente a tomada de decisões. Os primeiros resultados dessa colaboração estão presentes em A. Edmondson, M. Roberto e M. Watkins, "A Dynamic Model of Top Management Team Effectiveness: Managing Unstructured Task Streams", *Leadership Quarterly* 14, nº 3 (primavera de 2003).

As equipes têm muitas formas de tomar decisões. Como ilustrado na Figura 7-3, as abordagens se incluem em um espectro que vai da decisão unilateral ao processo de decisão por unanimidade. Na decisão unilateral, o líder simplesmente resolve tudo sem consultar ninguém ou, no máximo, depois de realizar consultas limitadas com assessores diretos. Os riscos decorrentes dessa abordagem são óbvios: o responsável deixa de contar com informações e *insights* críticos e por isso pode chegar a uma implementação sem o pleno apoio dos envolvidos no processo.

No outro extremo, processos que exigem consenso unânime de um número considerável de pessoas tendem a sofrer da chamada *decisão difusa*. Eles vão e voltam, e não chegam a uma conclusão aceitável. Ou, quando alguma decisão chega a ser adotada, é quase que certamente o resultado de um compromisso de mínimo denominador comum. Em qualquer desses casos, oportunidades e riscos fundamentais deixam de ser adequadamente considerados.

Entre esses dois extremos ficam os processos decisórios utilizados pela maioria dos líderes: *consulta e decisão* e *consenso trabalhado*. Quando o líder pede informação e aconselhamento dos assessores imediatos – individualmente ou como grupo, ou em ambas as formas – mas se reserva o direito de adotar a decisão final, está usando a abordagem de consulta e decisão. Na prática, ele separa os processos de "coleta e análise de informação" daqueles de "avaliar e chegar à conclusão", blindando o grupo em relação a uma das abordagens, mas não à outra.

No processo de consenso trabalhado, o líder tanto busca informação e análise quanto procura o convencimento do grupo em relação a qualquer decisão. O objetivo não é atingir um consenso pleno, mas um consenso suficiente. Isso significa que uma massa crítica do grupo acredita que a decisão seja a mais correta e, criticamente, que os demais concordem em aceitar e dar suporte à implementação da decisão.

Quando e como optar por um processo e deixar o outro de lado? A resposta mais enfática é um categórico *não* ao argumento de "se eu estiver pressionado pelos prazos, usarei de consulta e decisão". Por quê? Porque embora possa ser verdade que se alcance uma *decisão* mais rapidamente pela via da consulta e decisão, ela não levará necessariamente com maior rapidez ao *resultado pretendido*. Na verdade, o que se consegue com isso é gastar tempo demais tentando vender a decisão depois do fato, ou descobrindo que as pessoas não a estão implementando com a energia necessária, surgindo daí o imperativo de passar a pressioná-las em tal sentido. Os que sofrem do imperativo de agir são os que mais se arriscam a enfrentar essa situação; eles estão sempre querendo "atingir a conclusão" simplesmente pela tomada da decisão, e acabam às vezes com isso desorganizando suas metas finais ao longo do processo.

As diretrizes a seguir apresentadas podem ser úteis para uma análise de qual o melhor processo decisório a ser aplicado:

- Em casos de decisões que tendem a causar divergências – por seu potencial de gerar ganhadores e perdedores –, a melhor opção é usar o processo de consulta e decisão e enfrentar as consequências. Um processo de consenso trabalhado, nesses casos, só servirá para não levar a um bom resultado e colocar todos contra todos ao longo das discussões. Em outras palavras, decisões de grupo quanto ao compartilhamento de prejuízos e outros danos sempre são tomadas mais adequadamente pelo líder.

- Quando uma decisão requer, para ser implementada, o apoio energizado de pessoas cujo desempenho não se tem condições de observar e controlar adequadamente, a melhor opção é usar o processo de consenso trabalhado. O líder poderia chegar mais rapidamente a uma decisão usando o processo de consulta e decisão, mas certamente não obteria o resultado pretendido.

- Sempre que se gerencia um grupo de pessoas relativamente inexperientes, o ideal é recorrer ao processo de consulta e decisão até que se tenha conseguido avaliar as condições da equipe e desenvolver suas capacidades. Se, pelo contrário, o líder optar por uma abordagem de consenso trabalhado com o grupo inexperiente, haverá o risco de frustrações que levarão necessariamente à imposição de decisões, algo que pode minar o trabalho da equipe.

- A pessoa encarregada de liderar um grupo sobre o qual precisará estabelecer sua autoridade (por exemplo, na supervisão de antigos colegas do mesmo nível) provavelmente terá melhores resultados recorrendo ao processo de consulta e decisão para a tomada de algumas medidas mais imediatas. Esse líder poderá passar a confiar mais na possibilidade de criar consenso quando os liderados conseguirem nele identificar a firmeza e a visão indispensáveis à adoção de decisões firmes.

A abordagem do processo decisório também deverá experimentar variações conforme as situações ST_ARS enfrentadas. Projetos iniciais e mudanças completas são situações nas quais o processo de consulta e decisão normalmente dá bons resultados. Os problemas tendem a ser de natureza técnica (mercados, produtos, tecnologias) em vez de políticos e culturais. Além disso, as pessoas podem estar carentes de uma liderança "forte", algo comumente associado ao estilo de consulta e decisão. Para serem eficientes em situações de realinhamento e sucesso continuado, porém, os líderes precisam lidar com equipes fortes intactas e enfrentar questões culturais e políticas. Essas questões são em geral enfrentadas mais adequadamente pela abordagem do consenso trabalhado.

Para alterar a abordagem do processo decisório de acordo com a natureza da decisão a ser tomada, será preciso às vezes conter inclinações naturais. O líder normalmente tenderá ao processo de consulta e decisão ou ao consenso trabalhado. Preferências, porém, não constituem destinos. Sendo o líder pessoa do estilo de consulta e decisão, precisa pensar em testar o consenso (suficientemente) trabalhado em situações adaptáveis a isso. Sendo pessoa de consenso trabalhado, precisará sentir-se capaz de adotar uma abordagem de consulta e decisão sempre que esta se mostrar apropriada.

A fim de evitar confusões, o líder tem de explicar aos colaboradores imediatos quais processos irá utilizar, e por quê. Mais importante ainda é que dirija um *processo justo*.[2] Mesmo quando as pessoas não concordam com a decisão final, tendem a apoiá-la quando sentem 1) que suas opiniões e interesses foram seriamente levados em consideração, e 2) que o líder apresentou-lhes uma explicação plausível do motivo de sua decisão. O corolário é: não se engajar em qualquer charada de construção de consenso – um esforço para trabalhar consenso sobre uma decisão que já foi adotada. Isso raramente consegue enganar qualquer pessoa com um mínimo de conhecimento da questão, cria desconfiança e acaba prejudicando a implementação. Melhor, pois, é que o líder lance mão do processo de consulta e decisão.

Cabe lembrar que sempre será possível passar da modalidade de consenso trabalhado para a de consulta e decisão à medida que o líder acumular um conhecimento mais aprofundado dos interesses e das posições dos participantes da situação. Pode fazer sentido, por exemplo, começar com a modalidade de consenso trabalhado e reservar o direito de mudar para consulta e decisão sempre que o processo se mostrar divisivo. E igualmente pode fazer sentido começar com consulta e decisão e depois voltar-se para o consenso trabalhado quando se tornar patente a necessidade de uma implementação participativa, e que o consenso é possível.

---

[2] Para uma discussão da importância da percepção da eqüidade no processo, ver W. Chan Kim e Renée A. Mauborgne, "Fair Process: Managing in the Knowledge Economy", *Harvard Business Review*, julho-agosto de 1997.

Acelerando a Equipe

O líder saberá que foi bem-sucedido na formação de sua equipe ao atingir o ponto de equilíbrio – quando a energia criada pela equipe for maior do que a energia necessária para colocá-la em marcha. Sempre haverá uma demora até que isso aconteça; será preciso carregar a bateria antes de se conseguir dar partida ao motor.

CONTROLE DA ACELERAÇÃO

1. Quais são seus critérios para avaliar o desempenho dos integrantes de sua equipe? De que forma os remanescentes da equipe anterior se encaixam nesses critérios?

2. Que mudanças pessoais é preciso concretizar? Quais são urgentes e quais podem esperar? Como o líder pode criar apoios e opções?

3. Quais processos serão postos em prática para concretizar as prioridades? O que poderá ser feito para preservar a dignidade das pessoas afetadas?

4. De que tipo de ajuda o líder precisará no processo de reestruturação, e onde poderá encontrá-la?

5. Será preciso modificar os incentivos e mensurações de desempenho existentes? Existem incentivos para que as pessoas cooperem e participem produtivamente das atividades?

6. De que maneira você pretende que a nova equipe passe a funcionar? Quais as funções de cada um dos integrantes? Em sua opinião, a equipe central precisa ser reduzida ou expandida?

7. Como pretende administrar o processo decisório? Sua abordagem preferida será a da consulta e decisão ou a do consenso trabalhado?

8. Criar Coalizões

Depois de atuar durante cinco anos como gerente nacional em uma empresa de equipamentos médicos, Jack Daley foi promovido à direção de marketing global de linha de produtos na divisão de acessórios ortopédicos. As divisões desenvolviam novos produtos e tratavam de "vendê-los" internamente aos vários grupos que operavam com marketing e vendas nos países em que a companhia tinha filiais.

Com o passar dos anos, Jack se acostumou a fazer uso da autoridade inerente ao seu cargo para dar forma aos seus projetos. Diretores nacionais, na condição de responsáveis por L&P (lucros & perdas), decidiam os produtos que seus representantes de vendas deveriam promover preferencialmente a fim de atingir as metas. Muitas vezes comparados a senhores feudais, os diretores nacionais detinham considerável controle sobre suas próprias atividades e ostentavam um *status* privilegiado nas comunidades empresariais dos respectivos países. Previsivelmente, tendiam à arrogância e, com isso, a fazer pouco caso daqueles que ousassem pretender conhecer maneiras melhores de vender em mercados nacionais.

De repente, porém, Jack se viu no outro lado do balcão: para ser bem-sucedido, em primeiro lugar ele precisaria convencer seus antigos pares. Depois de algumas desastrosas reuniões preliminares nas quais buscou concretizar uma venda difícil, Jack foi tratando de mudar sua abordagem. Identificou alguns países que representavam mercados potencialmente promissores para o seu produto e programou reuniões com respectivos diretores nacionais. Enfatizou os benefícios de seu produto e prometeu financiar os custos do treinamento dos representantes de vendas com respeito às características inovadoras. Depois disso, ficou só ouvindo. Vários diretores nacionais aceitaram a modalidade. O produto em seguida passou a ter ampla aceitação em outros países – até mesmo em alguns daqueles que haviam rejeitado a abordagem inicial de Jack.

Ao constatar que seu estilo original não se adequava à nova função, Jack Daley se convenceu de que teria de exercer influência sem autoritarismo. Quando o sucesso de um líder depende do apoio de pessoas que não estão sob o seu comando direto, é imperativo para ele *criar coalizões* que possibilitem o andamento dos projetos. A autoridade direta jamais é o suficiente para ganhar o dia. Redes de influências – laços informais entre colegas – conseguem ajudar o líder a consolidar apoio às suas ideias e objetivos. Depende, porém, do próprio líder a iniciativa de criar coalizões capazes de ajudá-lo a concretizar suas agendas. Para tanto, ele precisará de uma estratégia de influência. Isso significa saber a quem influenciar, partindo da estimativa inicial de quem apoiará e quem resistirá a cada iniciativa importante, e saber atrair os "votos dos indecisos". Propostas para essa tarefa, a começar pelo processo de avaliação, devem fazer parte integral do plano geral de 90 dias de todos os novos líderes.

Mapeando o Panorama da Influência

Um erro comum a muitos novos líderes consiste em dedicar tempo demais durante o período de transição à dimensão vertical da influência – para cima, os diretores, para baixo, os colaboradores imediatos – e tempo de menos à dimensão horizontal, especialmente os pares e o público externo. Trata-se de um erro compreensível: a pessoa normalmente gravita na direção daquelas a quem presta contas e daqueles que a ela prestam contas, pois são os canais primários pelos quais o líder construirá qualquer impacto e poderá se impor na organização.

Cedo ou tarde (provavelmente mais cedo), porém, o líder dependerá do apoio de pessoas sobre as quais não tem autoridade direta, seja no âmbito da empresa ou externamente. O mais comum é que, a essa altura, tenha pouco ou nenhum crédito junto a essas pessoas – nenhum apoio e compromissos preexistentes nos quais se basear. Portanto, precisará investir imaginação e energia na construção de uma nova base. O melhor é começar a fazer isso de imediato. Não é jamais a melhor ideia do mundo buscar aproximação com qualquer pessoa somente quando se precisa de algo que só aquela pessoa pode concretizar; ninguém gostaria, por exemplo, de se apresentar a novos vizinhos no meio da noite, em busca de ajuda porque sua casa pegou fogo. O líder precisa disciplinar-se de maneira a investir na acumulação de capital de relacionamento com pessoas com as quais poderá precisar trabalhar mais adiante.

Por isso, o líder deve pensar cuidadosamente sobre como alocou seu tempo à construção de relacionamentos até o momento da transição. Existem pessoas com as quais sequer trocou até então um bom dia, apesar de o apoio delas poder vir a se tornar crucial para o sucesso de uma eventual iniciativa futura?

Identificando os Personagens Principais

De que forma o líder consegue imaginar quem virá a ter importância para o seu sucesso? Até certo ponto, isso se tornará óbvio à medida que for conhecendo a organização em maior profundidade. Esse processo, no entanto, pode ser acelerado. Para isso, o líder deve começar por *identificar as interfaces principais* entre a sua unidade ou grupo e outras. Clientes e fornecedores, tanto do ramo empresarial como não integrantes deles, são os primeiros pontos nos quais é indispensável concentrar-se para a construção de relacionamentos.

Outra estratégia é a que diz respeito a *incentivar o chefe a se ligar ao líder*. Para tanto, o novo líder precisa conseguir uma relação mínima de 10 pessoas-chave não integrantes de seu grupo com as quais seu chefe entenda que ele deve ter relações de trabalho. A partir de então, é chegada a hora de marcar reuniões com essas pessoas. No espírito da regra de ouro das transições, o líder deve pensar proativamente em fazer a mesma coisa com relação aos seus colaboradores imediatos. Isso significa elaborar listas de relacionamentos prioritários para esses assessores e ajudá-los a estabelecer tais contatos.

Uma abordagem igualmente produtiva é a de *diagnosticar a existência de redes informais de influência*, ou aquilo que tem sido chamado de "a organização informal" e de "a empresa por trás do organograma hierárquico".[1] Todas as organizações têm essas redes, e elas são importantes tanto para fazer com que as mudanças aconteçam quanto para bloquear as mudanças. As redes existem porque as pessoas tendem a acatar opiniões de outras que respeitam em um determinado elenco de questões.

Como primeiro passo para a construção de coalizões, o novo líder precisa analisar os padrões de acatamento/respeito e as fontes de autoridade das quais

---

[1] Ver D. Krackhardt e J. R. Hanson, "Informal Networks: The Company Behind the Chart", *Harvard Business Review*, julho-agosto de 1993.

emanam. De que maneira? Observando com o maior cuidado as reuniões e outras interações a fim de identificar quem se submete à opinião de quem em que determinada questão importante. Depois disso, é preciso identificar coalizões existentes. Observar a quem as pessoas se dirigem em busca de conselhos e opiniões, e quem tende a compartilhar informações e notícias, e de que tipo. Verificar quem direciona os recursos, quem tem a reputação justificada de assumir responsabilidade por problemas a fim de ajudar amigos, e quem deve favores a quem.

O novo líder precisa, ao mesmo tempo, identificar as fontes do poder que dão a determinadas pessoas influência na organização. As fontes mais usuais de poder na maioria das organizações são:

- Capacitação
- Acesso à informação
- *Status*
- Controle de recursos – p. ex., orçamentos e gratificações
- Lealdade pessoal

O líder pode usar algumas das técnicas apresentadas no Capítulo 2, sobre aprendizagem acelerada, a fim de dotar-se de *insight* nessas dinâmicas políticas. Por exemplo, conversar com antigos funcionários e com pessoas que mantiveram relações comerciais com a empresa no passado; procurar os relatos dos historiadores naturais.

Em algum momento o líder terá condições de escolher os *formadores de opinião*: pessoas que exercem influência desproporcional mediante autoridade formal, capacitação especial, ou pela pura força de sua personalidade. Se conseguir convencer esses protagonistas da escala hierárquica de que suas prioridades e outros objetivos contam com o devido mérito, o líder poderá contar com o surgimento de uma ampla aceitação de suas ideias. Dentro do mesmo raciocínio, se encontrar resistência entre eles, fatalmente se galvanizará uma ampla oposição.

O novo líder por fim reconhecerá as *coalizões de poder*: grupos de pessoas que explícita ou implicitamente cooperam para atingir determinados objetivos ou para garantir certos privilégios. Quando essas coalizões apoiam a linha de ação do novo líder, ele está em posição privilegiada. Mas, quando decidem se opor a ela, não lhe resta outra opção a não ser tentar romper essas coalizões e construir novas, sob sua direta influência.

FIGURA 8-1

Um mapa das influências

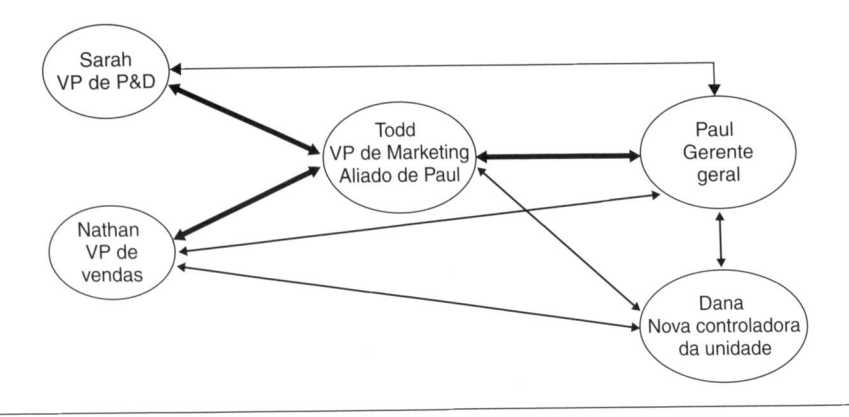

```
         Sarah
       VP de P&D
                          Todd
                       VP de Marketing        Paul
                       Aliado de Paul        Gerente
                                              geral
    Nathan
     VP de
    vendas
                                              Dana
                                        Nova controladora
                                           da unidade
```

Traçar um Mapa de Influências

Resumir tudo aquilo que se aprende sobre padrões de influência mediante o traçado de um *mapa de influências* como o ilustrado na Figura 8-1 é algo no mínimo instrutivo acerca das particularidades da organização. Esse mapa detalha tanto o fluxo quanto a extensão das influências entre os integrantes de uma hipotética unidade de negócios. Paul é o gerente geral da unidade. Todd é o vice-presidente de marketing e velho aliado de Paul. Nathan e Sarah são, respectivamente, vice-presidentes de vendas e P&D. Dana, a nova controladora da unidade, criou este mapa de influências como ferramenta para verificar a melhor forma de desenvolver alguns projetos cruciais.

A direção de uma determinada seta indica quem exerce influência sobre quem. O alcance da seta indica a força relativa da influência de um indivíduo sobre outro(s). Verifique-se que a influência pode fluir de ambas as direções, dependendo da questão em jogo. Por exemplo, Paul pode influenciar Todd a fim de determinar algumas metas orçamentárias para o marketing. Todd, por sua vez, pode persuadir Paul a autorizar a contratação de novos funcionários.

Identificar Apoiadores, Oponentes e Influenciáveis

A finalidade dos mapas de influência é ajudar o líder a identificar apoiadores, oponentes e "influenciáveis" – aqueles cujo apoio é possível atrair mediante a utilização da estratégia adequada de influência.

Apoiadores aprovam a agenda do líder porque ela favorece os seus próprios interesses, porque eles o respeitam ou porque identificam méritos nessas mesmas ideias. A fim de identificar potenciais apoiadores, o líder deve buscar as seguintes características:

- Pessoas que compartilham sua visão de futuro. Se entender necessárias mudanças em profundidade, o líder deve voltar-se para indivíduos que tenham se mostrado partidários das medidas ora promovidas.

- Pessoas que têm trabalhado sem alarde por mudanças em pequena escala, como um engenheiro de fábrica que encontrou uma forma inovadora de reduzir significativamente os desperdícios.

- Pessoas novas na empresa que ainda não estão aculturadas com o modo predominante de agir.

Sejam quais forem as razões dos apoiadores para se alinhar com o novo líder, é melhor que ele não considere esse apoio como líquido e certo para todo o sempre. Nunca é suficiente apenas identificar apoiadores; é preciso consolidar e alimentar incessantemente esse apoio.

Os *oponentes* estarão sempre contra o novo líder, não importa o que ele tente realizar. O motivo para isso pode ser que acreditem que ele está errado. Ou podem nutrir outras razões para a oposição à nova agenda, entre as quais:

- **Conforto com o *status quo*.** Resistem a mudanças que poderiam prejudicar suas posições ou alterar relacionamentos estabelecidos.

- **Medo de parecer incompetente** Temem parecer sentir-se incompetentes se tiverem problemas para se adaptar às mudanças propostas pelo novo líder e continuarem a atuar inadequadamente após a implementação das novidades.

- **Ameaça a valores** Acreditam que o novo líder promove uma cultura que despreza definições tradicionais de valor, ou que recompensa algum modo inapropriado de agir.

- **Ameaça ao poder** Temem que a mudança proposta pelo líder (por exemplo, passar da decisão que é prerrogativa do líder de equipe para o processo de adotar decisões pelo consenso da equipe) venha a privá-los de alguma parcela do poder que exercem.

- **Consequências negativas para aliados-chave** Temem que a agenda promovida pelo novo líder tenha consequências negativas para outros com os quais se identificam e por quem se sentem responsáveis.

Ao encontrar alguma forma de resistência, cabe ao novo líder procurar decifrar as razões que estão por trás dela, antes de rotular alguém como um inimigo implacável. O entendimento dos motivos dos resistentes dará ao líder as condições para se contrapor aos argumentos brandidos pelos adversários. Dessa forma, ele se sentirá capacitado a converter alguns dos resistentes de primeira hora. Por exemplo, ajudar as pessoas a desenvolver novas habilidades é uma maneira de desarmar os temores de que venham a ser incompetentes para participar da nova era. Ao mesmo tempo, é fundamental não desperdiçar tempo e energia preciosos na tentativa de conquistar inimigos aparentemente irredutíveis.

Por fim, os *influenciáveis* são os indecisos: pessoas que não têm opinião a respeito das mudanças ou são a elas indiferentes, e aqueles que pensam poder ser convencidos pelo novo líder desde que este entenda seus próprios interesses e lhes dê a importância que consideram devida. Uma vez tendo identificado os influenciáveis, o líder precisa preocupar-se com o que pode motivá-los. São inúmeros os fatores motivadores dos indivíduos, como *status*, segurança financeira ou riqueza, garantia no emprego, relações sociais e profissionais positivas com colegas e oportunidades para enfrentar novos e estimulantes desafios. Por isso, o novo líder precisa dedicar parte do seu tempo a entender quais são, no entendimento dos influenciáveis, os seus reais interesses. Para começar, precisa colocar-se no lugar deles: nesse caso, qual seria sua maior preocupação? Havendo a possibilidade de entabular um diálogo direto, deve perguntar-lhes como veem a situação e comprovar que essa opinião é realmente importante para a definição de rumos. Se o líder tiver contatos com outras pessoas em sua organização, deverá usá-los para aprender alguma coisa. Quando não dispuser desses contatos, o líder precisará imaginar uma maneira de passar a cultivá-los.

Ao mesmo tempo, é indispensável ao líder investigar se há forças competitivas capazes de inclinar os influenciáveis a lhe opor resistência. Por exemplo, conseguir abrir os olhos dessas pessoas para o fato de que os interesses deles são compatíveis com os seus certamente os levará a apoiá-lo, mas igualmente é verdade que a percepção de qualquer ameaça de perder um confortável *status quo* desencadeará resistências. Interesses e forças competitivas devem fazer parte do esforço empreendido pelo líder para aprender a respeito das políticas da organização mediante conversas, análises aprofundadas de decisões passadas e observações das interações do grupo.

Usando os Instrumentos da Persuasão

A esta altura, o líder deve estar pronto para elaborar estratégias de persuasão. Quando leciono para grupos de novos líderes sobre o que é a influência nas organizações, quase sempre começo com um experimento muito simples de pensamento. "Todos vocês são profissionais sóbrios e sérios de gestão", digo. "Suponhamos, no entanto, que eu pretendesse levá-los a fazer alguma coisa absurda e embaraçosa, como ficarem todos de pé, pulando em uma perna só, com o dedo polegar enfiado no ouvido e cantando 'rema, rema, rema esta barcaça' com a força máxima dos seus pulmões. Como poderia convencê-los a fazer isso?"

Moldar Percepções e Opções

Duas estratégias de influência emergem comumente como as primeiras opções: suborno e ameaças. Ambas são exemplos de incentivos para tentar convencer os indivíduos a mudar de comportamento/atitude e alteram a maneira pela qual as pessoas percebem suas alternativas quando estão decidindo sobre mudar ou não mudar. Esta é a arte da *moldagem de escolhas*.

Antes que subornos sejam oferecidos ou ameaças explicitadas, os indivíduos do grupo podem perceber suas alternativas – *status quo* e mudança – tais como apresentadas na Figura 8-2. O *status quo* significa permanecer na situação existente, e a mudança acarreta o risco de parecer tolo. Desde que obrigadas a fazer essa escolha, a maioria das pessoas escolheria o *status quo*. Pessoas que enfrentam mudanças na organização muitas vezes percebem suas alternativas da mesma maneira: o que seria melhor, encarar mudanças carregadas de incerteza ou ficar na relativamente segura situação atual?

FIGURA 8-2

Opção entre *status quo* e mudança

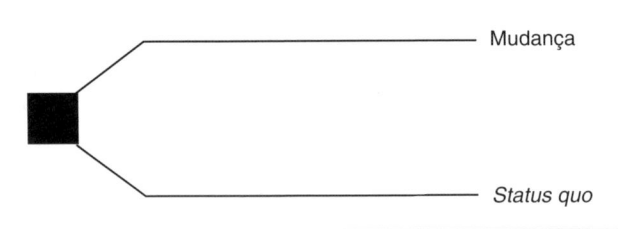

```
                    ———— Mudança
         ■ ⟨
                    ———— Status quo
```

Suponhamos agora que eu ofereça às pessoas dinheiro para fazer o que lhes peço. A opção do *status quo* não muda, mas o atrativo da opção da mudança aumenta. Todos têm um preço a partir do qual se dispõem a tolerar algum pequeno desconforto social, desde que ele implique um resultado suficientemente compensador.

A analogia nas iniciativas de mudança organizacional é: encontrar maneiras de *compensar perdedores potenciais* a fazer mudanças mais palatáveis. Claro que existem limites práticos à capacidade de chegar a tanto; o preço às vezes se torna alto demais. Mas sempre vale a pena questionar se é possível oferecer compensações ou outras formas de recompensa (como apoio para uma iniciativa popular no conjunto da organização) a fim de conquistar esse suporte.

Suponhamos, mais uma vez, que, em vez de oferecer algum tipo de compensação, eu dissesse ao grupo que era melhor todo mundo começar a agir logo como mandei sob pena de entrarem na sala seguranças para quebrar a perna dos desobedientes. E suponhamos que a minha ameaça tivesse credibilidade: as portas estivessem trancadas e os seguranças, visíveis, com cassetete na mão. Essa estratégia de influência também altera as alternativas perceptíveis do grupo. Mas, em vez de deixar os benefícios da aceitação mais atraentes, apenas torna a rejeição mais dolorosa. O custo percebido de parecer tolo continua o mesmo, mas o grupo não tem mais a alternativa de simplesmente ficar sentado de braços cruzados. A analogia com a mudança de gestão organizacional é: descobrir maneiras de *eliminar o* status quo *como alternativa*. Quando se consegue convencer as pessoas de que haverá mudanças, queiram ou não, por exemplo, sua escolha é transformada como se apresenta na Figura 8-3.

FIGURA 8-3

Opção entre participar ou ser excluído da mudança inevitável

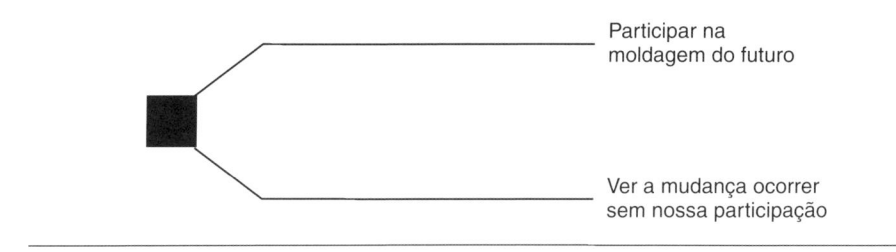

- Participar na moldagem do futuro
- Ver a mudança ocorrer sem nossa participação

Finalmente, um participante da minha demonstração acaba dizendo algo do tipo "essa conversa toda sobre subornos e ameaças é pura bobagem. Por que você não pede logo que a gente faça a mudança para ver o que acontece?". A resposta é que não existe certeza alguma de que as pessoas participem da mudança sem que lhes seja apresentado um argumento ou explicação razoáveis. Por isso, pergunto ao grupo: "Suponhamos que eu fosse simplesmente pedir que vocês fizessem essa palhaçada. De que maneira eu conseguiria aumentar a probabilidade de que vocês aceitassem o pedido? Que argumentos poderia apresentar que fossem capazes de reduzir os custos perceptíveis da ação ou de aumentar os da inação?".

Um argumento convincente seria garantir que, em fazendo o que eu lhes pedia, eles estariam contribuindo materialmente para os objetivos educacionais do programa. Se o grupo tivesse confiança em mim, e me considerasse convincente (em função de minha capacitação e autoridade como seu instrutor), minha exortação poderia colocar seus integrantes em ação. Assim, pode ser útil apresentar argumentação e raciocínio persuasivos e dados para dar-lhes credibilidade. Um argumento convincente em favor da mudança tende a funcionar de maneira semelhante.

Apelos persuasivos podem basear-se em lógica e dados, em valores e nas emoções que trazem à tona, ou em algum tipo de combinação desses dois formatos. Argumentos baseados na razão devem apelar diretamente aos interesses pragmáticos das pessoas que se estiver pretendendo convencer. Argumentos com base em valor visam a desencadear reflexos emocionais – por exemplo, ao evocar o patriotismo para conquistar apoio a sacrifícios indispensáveis em tempos de guerra. Valores clássicos invocados para convencer terceiros a aderir a mudanças potencialmente difíceis estão resumidos na Tabela 8-1.

TABELA 8-1

Apelar a valores básicos

Valores básicos	No cenário dos negócios
Lealdade	• Compromisso com um ideal • Sacrifício para atingir esse ideal
Compromisso e contribuição	• Serviço aos clientes e fornecedores • Criar uma organização, uma sociedade ou um mundo melhor
Valor e dignidade individuais	• Respeito pelo indivíduo manifestado como a eliminação de práticas de exploração ou favoritismo e a promoção de honorabilidade e oportunidade para todos • Proporcionar os meios para que as pessoas consigam concretizar seu potencial
Integridade	• Respeitar a letra e o espírito da lei • Atuação ética e honesta • Imparcialidade em todas as interações

Criar Eventos Incentivadores de Ações

Mas, afinal de contas, como levar as pessoas a agir? É fácil demais, mesmo com a melhor das intenções, protelar ou retardar decisões, e evitar compromissos quando os recursos são escassos. Quando o sucesso depende da ação coordenada de muitas pessoas, qualquer retardamento por conta de um único indivíduo pode ter efeito cascata, proporcionando a outros a desculpa para não fazer o que é devido. O líder precisa, portanto, inviabilizar a opção da inação.

Uma abordagem para isso é a criação de *eventos incentivadores de ações* – situações que induzam as pessoas a assumir compromissos ou a entrar em ação. Os que assumem compromissos devem ser enquadrados em cronogramas dotados de estágios intermediários incrementais para a implementação. Reuniões, sessões de revisão e prazos são fatores que conseguem sustentar o ritmo: reuniões regulares para revisar o andamento do trabalho e para questionar todos os que não cumprirem objetivos preestabelecidos, aumentando assim a pressão psicológica a fim de que todos possam progredir.

Cautela, porém: é indispensável evitar a pressão para que o trabalho seja concluído antes de se ter certeza de que o equilíbrio das forças que agem sobre pessoas-chave esteja servindo aos propósitos do líder. Caso contrário, ele poderá acabar forçando essas pessoas a tomar uma posição e, inadvertidamente, incliná-los para o prato "oponente" da balança. Mais uma vez, aqui o líder precisa confiar nas conversas mantidas com as pessoas participantes e com a sua "rede de inteligência" a fim de obter um sentido exato da situação e das respectivas forças que nela atuam.

Tirar Proveito das Indefinições

Reformular incentivos, maquiar argumentos e estabelecer eventos incentivadores de ações são técnicas de persuasão relativamente estáticas. O líder estabelece a maneira pela qual os liderados percebem suas opções e, a partir daí, organiza um misto de forças de incentivo e compromisso capaz de alterar essas percepções. De repente, o líder consegue o comportamento que pretende dos seus comandados.

O que acontece, no entanto, quando forçar as pessoas do ponto em que se encontram (conformadas/seguras com o *status quo*) para aquele em que o líder pretende situá-las (aderindo entusiasticamente à mudança) se revela impossível de fazer ao mesmo tempo que os demais objetivos, ou caro demais para as disponibilidades do projeto? O que fazer nessa situação?

Uma alternativa seria adotar *estratégias de indefinição* que levam as pessoas do ponto A para o B em uma série de pequenos passos, e não em um salto brusco. Retornando ao exemplo de induzir um grupo a fazer algo que considera vergonhoso, o mais indicado ali seria começar pedindo que todos os integrantes se pusessem de pé. Depois, que se apoiassem em uma perna só, e assim por diante.

Uma abordagem indicada é a de equiparar pequenos compromissos com outros de maior alcance. Ao tentar lançar uma nova iniciativa, o líder deve começar convencendo os integrantes do grupo a participar de uma reunião preliminar de organização; mais adiante, de nova reunião, em que se faz a análise das conclusões daquele primeiro encontro, e assim por diante. A estratégia da indefinição funciona porque cada passo dado cria um novo ponto de referência psicológica para decidir se será ou não viável empreender o pequeno passo seguinte. Cabe ao líder tornar cada um desses passos irreversível, como uma porta que se fecha quando por ela se passa. Convencer as pessoas a assumir compromissos em público, por exemplo, cria barreiras a um eventual recuo, da mesma forma que qualquer compromisso escrito e assinado.

Uma técnica igualmente indicada para superar as resistências à mudança é a da abordagem da solução em múltiplos estágios. Ela tem início quando o líder faz as pessoas tomarem parte em algum tipo de operação de coleta compartilhada de dados, por exemplo, sobre a maneira pela qual a organização atua em relação à concorrência. É preciso supervisionar esse processo com o maior cuidado a fim de garantir que tal comparação seja feita com o máximo de precisão na utilização de comparações externas. O fundamental nesse estágio é convencer os participantes de que há realmente um problema, ou mais, e de que é preciso agir efetivamente para enfrentá-lo(s).

Uma vez essa etapa concluída, é preciso alterar o foco a fim de estabelecer uma definição comum daquilo que realmente é "o problema". Qual a dimensão exata desse problema? Aqui cabe pressionar os integrantes da equipe a se empenhar na análise das causas subjacentes, usando instrumentos de análise de processos sempre que úteis. A partir daí, o que funciona é pedir trabalho conjunto para avaliar as alternativas disponíveis. Qual, e como, seria uma solução boa? Como mensurar seu eventual sucesso?

Por fim, os critérios resultantes devem ser usados para avaliar as alternativas. Qual a comparação possível entre as várias alternativas de abordagem? À altura do estágio de avaliação de alternativas do processo, muitas pessoas estarão aceitando soluções que teriam rejeitado no início.

Outra estratégia de agir pela indefinição consiste em *usar a mudança de comportamento para direcionar a mudança de atitude*. Isso pode parecer até um passo atrás, mas a verdade é que a equação de mudança de comportamento/atitude funciona de ambas as maneiras. É possível alterar as atitudes das pessoas (mediante argumentos convincentes ou visão inspiradora) e assim modificar seu comportamento. Mas a mudança de atitude, e sua parenta próxima em termos organizacionais, que é a mudança cultural, é algo difícil tanto de conseguir quanto de sustentar.

Até por isso, é sumamente interessante o fato de que, quando se consegue mudar o *comportamento* das pessoas da forma desejada, suas *atitudes* acabarão se voltando em apoio ao novo comportamento. Isso ocorre porque as pessoas têm forte necessidade de preservar determinada medida de consistência entre seu comportamento e suas crenças. A implicação disso para a persuasão é clara: na maioria das vezes faz sentido focar primeiramente em induzir as pessoas a agir de maneiras novas, como ocorre com a mudança dos sistemas de mensuração e incentivo, em vez de tentar mudar suas atitudes. Quando o líder consegue conduzi-las a agir da maneira desejada, as novas atitudes passam a ser uma consequência quase que automática.

Sequenciar para Consolidar Impulso

Já vimos que as pessoas observam consistentemente seus pares nas mesmas esferas sociais em busca de pistas a respeito do "pensamento correto", e também que recorrem àquelas com experiência ou *status* em determinados elencos de questões. As redes de influência disso decorrentes podem representar tanto uma barreira intransponível quanto uma valiosa contribuição aos esforços do novo líder – ou ambas.

Voltemos outra vez ao exemplo de pedir a um grupo de pessoas que se empenhe em um comportamento ridículo. Suponhamos que, em reação ao meu pedido, um respeitado integrante desse grupo assim se manifeste: "De maneira alguma eu vou fazer isso. Seria tanto amostra de autodesrespeito quanto de idiotice". É praticamente certo que, dessa forma, ninguém mais no grupo concorde com o meu pedido. Suponhamos, porém, que a mesma pessoa se erguesse de pronto, pegasse mais alguém pelo braço e exclamasse: "Vamos lá! Isso vai ser diversão pura!". As possibilidades seriam no sentido de que todos os integrantes do grupo aderissem. Na verdade, o último a aderir aos movimentos já estaria até sendo pressionado pelos demais: "Como é! O que há com você?".

Suponhamos, mais uma vez, que, tendo feito uma análise do grupo antes do exercício, eu tivesse identificado seu componente mais respeitado. E que, em conversa com essa pessoa antes do exercício, eu conseguisse convencê-la a agir como aliada a fim de conseguir destacar importantes pontos sobre dinâmica de grupo e influência social. É quase certo que essa pessoa aceitaria participar do teste – e que os demais seguiriam o seu comando.

O *insight* fundamental é que o líder pode transformar o conhecimento de redes de influência em influência desproporcional sobre um grupo com aquilo que o meu colega Jim Sebenius batizou de *estratégia de sequenciamento*.[2] A ordem na qual o líder abordar potenciais aliados e influenciáveis terá impacto decisivo sobre seus esforços para a construção de alianças. Por quê? Ocorre que, uma vez tendo conquistado um aliado de peso, o líder passará a encontrar facilidades na atração do apoio de outros parceiros. À medida que for conquistando mais aliados, a sua base de recursos também crescerá. Com uma base mais ampla de

---

[2] David Lax e Jim Sebenius criaram este termo. Ver David Lax e James Sebenius, "Thinking Coalitionally" em *Negotiation Analysis*, ed. H. Peyton Young (Ann Harbor: University of Michigan Press, 1991), e James Sebenius, "Sequencing to Build Coalitions: With Whom Should I Talk First?", em *Wise Choices: Decisions, Games and Negotiations*, ed. Richard J. Zeckhauser, Ralph L. Keeney e James K. Sebenius (Boston: Harvard Business School Press, 1996).

apoios, aumentam as perspectivas de sucesso dos planos do novo líder. Esse otimismo, por sua vez, torna mais fácil atrair um número cada vez maior de partidários.

Ao abordar logo de início as pessoas certas, o novo líder estará colocando em giro um *ciclo virtuoso* (Figura 8-4). Por isso, é indispensável que decida com o máximo cuidado de quem tentará se aproximar, e a maneira pela qual o fará.

De quem o novo líder deve procurar aproximar-se de imediato? De preferência:

- Pessoas com as quais já tenha estabelecido relações de colaboração.

- Indivíduos cujos interesses sejam solidamente compatíveis com os próprios.

- Pessoas dotadas dos recursos críticos necessários para o sucesso da agenda buscada.

- Pessoas bem relacionadas e dispostas a atrair novos apoiadores.

FIGURA 8-4

O ciclo da formação de coalizões

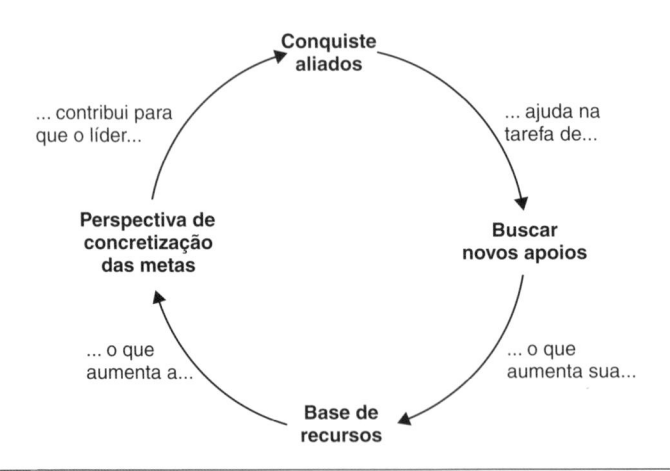

```
                    Conquiste
                    aliados
    ... contribui para         ... ajuda na
    que o líder...             tarefa de...

    Perspectiva de             Buscar
    concretização              novos apoios
    das metas

        ... o que              ... o que
        aumenta a...           aumenta sua...
                    Base de
                    recursos
```

Agregando Todas as Forças

A formação de coalizões exige que sejam consolidadas as fontes disponíveis de apoio e, ao mesmo tempo, que se desenvolvam relacionamentos com as pessoas cujos recursos ou conexões venham a ser indispensáveis para o sucesso do novo líder. A sequência da consolidação e construção de apoios é fundamental. Será igualmente indispensável atrair os indecisos para que se tornem peças de apoio, e não oponentes.

Para consolidar o apoio disponível, são fundamentais as relações sociais e políticas e o fortalecimento dos mesmos mediante conversações regulares. Mantenha os aliados sempre atualizados. Preste atenção às reações deles às mudanças em andamento. É até aconselhável proporcionar-lhes subsídios para que tenham condições de se contrapor aos argumentos dos oponentes. Afinal, é o líder quem determina a importância dos relacionamentos existentes e os transforma em base de sustentação dos novos projetos em andamento.

CONTROLE DA ACELERAÇÃO

1. Qual é o suporte mais importante para o sucesso do novo líder? Quais são aparentemente as mais poderosas dentre as coalizões identificáveis?

2. Quais são, na opinião do novo líder, as mais importantes redes de influência? Quem, nelas, se reporta a quem em questões fundamentais?

3. Quais são os potenciais aliados do novo líder? Os potenciais oponentes? E os influenciáveis? Como testar a validade das hipóteses sobre apoios e oposições?

4. Que instrumentos de influência pretende utilizar a fim de convencer os influenciáveis? De que maneira planeja formatar as percepções, por potenciais aliados, de seus interesses? Ou suas opções?

5. De que maneira sequenciar as interações a fim de consolidar impulso às iniciativas do líder? Existem padrões hierárquicos que possam vir a ser explorados? É o *status* dos aliados do líder suficiente para atrair novos apoiadores?

9. Manter o Equilíbrio

Kipp Erikson trabalhava havia seis anos em uma grande agência de publicidade em Manhattan quando foi promovido a um cargo executivo na filial da empresa no Canadá. A mudança de Nova York para Toronto, imaginava ele, passaria praticamente despercebida. Afinal, canadenses e norte-americanos têm muito em comum. Entre outros fatores, lembrava, embora o Canadá seja oficialmente bilíngue, todo mundo fala inglês em Toronto, uma cidade segura, que goza de merecido renome por seus excelentes restaurantes e eventos culturais.

Mal confirmada a promoção, Kipp alugou um apartamento no centro de Toronto, fez a mudança e concentrou, com a energia que era uma de suas principais características, todas as atenções nas novas atribuições. A esposa, Irene, designer de interiores, profissional liberal de muito sucesso na área, colocou o apartamento da família à venda e passou a preparar as filhas do casal – Katherine, de 10 anos, e Elizabeth, de 7 – para trocar de escola com o semestre em pleno andamento. Kipp e Irene chegaram a analisar a possibilidade de adiar a mudança das crianças até o fim do ano letivo, quatro meses mais tarde, mas acabaram decidindo que seria tempo demais para a família ficar separada.

Os primeiros indícios de problemas na nova missão de Kipp foram aparecendo muito sutilmente. Cada vez que tentava fazer algo, ele se sentia pisando em areia movediça. Como nova-iorquino acostumado a dizer tudo de uma vez só, sem meias palavras, descobriu-se rodeado de colegas irritantemente polidos e arredios a qualquer forma de confronto. (Os colegas, por sua vez, não gostaram nada da frieza, às vezes quase insensibilidade total, de Kipp.) A cada novo dia, Kipp se queixava com Irene de que os colegas evitavam entrar em discussões sobre assuntos importantes de trabalho. E também lamentava o fato de não poder contar com aquele mesmo tipo de pessoas práticas e dispostas que em Nova York o ajudavam a fazer as coisas certas.

Quatro semanas depois de Kipp assumir em Toronto, Irene juntou-se a ele com o objetivo específico de procurar uma nova casa e uma nova escola e de sondar as perspectivas para a continuação de seu trabalho autônomo na área de decoração. Kipp, a essa altura, se mostrava frustrado com o trabalho, e irritado. O descontentamento de Irene com a situação só fez aumentar quando ela não conseguiu encontrar uma escola de acordo com os padrões imaginados. As meninas estavam muito felizes na escola particular que haviam sempre frequentado em Nova York. Não se mostravam nada contentes com a mudança e por isso vinham transformando a vida de Irene em um inferno. Ela só conseguia acalmá-las com histórias sobre a aventura que seria mudar-se para um país diferente e quando lhes prometia achar uma escola verdadeiramente sensacional. Desanimada com tudo aquilo, acabou confessando a Kipp que achava melhor deixar as meninas na escola em que estavam até o fim do ano letivo; e ele concordou.

Com Kipp viajando constantemente entre Toronto e Nova York e Irene sob pressão do trabalho e tendo de cuidar sozinha das meninas, a situação acabou se refletindo negativamente no relacionamento do casal. Embora a rotina fosse às vezes alterada, com Irene indo a Toronto em alguns fins de semana, enquanto continuava a procurar escola para as filhas, ficou cada vez mais claro que ela também não gostaria de viver no Canadá. Os fins de semana eram frequentemente estressantes, com as meninas se mostrando, de um lado, alegres pela oportunidade de rever Kipp e, de outro, infelizes com a perspectiva de mudar. Kipp em geral voltava ao escritório, nas segundas-feiras, cansado e incapaz de concentrar-se em qualquer coisa, o que só contribuía para agravar suas dificuldades de relacionamento e de trabalho com seus colegas e a equipe. Como não era nenhum tolo, logo percebeu os reflexos negativos dessa situação em seu desempenho, o que contribuiu ainda mais para aumentar seu estresse.

A situação chegou a um ponto tão dramático que ele decidiu resolver tudo de uma vez só. Recorrendo a conexões da agência de publicidade em Toronto, encontrou uma boa escola e identificou perspectivas promissoras para uma nova casa. Mas, ao pressionar Irene a acelerar a venda do apartamento deles em Nova York, o resultado foi a maior briga desde que estavam juntos. Quando ficou mais do que claro que o casamento estava ameaçado, Kipp agiu realmente de maneira radical: pediu demissão da empresa e voltou para Nova York, em busca de um novo emprego.

A vida de um líder é sempre um número de equilibrismo, que se torna especialmente delicado durante uma transição. A incerteza e a ambiguidade que a caracterizam podem ser paralisantes. Em alguns momentos, a impressão é a de que não se sabe nada. O líder tem pouco tempo para formar uma rede de apoio. Quando troca de cidade, ou de país, como no caso de Kipp Erikson, passa também por uma fase de transição pessoal. Quando tem família, esta é um fator a mais a ser considerado. Em meio a tudo isso, a expectativa em relação ao líder é a de que se aclimate o mais rapidamente possível e comece a produzir mudanças positivas na nova organização. Por todos esses motivos, *manter o equilíbrio* acaba sendo um dos maiores desafios de uma transição.

O líder está concentrado nas reais prioridades, e da maneira certa? Consegue conservar sua energia dentro da melhor perspectiva? Ele e a família têm todo o apoio indispensável? Como escreveu Ron Heifetz em seu livro *Leadership Without Easy Answers*, "o mito da liderança é o mito do guerreiro solitário: o indivíduo solitário cujo heroísmo e brilhantismo o capacitam a abrir caminho. [...] Mas mesmo que o fardo de transportar o peso das esperanças e dos problemas de outras pessoas possa recair quase todo sobre os ombros de uma só pessoa, não há como exercer liderança solitariamente. O modelo de liderança do guerreiro solitário é suicídio heróico"[1]. Por isso, o mais indicado é não tentar cometer esse suicídio.

Avaliando a Situação

O melhor mesmo é gastar alguns minutos preenchendo a Tabela 9-1. Em cada uma das situações ali descritas, faça um círculo em torno da resposta que melhor representar o seu atual estado de espírito.

Depois, calcule o escore total. Se for igual ou superior a 25, ou se você tiver circundado um 5 em resposta a qualquer uma das situações, a sua situação é de risco. Mesmo que o seu escore final some menos de 25, leia com atenção este capítulo. Afinal, você poderá vir a enfrentar situações ainda mais difíceis no futuro. Além disso, este capítulo, agora, poderá ajudá-lo a auxiliar outras pessoas eventualmente envolvidas em situações complicadas do processo de transição.

---

[1] Ver Ronald Heifetz, *Leadership Without Easy Answers* (Cambridge, MA: Belknap Press, 1994), p. 251.

TABELA 9-1

Avaliação do equilíbrio

	Discordo totalmente	Discordo	Não concordo nem discordo	Concordo	Concordo plenamente
1. Estou sempre ocupado, mas não encontro tempo para as tarefas mais importantes	1	2	3	4	5
2. Desempenho tarefas que não me cabem, para ajudar terceiros (p. ex., meu superior, meus assessores imediatos)	1	2	3	4	5
3. Estou frustrado por não conseguir encaminhar as tarefas ao meu estilo	1	2	3	4	5
4. Sinto-me isolado na organização	1	2	3	4	5
5. Minha capacidade de decisão parece ultimamente prejudicada	1	2	3	4	5
6. Tenho evitado tomar decisões em questões prioritárias (p. ex., com pessoal)	1	2	3	4	5
7. Não tenho mais a mesma disposição de antes para o trabalho	1	2	3	4	5

Como Evitar Ciclos Viciosos

As sete definições constantes da Tabela configuram armadilhas pessoais em que os novos líderes podem cair. Cada uma delas é capaz de levá-los a um *ciclo vicioso*, uma dinâmica autorregeneradora da qual será muito difícil escapar. Torna-se por isso essencial reconhecer e evitar essas situações. O líder deve prestar especial atenção aos itens em cuja autoavaliação ele se atribuir uma nota 4 ou 5.

1. **Andar em todas as direções** O líder não pode esperar que os liderados mantenham seu foco quando ele próprio não consegue se concentrar em nada. É possível estar o dia inteiro ocupado e chegar ao fim sem ter produzido nada. Por quê? Porque é infinita a quantidade de tarefas de uma transição, embora apenas algumas delas sejam vitais. O líder às vezes pode se confundir tentando convencer-se de que "se eu fizer muitas coisas, alguma delas terá de dar certo", conseguindo com isso apenas dissipar seus esforços. Dessa forma, ele talvez esteja superestimando sua capacidade de trabalho. Todos os novos líderes precisam fazer algum processamento paralelo. Mas é muito fácil para eles chegar ao ponto do *brete mental*, aquele em que a pessoa se descobre sendo pressionada a correr de uma tarefa para outra a uma velocidade muito maior do que a sua capacidade de focar devidamente a seguinte antes de se livrar da anterior. Qualquer que seja a explicação para tanto, o fato é que, quando questões importantes vão sendo deixadas de lado, a tendência é que elas venham a assumir em seguida proporções bem maiores, com isso consumindo muito mais tempo e energia do que se precisaria para resolvê-las sempre que abordadas no momento oportuno. O resultado disso tudo pode ser um ciclo vicioso de combate interminável a novos focos de problemas.

2. **Limites indefinidos** Se o novo líder não conseguir estabelecer limites concretos definindo o que pretende e o que não pretende fazer, as pessoas que giram em torno dele – superiores, colegas, colaboradores imediatos – tenderão a aproveitar todas as oportunidades possíveis para tirar mais alguma coisa dele. Quanto mais seu superior fizer nesse sentido, menos esses indispensáveis limites serão respeitados e mais será exigido dele em termos de coisas a fazer – o que é outro ciclo vicioso. Até que o líder comece a sentir-se irritado e frustrado por ser levado ao esgotamento, sem ao menos poder alguém culpar por isso

a não ser ele próprio. Quem não consegue estabelecer seus próprios limites não pode esperar que outros venham a fazê-lo.

3. **Fragilidade** As incertezas inerentes a qualquer transição constituem um campo fértil de cultivo para a rigidez e o excesso de defesas, especialmente em novos líderes que sentem muita necessidade de estar no controle de todos os fatores. O mais provável resultado dessa combinação é comprometer-se com um rumo de ação incorreto. O novo líder toma uma decisão prematura e depois não consegue voltar atrás sem perder credibilidade. Quando mais ele esperar, mais difícil se tornará a possibilidade de admitir o erro e mais calamitosas as consequências. Ou talvez não seja isso, mas, sim, o fato de o novo líder entender ser a sua maneira de atingir determinada meta a única capaz de dar resultados. Essa rigidez acaba desencorajando pessoas de seu campo de influência que tenham ideias igualmente válidas sobre a possibilidade de concretizar aquela mesma meta.

4. **Isolamento** Para ser efetivo, o líder precisa estar sempre conectado às pessoas das quais depende o bom rumo do trabalho, e com o fluxo subterrâneo de informação. É surpreendente a facilidade com que os novos líderes ficam isolados, e poderoso o efeito negativo que esse isolamento acaba tendo sobre eles. Isso acontece porque os líderes não se preocupam em investir parte de seu tempo no estabelecimento das conexões apropriadas, às vezes até por preferirem depender exageradamente de poucas pessoas que julgam importantes, ou até mesmo por acreditarem, acima de tudo, na informação "oficial". Mas há também o isolamento decorrente do fato de o novo líder, até mesmo sem intenção, desincentivar as pessoas que o cercam de compartilhar com ele informações que, adequadamente trabalhadas, mais tarde podem vir a ser fundamentais para ele. Talvez essas pessoas temam a reação do líder a informações ruins, ou entendam que ele já está comprometido demais com outros integrantes do grupo nos quais não confiam e com os quais disputam posições. Qualquer que seja a razão, a verdade é que o isolamento produz processos decisórios mal informados, que acabam desacreditando a imagem do líder e, além disso, reforçando ainda mais o seu isolamento.

5. **Julgamento tendencioso** O julgamento tendencioso – uma perda de perspectiva decorrente de fraquezas muito comuns que caracterizam o processo humano de tomada de decisões – pode assumir diversas formas.[2] *O comprometimento exagerado* com um rumo inadequado em função de questões de ego e credibilidade é uma dessas formas. Outras incluem a *confirmação* tendenciosa, que é a propensão a concentrar-se em informação que confirme as próprias convicções e desacredite as demais; *ilusões* egoístas, uma tendência a concentrar-se em determinada aposta em uma situação, apesar de ela tender a prejudicar a capacidade de julgamento; e a *superconfiança otimista*, uma subestimação das dificuldades que decorre das características da maneira preferida de abordar decisões. A vulnerabilidade a esses preconceitos em questões de julgamento é uma constante, e deixa qualquer líder em situação de risco tanto maior quanto mais importantes as questões em jogo se tornam, a incerteza e as ambiguidades aumentam e as emoções em torno da situação toda se acentuam.

6. **Fuga à responsabilidade** É sempre preciso adotar decisões firmes nos primeiros estágios de um novo emprego, principalmente quando em função de liderança. Às vezes, o líder adota decisões fortes sobre o rumo do empreendimento com base em informações incompletas. Ou vê-se obrigado a tomar decisões fortes que terão profundo impacto sobre as vidas de muitas pessoas. Consciente ou inconscientemente, então, o líder pode tender a deixar tais decisões para depois, o que faz passando a ocupar-se com tarefas secundárias ou tentando se iludir a pretexto de ser aquela a melhor hora para tomar a decisão indispensável. Ron Heifetz usa a definição *fuga à responsabilidade* para caracterizar essa tendência a evitar pegar o touro pelos chifres, que tem como resultado transformar problemas naturalmente difíceis em questões ainda mais complicadas.[3]

7. **Chegando ao ponto máximo** Todas essas armadilhas podem provocar perigosos níveis de estresse. Nem todo o estresse, porém, é necessariamente ruim. Na verdade, existe uma relação muito bem

---

[2] Para uma exploração mais detalhada das escolhas tendenciosas dos gerentes, consultar Max Bazerman, *Judgment in Managerial Decision Making*, 5th ed. (New York: Wiley, 2001).
[3] Ver Heifetz, *Leadership Without Easy Answers*.

documentada entre estresse e desempenho, chamada de curva de Yerkes-Dodson, ilustrada na Figura 9-1.[4]

Seja ele gerado de dentro ou imposto externamente, a verdade é que todos precisamos de algum nível de estresse (às vezes na forma de incentivos aos bons resultados ou de consequências para a inação) para sermos produtivos. Sem ele, não é muito o que acontece – às vezes é até preferível nem sair da cama. Logo que começa a sentir alguma pressão, a pessoa tende a melhorar seu desempenho, ao menos em uma primeira etapa. Até que se chega a um ponto (que varia conforme a pessoa) no qual demandas crescentes, seja na forma de excesso de atribuições ou em uma carga emocional pesada demais, começam a prejudicar o desempenho. Essa dinâmica cria um estresse ainda maior, reduzindo cada vez mais o desempenho e criando um ciclo vicioso à medida que se chega ao pico da curva do estresse. Algumas vezes, a exaustão vence e o novo líder é literalmente derrubado. Bem mais comum é o surgimento de um crônico desempenho deficiente. Cada vez se trabalha mais e se realiza menos. Foi o que aconteceu com Kipp Erikson.

FIGURA 9-1

Curva Yerkes-Dodson do desempenho humano

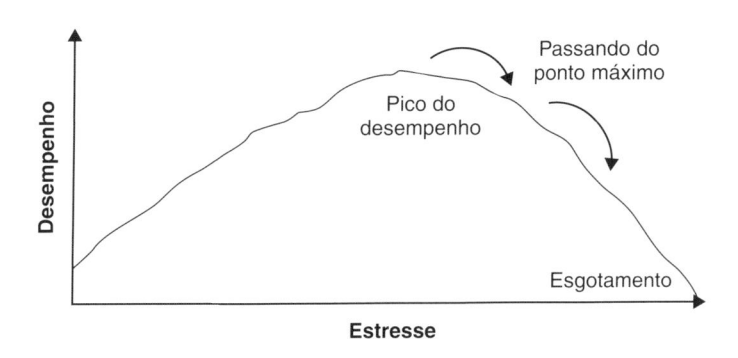

[4] Este foi desenvolvido originalmente como um modelo de ansiedade. Ver R. M. Yerkes e J. D. Dodson, "The Relation of Strenght of Stimulus to Rapidity of Habit Formation", *Journal of Comparative Neurology and Psychology* 18 (1908): 459-482. Naturalmente, este modelo apresenta limitações e tem sua maior utilidade enquanto metáfora. Para um debate sobre as limitações, ver "How Useful Is the Human Function Curve?", em http://www.trance.dircon.co.uk/curve.html.

Os Três Pilares da Autoeficácia

O que fazer para evitar essas armadilhas? Como criar ciclos virtuosos que componham impulsos, em vez de ciclos viciosos que esgotem as forças? Chamaremos esse equilíbrio que se deve procurar de *autoeficácia*, um estado que se atinge a partir de um alicerce com três pilares. O primeiro deles é a adoção de estratégias de sucesso apresentadas nos oito capítulos anteriores. O segundo é a criação e a implementação de algumas *disciplinas pessoais*. Já o terceiro pilar consiste nos *sistemas de apoio*, no trabalho e na vida particular, que ajudam o indivíduo a manter esse indispensável equilíbrio.

Pilar nº 1: Adotar Estratégias de Sucesso

As estratégias definidas nos oito capítulos anteriores representam um gabarito de como aprender, estabelecer prioridades, criar planos e guiar as ações necessárias para construir o impulso. Quando se vê essas estratégias funcionando e proporcionando alguns sucessos iniciais palpáveis, é normal que se sinta mais confiante e energizado por aquilo que se está concretizando. À medida que se vai progredindo ao longo das etapas da transição, deve-se pensar sobre os desafios que se está enfrentando à luz dos desafios centrais resumidos na Tabela 9-2 e, também, identificar os capítulos aos quais será necessário retornar.

Pilar nº 2: Implementando Disciplinas Pessoais

Saber o que *é preciso* fazer não é o mesmo que concretizar essa necessidade. Afinal, sucesso e fracasso emergem da acumulação de opções diárias que impelem a pessoa para caminhos produtivos ou a levam à beira do abismo do fracasso. Este é o território do segundo pilar da eficácia pessoal: disciplinas pessoais.

TABELA 9-2

Avaliação dos desafios centrais

Desafio central	Perguntas de diagnóstico
Fazer sua promoção	Está adotando o estado de espírito adequado para o novo emprego e deixando o passado para trás?
Acelerar o aprendizado	Já sabe o que precisa aprender, com quem e como acelerar o processo de aprendizagem?
Adequar a estratégia à situação	Está diagnosticando o tipo de transição enfrentada e as implicações disso para o que faz e o que deixa de fazer?
Negociar o sucesso	Está consolidando as relações com seu novo chefe, gerenciando as expectativas e obtendo os recursos indispensáveis?
Conseguir o alinhamento	Consegue identificar e determinar desalinhamentos frustrantes de estratégia, estrutura, sistemas e qualificações?
Formar sua equipe	Você está avaliando, reestruturando e alinhando sua equipe de acordo com aquilo que pretende realizar?
Criar alianças	Já está conseguindo formar uma base de apoio interno e externo para suas iniciativas, ou ainda empurra pedras ladeira acima?

As disciplinas pessoais são as rotinas regulares que a pessoa se dispõe a cumprir. Quais as disciplinas específicas de maior prioridade? Isso vai depender das forças e das fraquezas de cada um. A pessoa pode ter um grande conhecimento de si própria, mas assim mesmo consultar outras que a conhecem e em quem confia. (Nesta questão, um *feedback* de 360 graus pode ter bons resultados.) Quais são, segundo essas pessoas, os pontos mais fortes do consulente e, acima de tudo, seus potenciais pontos mais fracos?

A lista de disciplinas pessoais a seguir pode estimular o pensamento do líder a respeito das rotinas que precisa desenvolver.

Planejar o planejamento É costume do líder pensar diariamente e semanalmente sobre um ciclo de avaliação de planejamento? Se não for, ou se fizer isso apenas esporadicamente, trata-se com certeza de um líder que precisa ser mais disciplinado nessa matéria. No fim de cada dia, ele deve dedicar 10 minutos à avaliação de como se saiu na implementação das metas planejadas no dia anterior, e a planejar as do dia seguinte. Essa prática deve ser repetida ao final de cada semana. E precisa se tornar realmente um hábito. Mesmo quando não conseguir concretizar todas as metas planejadas, ao fazer isso o líder estará mais intensamente no controle da situação.

Não assumir compromissos irreais O líder assume compromissos ao sabor do momento só para lamentar o fato de não conseguir cumpri-los? Costuma concordar facilmente em estabelecer metas para um futuro presumidamente remoto, só para se dar conta de que os prazos estão vencendo sem que ele consiga cumprir a agenda? Se assim for, ele precisa aprender a adiar o comprometimento. Toda vez que alguém lhe pedir para fazer alguma coisa, ele precisará comentar: "Parece interessante. Vou pensar a respeito e depois dar um retorno". O líder nunca deve dizer "sim" na primeira vez. Se estiver sendo a tanto pressionado (talvez por alguém que seja conhecedor de sua vulnerabilidade diante de semelhantes pressões), deve responder assim: "Se você precisar de uma resposta agora, terei de dizer não. Se você puder esperar, eu terei tempo para pensar a respeito". A regra é começar dizendo *não*; fica mais fácil dizer *sim* com mais tempo. O maior prejuízo para a reputação de um líder é sempre dizer *sim* e depois mudar de ideia. É preciso ter em mente que quem tem algum plano sempre vai procurar que os outros com ele se comprometam com muita antecedência, principalmente sabendo que a agenda do líder estará a essa altura ainda aberta. O líder deve se perguntar, como meu ex-colega Robert Robinson tão sabiamente definiu, se o "eu do futuro" irá ou não odiar o "eu do presente" por estar sempre disposto a dizer "sim". Se a resposta for sim, então deve dizer não.

Reservar tempo para o trabalho duro O líder reserva algum tempo, todos os dias, para o que de mais importante precisa fazer? É fácil ser apanhado na gangorra do dia a dia – telefonemas, reuniões, correio eletrônico – e acabar não encontrando tempo para cuidar do médio prazo, quanto mais do longo prazo. O líder que estiver encontrando dificuldades para se dedicar ao trabalho mais importante precisa disciplinar-se no sentido de dedicar uma parte do tempo diário, mesmo que seja uma escassa meia hora, para fechar a porta do escritório, desligar os telefones, ignorar os e-mails e dedicar-se a focar, focar e focar.

Ir para a arquibancada O líder fica exposto e envolvido demais nas dimensões emocionais de situações difíceis? Em caso positivo, precisa disciplinar-se para afastar-se de tais situações, observá-las a distância e só a partir daí intervir produtivamente. Especialistas de renome nos campos da liderança e negociação há muito exaltam a validade de saber "ir para a arquibancada" em situações semelhantes.[5] Claro que pode ser extremamente duro optar por essa forma de pro-

---

[5] Para uma discussão sobre "chegar ao balcão" no contexto da negociação, ver o Capítulo 1 de William Ury, *Getting Past No: Negotiating Your Way from Confrontation to Cooperation* (New York: Bantam Doubleday, 1993).

ceder, especialmente quando há muita coisa em jogo e envolvimento emocional. Mas, com a disciplina e a prática, ir para a arquibancada é uma habilidade que o líder pode e deve desenvolver.

Focar no processo   O líder é uma pessoa dotada de boas ideias mas acaba sempre perdendo o apoio dos que o cercam quando trata de implementá-las? A sua maneira de tomar decisões acaba provocando dissensão e desacordo inúteis? Se essa for a situação, precisa disciplinar-se a fim de focar no *formato do processo de influência* antes de se lançar à ação neste campo. O líder precisa pensar: De que maneira os assessores irão reagir às suas ideias? De que maneira poderia gerenciar o processo de consulta e tomada de decisões para aumentar sua eficácia? É preciso ter em mente que muitas vezes as pessoas tenderão a apoiar decisões ou métodos com os quais não concordam desde que entendam que se trata de um processo justo.[6]

Diretrizes para reflexão estruturada

A força da reflexão estruturada é exaltada quando o líder a põe em prática regularmente e presta atenção ao desenvolvimento das mudanças das próprias reações com o passar do tempo. É aconselhável reservar 15 minutos ao final de cada semana de trabalho para responder, repetitivamente, a um mesmo conjunto de perguntas. É bom arquivar as respostas a fim de poder periodicamente examiná-las. Assim se poderá observar o estabelecimento de padrões, tanto na natureza dos problemas enfrentados na missão quando nas reações do líder a esses problemas.

Qual é a impressão geral sobre o trabalho desenvolvido até agora?

Em uma escala de alto a baixo, o líder considera-se:

- Animado? Em caso negativo, por quê? O que poderá fazer para mudar?
- Confiante? Em caso negativo, por quê? O que poderá fazer para mudar?
- No controle de seu avanço? Em caso negativo, por quê? O que fazer?

(continua)

---

[6] W. Chan Kim e Renée A. Mauborgne, "Fair Process: Managing in the Knowledge Economy", *Harvard Business Review*, julho-agosto de 1997.

(continuação)

Qual é, até o momento, o maior problema enfrentado?

- Não conseguir conectar-se com determinadas pessoas? Por quê?
- Das reuniões de que participou, qual a mais preocupante? Por quê?
- De tudo aquilo que viu ou ouviu, o que mais o preocupou? Por quê?

O que tem funcionado bem ou mal até agora?

- A quais interações o líder daria, se possível, ordenamento diferente? Quais delas superaram as expectativas? Por quê?
- Quais das decisões tomadas o líder considera como as melhores? Ou nem tanto? Por quê?
- Quais as oportunidades perdidas mais lamentáveis? O bloqueio a um melhor resultado é, até o momento, causado pelo líder ou por algo/alguém que foge ao seu controle?

De posse de todos esses elementos, o líder deve agora concentrar-se nos maiores desafios ou dificuldades que vê pela frente. E precisa ser acima de tudo honesto nessa avaliação. Essas dificuldades derivam da situação enfrentada ou decorrem da ação do líder? Mesmo os mais experientes e capacitados líderes tendem a atribuir as causas de problemas enfrentados mais à situação do que a eventuais ações/inações de sua parte. O efeito líquido dessa situação é que acabam sendo menos proativos do que teriam condições de se mostrar.

Capacidade de autoanalisar os problemas Está o líder plenamente consciente das próprias reações a fatos ocorridos durante seu período de transição? Se achar que não, é preciso que se autodiscipline e se engaje em reflexão estruturada sobre essa situação. Para alguns novos líderes, a autoavaliação estruturada significa escrever alguns pensamentos, impressões e perguntas ao final de cada dia. Para outros, no entanto, significa reservar algum tempo, semanalmente, para avaliar devidamente o andamento de seu trabalho. O líder deve definir qual dessas abordagens melhor se adapta ao seu estilo e, principalmente, disciplinar-se de maneira a usar essa melhor abordagem de maneira regular. É preciso que ele trabalhe a fim de traduzir o *insight* resultante dessa análise em ação concreta. Ou, principalmente, que pense em adotar as diretrizes contidas em suas anotações para autorreflexão.

Saber o melhor momento de partir   Tomando a liberdade de adaptar um velho ditado dos meios esportivos, pode-se dizer que as transições são maratonas, e não provas de velocidade. Por isso, ao constatar estar rompendo sua curva superior de estresse mais do que ocasionalmente, o melhor que um bom líder poderá fazer é saber disciplinar-se sobre qual a melhor hora de desistir, ou trocar de rumo. Claro que isso é fácil de dizer e quase impossível de fazer, especialmente quando se tem um prazo final e uma hora é tudo que falta para chegar à meta. É até possível que se atinja essa meta no curto prazo, mas, em tais condições, o custo disso no longo prazo seria insustentável. O melhor mesmo é fazer todo o esforço possível para ter condições de reconhecer que se chegou ao ponto de impasse, em que será necessário fazer a melhor pausa possível – parcial ou definitiva.

Pilar nº 3: Consolidar os Sistemas de Apoio

Os dois primeiros pilares da autoeficácia são o planejamento sistemático e a execução disciplinada; o terceiro é a solidificação dos sistemas pessoais de apoio do líder. Isso exige assegurar o controle do ambiente local, estabilizar o cenário doméstico e formar uma sólida rede de assistência e aconselhamento.

Assegurar o controle local   É extremamente duro concentrar-se no trabalho principal quando não se conta com a infraestrutura básica de apoio. Por isso, mesmo enfrentando preocupações ainda maiores, é essencial que o líder trabalhe com toda a rapidez para formatar seu novo escritório, desenvolver rotinas e definir todas as expectativas com seus assessores diretos. Se isso não bastar, e em havendo necessidade para tanto, ele não poderá demorar em montar um conjunto de recursos temporários – arquivos, fontes de referência, tecnologia de informação e pessoal de apoio – destinado a levá-lo a águas mais tranquilas enquanto os sistemas permanentes ainda não estiverem operando.

Estabilizar o cenário doméstico   Uma das principais estratégias de guerra determina que se evite travar batalhas simultâneas em um número exagerado de frentes. Para os novos líderes, isso significa a necessidade de estabilizar seu cenário doméstico a fim de ter condições de se dedicar plenamente ao trabalho. Ninguém pode acreditar que será capaz de criar valor no trabalho quando está destruindo valor em casa. Foi esse o erro fundamental cometido por Kipp Erikson.

Se a nova função de um executivo exige uma mudança, sua família também entra no processo de transição. É possível que, como ocorreu com Irene Erikson, a esposa do líder esteja igualmente em fase de transição em seu trabalho, e que os filhos do casal precisem, no processo, abandonar amigos e trocar de escola. Em outras palavras, o tecido da vida familiar do líder pode estar sendo esgarçado no exato momento em que ele mais precisa de apoio e estabilidade. O estresse da transição profissional pode ampliar as tensões da transição familiar. As dificuldades dos membros da família podem igualmente acrescentar-se à carga já bastante pesada nos ombros do líder, acabando até por desestabilizar sua capacidade de criar valor e aumentando em muito o tempo necessário para chegar ao ponto de equilíbrio.

Por isso, o líder deve sempre concentrar-se em acelerar, paralelamente à sua transição, a da família. O ponto de partida é reconhecer que a família pode sentir-se infeliz, até mesmo ressentida, com essa transição. Não há maneira de acabar por inteiro com tais sentimentos, mas a verdade é que falar a respeito da situação e lidar de maneira conjunta com os sentimentos gerais de perda pode ser muito útil para a superação dessa etapa.

Além disso, existem algumas orientações capazes de ajudar a família a enfrentar essa transição.

- **Analisar os sistemas de apoio presentes da família** Uma transferência sempre interrompe os laços com as pessoas que prestam serviços essenciais a uma família: médicos, advogados, dentistas, babás, professores, *personal trainers*, entre outros. Por isso é preciso fazer um balanço desse quadro, identificar prioridades e investir na agilização da busca de substitutos.

- **Cônjuge de volta à ativa** Em transferências, o cônjuge pode ver-se forçado a abandonar o emprego para acompanhar a mudança, sempre, porém, com a intenção de encontrar outra colocação quando da relocalização. O descontentamento pode surgir, muito amargo, até, se tal mudança demorar mais do que o esperado ou se tornar inviável. A fim de acelerar o processo, o líder transferido precisa abordar diretamente com seu empregador a situação, ou se empenhar em resolvê-la por sua conta logo depois da mudança. Acima de tudo, o que não pode acontecer é promover, com a transferência, a infelicidade do cônjuge.

- **Organograma para a mudança da família** Com relação às crianças, é sempre mais difícil para elas mudar em pleno ano escolar. A melhor opção, portanto, é programar a mudança da família para o fim do ano letivo. O preço disso, é claro, será a separação temporária dos familiares, o cansaço e o custo das constantes idas e vindas. Sempre que se optar por esse caminho, porém, é indispensável garantir que o cônjuge disponha de apoio adicional para diminuir o peso da responsabilidade que irá suportar. Ser pai ou mãe solteiro não é nada fácil, mesmo que temporariamente.

- **Preservar a vida em família** O líder precisa restabelecer os rituais familiares e até mesmo intensificá-los ao longo de uma transição. O apoio dos parentes mais queridos, como os avós, também representa uma enorme ajuda nesse ponto.

- **Investir na aculturação familiar** Em casos de transferência internacional, o líder deve buscar assessoria profissional relacionada aos principais aspectos interculturais de semelhante transição. O isolamento passa a ser um risco muito maior para a família do líder transferido quando barreiras culturais e idiomáticas se interpõem no meio do caminho.

- **Associar-se ao serviço de transferência de sua empresa logo que possível** Os serviços corporativos de transferência limitam-se normalmente a auxiliar o funcionário a encontrar uma nova casa, fazer a mudança e escolher escolas, mas, assim mesmo, representam uma ajuda que não pode ser desprezada.

Ainda não se inventou uma maneira de concretizar a transferência de um líder e sua família sem problema algum. O que há é uma boa quantidade de recursos aos quais o líder pode e deve recorrer para minimizar tais problemas e acelerar a adaptação de todos os envolvidos à nova situação.

Criar uma rede de assessoria e aconselhamento Não há líder, por mais capaz e iluminado que seja, que possa fazer tudo sozinho. Ele sempre precisará de uma rede de assessores de confiança na organização e nas imediações com os quais possa conversar e analisar seriamente toda a experiência vivida. Essa rede constitui um recurso indispensável para evitar que o líder venha a ficar isolado e sem perspectiva. Como ponto de partida, é preciso cultivar três tipos de conselheiros: assessores técnicos, intérpretes culturais e analistas políticos (ver a Tabela 9-3).

O líder deve igualmente pensar com muito carinho sobre a combinação de conselheiros internos e externos que pretende cultivar. Os internos sabem tudo da organização, sua cultura e suas políticas. É preciso buscar o aconselhamento de pessoas bem relacionadas e realmente capacitadas a traçar um panorama real da situação vivida na empresa. Pessoas assim constituem um recurso inestimável.

Há também o fato paralelo de que os especialistas internos, por sua própria natureza, não irão proporcionar a quem chega de fora um panorama totalmente isento da situação da empresa. Por isso, o líder precisa ampliar sua rede interna recorrendo a assessores e analistas externos capazes de ajudá-lo a fazer as melhores avaliações e a tomar as decisões mais sensatas na situação vivida. Esses colaboradores externos precisam saber ouvir e fazer perguntas, ter um bom *insight* sobre o modo de operar da empresa, e, principalmente ter em alta consideração os interesses do líder que a eles recorre.

TABELA 9-3

Tipos de conselheiros

Tipo	Funções	Conselhos dados
Assessores técnicos	Proporcionam análise de tecnologias, mercados e estratégias	Sugerem aplicações para novas tecnologias. Recomendam estratégias de ingresso em novos mercados. Proporcionam informação atualizada e adequada
Intérpretes culturais	Ajudam o líder a entender a nova cultura e (se for este o seu objetivo) adaptar-se a ela	Fornecem *insights* a respeito das normas culturais, modelos mentais e orientações gerais. Ajudam a aprender a linguagem da nova organização
Analistas políticos	Auxiliam o líder a tratar os relacionamentos políticos no âmbito da organização	Ajudam implementar o aconselhamento dos assessores técnicos. Fazem as vezes de câmara de eco à medida que o líder pensa e planeja as opções para a implementação da agenda pretendida. Apresentam perguntas do tipo "e se não der certo?"

O líder deve usar a Tabela 9-4 para avaliar a sua rede de colaboração e aconselhamento, analisar cada uma das pessoas em termos dos domínios sobre os quais presta assessoria e se se trata de alguém do âmbito interno ou externo.

A seguir, o líder deve dar um passo atrás. A rede existente terá condições de proporcionar-lhe o apoio necessário na nova situação enfrentada? Não se deve dar como certo que pessoas que foram úteis no passado continuarão obrigatoriamente a ter utilidade no âmbito da nova situação enfrentada. Os problemas encontrados serão diferentes, e eventualmente assessores antigos não se revelarão úteis nesta nova situação. À medida que o líder enfrentar níveis cada vez mais elevados de responsabilidade, por exemplo, aumentará radicalmente sua necessidade de uma boa assessoria política.

TABELA 9-4

Avaliação da rede de assessoria e aconselhamento do líder

	Assessores técnicos	Intérpretes culturais	Analistas políticos
Assessores e conselheiros internos (no âmbito da nova organização)			
Assessores e conselheiros externos (no âmbito externo da organização)			

O líder deve estar sempre pensando à frente. Como é sempre demorado desenvolver uma rede realmente eficiente, nunca é cedo demais para se concentrar no tipo de rede que poderá necessitar no seu *próximo* posto. De que maneira terão então se modificado as necessidades de assessoria e aconselhamento?

A fim de desenvolver uma rede de apoio verdadeiramente eficaz, o líder precisará ter certeza de que dispõe do apoio adequado e de que a rede de apoio estará a postos sempre que a ela for preciso recorrer. Para tanto, é bom estabelecer se ela conta com as seguintes qualificações:

- Uma combinação adequada de assessores técnicos, intérpretes culturais e analistas políticos.

- A combinação certa de conselheiros internos e externos. O líder terá sempre necessidade de contar com um *feedback* honesto dos conselheiros internos *e* com a perspectiva neutra e objetiva dos observadores externos.

- Apoiadores externos que sejam leais à pessoa do líder, e não à sua nova organização ou unidade. Normalmente, esse tipo de apoio é encontrado entre colegas e amigos de longa data.

- Conselheiros internos que sejam confiáveis, que tenham elencos de prioridades coerentes com as do novo líder e que proporcionem assessoria objetiva e precisa.

- Representantes de grupos importantes capazes de fazer o novo líder entender suas perspectivas. Afinal, ele não pode pretender restringir-se a apenas um ou dois pontos de vista.

Mantendo o Rumo

O líder precisará manter seu equilíbrio dia após dia. Seu sucesso ou fracasso dependerá de todas as mínimas decisões e opções ao longo desse caminho. São opções capazes de criar impulso – para a organização e para o líder –, ou de levar ao mais trágico dos fracassos. As ações do dia a dia durante o período de transição estabelecem o padrão para tudo o que vem depois, não apenas para a organização, mas igualmente para a eficiência – e realização pessoal – do líder.

CONTROLE DA ACELERAÇÃO

1. Quais são seus pontos mais fracos no novo cargo/emprego? De que maneira pretende agir para contrabalançá-los?

2. Quais são as disciplinas pessoais que maior necessidade sente de desenvolver ou aperfeiçoar? Sabe como agir para tanto? Como saberá que teve sucesso nesse empreendimento?

3. O que poderá fazer no sentido de obter maior controle sobre o seu cenário de ação?

4. O que está ao seu alcance fazer a fim de diminuir, para seus familiares, os problemas característicos da etapa da transição? Quais são os relacionamentos de apoio necessários para tanto? Quais as suas prioridades?

5. Quais são as suas prioridades para consolidar sua rede de assessoria e aconselhamento? A que ponto precisa concentrar-se na rede interna? E na rede externa? Em quais desses terrenos você entende ser maior sua necessidade de suporte adicional: técnico, político ou pessoal?

10. Acelerar a Todos

As estratégias apresentadas nos capítulos anteriores têm como objetivo proporcionar a abertura de caminhos para a obtenção das recompensas resultantes de uma boa transição. Isso não significa que basta segui-las para que tudo funcione a contento. O que dizer dos colaboradores imediatos do líder, e dos colaboradores destes? O líder por acaso não tem parte no sucesso das transições deles?

Ao longo do desenvolvimento das pesquisas para este livro, dediquei-me a tentar resolver um mistério. Por que são tão escassas as empresas que priorizam a aceleração das transições de seus gestores? Ou, de outra maneira, por que as empresas não deveriam tentar captar os benefícios potenciais da aceleração da transição de todos os seus componentes? Mal chega a 25% o número de gestores de uma empresa típica que assumem novas funções anualmente, mas cada uma dessas pessoas em transição acaba afetando muitas outras. Daí a surpresa com o fato de serem tão poucas as empresas que prestam real atenção à aceleração das transições. Algumas companhias (a GE, por exemplo) treinam explicitamente seus gestores para o aceleramento da transição. As formas mais comuns de treinamento são programas de "assimilação" que buscam familiarizar pessoas contratadas fora da empresa com a estratégia, os negócios e a cultura da companhia. Embora úteis, tais programas raramente proporcionam verdadeira orientação na gestão sistematizada do *processo* de uma transição bem-sucedida. A grande maioria das empresas não proporciona apoio algum nesse sentido.

Qual seria a causa dessa situação? Parte da explicação reside nas mudanças ocorridas no desenvolvimento das lideranças. O achatamento das hierarquias e a aceleração do ritmo dos negócios reduziram o tempo que os gerentes de linha podem dedicar ao desenvolvimento e aconselhamento de seus colaboradores diretos, mesmo durante períodos críticos de transição. Para compensar tal fato, as unidades de ensino e treinamento profissional vêm assumindo crescente responsabilidade pelo desenvolvimento de líderes. O resultado surge nos significativos avanços no desenvolvimento de capacidades "brutas". Mas há também um preço, que no caso é a drástica redução na transferência de capacidade gerencial de gerentes seniores para seus colegas menos experientes, especialmente em relação a capacidades *"light"*, tais como a melhor maneira de assumir uma nova função.

A cultura gerencial do tipo "afogar-se ou nadar" é uma barreira adicional. Muitas são as empresas para as quais a transição não passa de uma maneira de selecionar talentos – uma abordagem que eu chamo de *desenvolvimento darwiniano de talentos*. Gerentes promissores são jogados na parte mais funda da piscina para serem testados em sua capacidade evolutiva para o aperfeiçoamento. Quem sabe nadar fatalmente vai mostrar seu alto potencial, e os que não sabem... fatalmente afundarão. Em algumas organizações, esse processo parece até vingança de quem foi uma vez calouro de faculdade: tudo o que nós sofremos, vocês também sofrerão, é a norma imperante. Um executivo sênior disse-me certa vez, sem o menor traço de ironia: "Você não está realmente querendo facilitar essa transição para eles, está?". Como se isso fosse possível... Em organizações especialmente disfuncionais, facções rivais chegam a manobrar para colocar pessoas em fase de ascensão em funções nas quais tenham maiores probabilidades de fracassar, pois com isso entendem estar facilitando o progresso de seus próprios integrantes rumo a posições de maior destaque.

Dessa forma, não restam dúvidas de que as transições constituem um elemento-chave de uma abordagem abrangente do desenvolvimento de lideranças. Vale recordar que na pesquisa da "guerra pelos talentos" da McKinsey & Company, em 1998, os tipos de experiências entendidos como "mais importantes para o desenvolvimento" envolviam situações de transição. As três experiências mais importantes foram uma nova posição com maior alcance, a recuperação de uma empresa e o lançamento de um novo empreendimento.[1] É, porém, necessário lembrar que desenvolver líderes não significa mandá-los despreparados para enfrentar novos desafios. Uma brecha fundamental na abordagem darwiniana do

---

[1] Helen Handfield-Jones, "How Executives Grow", *McKinsey Quarterly* 1 (2000).

desenvolvimento de lideranças é que existem muitos tipos de transições, e que por isso os ensinamentos proporcionados aos gestores mais jovens podem não ser suficientes para equipá-los a fim de enfrentar um nível superior de desafio, nem para capacitá-los a comandar uma nova situação de negócios. O resultado de tudo isso? Pessoas com alto potencial também incorrem às vezes em erros iniciais e acabam se afogando. Outras aprendem a nadar, mas apenas porque se situam na posição correta ou conseguem ter, velando por elas, um competente salva-vidas.

No longo prazo, as organizações não são bem servidas por um estilo de desenvolvimento darwiniano de lideranças. Seria como o livre mercado deixado às cegas, sem as salvaguardas proporcionadas pelas regras e regulamentações. As melhores empresas são definitivamente meritocracias. Seus líderes competem uns com os outros para ascender na hierarquia e estão continuadamente fortalecendo o empreendimento com essa concorrência. Mas as verdadeiras meritocracias surgem a partir de campos de concorrência realmente igualitários. As pessoas que ali têm sucesso chegam a tanto por serem realmente capacitadas, e não por serem posicionadas em situações que se adequem às suas habilidades.

O décimo e último desafio, portanto, é *acelerar a todos* ao institucionalizar o modelo de aceleração da transição apresentado neste livro. Quando *todos* os líderes que assumem novas posições em uma organização fazem uso de estratégias de sucesso, não se está apenas prevenindo fracasso, mas, também, acumulando ganhos potencialmente em massa dessa aceleração das capacidades de todos. Quanto mais rapidamente cada personagem estiver instalado em sua capacidade total, mais aceleradamente a organização poderá começar a fazer os movimentos adequados para conquistar fatias de mercado, reduzir custos e lançar um maior número de novos produtos.

Uma questão merecedora de reflexão é a seguinte: quanto valeria, em termos de linha de produção, conseguir que todos os elementos de uma organização – dos assessores diretos do novo líder aos imediatos destes, e assim por diante – chegassem ao ponto do equilíbrio no mínimo 5% antes do tempo médio para tanto?

Criando uma Linguagem Comum

Imaginemos um dono de empresa que pretenda introduzir o esquema da aceleração da transição em seus negócios. Qual a melhor fórmula para isso? O ponto de partida é introduzir um novo vocabulário para tratar das transições. Esse seria provavelmente o segundo passo mais importante que a organização poderia dar no sentido de institucionalizar a aceleração da transição. Imagine-se que, cada vez que alguém fizesse a transição para uma nova função de liderança, tivesse condições de falar com patrões, colegas e assessores imediatos a respeito destes pontos:

- O tipo de transição em andamento, usando o modelo ST_ARS – lançamento, mudança completa, realinhamento ou sucesso continuado – e os desafios e oportunidades a ele relacionados.

- A agenda para o aprendizado técnico, cultural e político, e os elementos-chave dos respectivos planos.

- O progresso no empenho em atrair a participação dos novos chefes nas cinco conversas principais sobre situação, expectativas, estilo, recursos e desenvolvimento pessoal.

- As prioridades máximas, os objetivos de mudança comportamental e as ideias aplicadas aos pontos em que possam assegurar ganhos iniciais imediatos.

- As prioridades para fortalecimento da rede de assessoria e aconselhamento.

Uma linguagem comum aumenta radicalmente a eficácia da discussão dessas questões. Mais importante ainda, talvez, é o fato de significar uma garantia da realização de contatos que, de outra forma, talvez jamais viessem a concretizar-se. Ela torna as pessoas mais confiantes, mais dispostas a trocar ideias e informações, e mais tolerantes com os problemas de outros participantes em relação à transição. Isso ajuda em muito a organização a ultrapassar a etapa do "nadar para não se afogar".

Qualquer profissional que tenha tentado institucionalizar ideias novas em uma organização sabe e pode atestar que se trata de uma legítima jornada ladeira acima. Por isso, o melhor neste ponto é começar trabalhando localmente. Focar as pessoas que trabalham para o líder, tanto novos colaboradores imediatos quanto veteranos na organização.

Ao chegar a hora de contratar novos colaboradores diretos, é recomendável passar a testar a rapidez com que chegam ao ponto de equilíbrio. Por exemplo, pressionar esses assessores para que criem planos próprios de 90 dias de aceleração. Isso se faz apresentando aos novos contratados o esquema das cinco conversas para a consolidação de um relacionamento com seu novo superior – que é o líder de quem trata este livro. A partir daí, eles devem diagnosticar a situação do negócio e discuti-la com o líder, iniciando a conversa sobre situações. Cabe, a essa altura, misturar esta etapa com a conversa sobre expectativas. A seguir, trabalhar com os assessores a fim de criar um cronograma e um plano de aprendizado; ajudá-los a identificar e se relacionar com pessoas de cujo apoio vão precisar. Pressionar os novos contratados quanto às respectivas prioridades e planos para garantir os sucessos iniciais. Uma vez tendo o novo líder conseguido tudo isso, deve passar a pressionar esses colaboradores para que usem a estrutura da aceleração de transição com seus próprios imediatos.

Paralelamente a tudo isso, o líder precisa escolher um colaborador direto que tenha mais tempo de casa e que demonstre abertura em relação a novas ideias, experimentando então ajudá-lo a acelerar os respectivos ajudantes. O líder precisa colocar esse indivíduo na função de professor, que é muitas vezes a melhor maneira de aprender coisas novas. A partir daí, terá de verificar até que ponto é possível difundir e ampliar, em uma espécie de efeito cascata, esse modelo de atuação.

Trabalhando com uma Equipe

Se estiver formando uma equipe, o líder deve pensar em utilizar o modelo para acelerar o processo de consolidação desse grupo. Uma das virtudes do modelo da aceleração da transição consiste em abastecer a equipe com uma linguagem comum para tratar de desafios compartilhados. Isso pode ter efeitos especialmente benéficos nos casos em que a equipe combina veteranos da organização com pessoas em transição para novas funções. Ao introduzir modelo e linguagem novos, o líder proporciona oportunidades equilibradas para a velha guarda e para os calouros.

O ideal é proporcionar à equipe uma visão geral do modelo da aceleração da transição. A partir de então, é preciso concentrar-se em fazer um diagnóstico situacional compartilhado usando o modelo ST_ARS. Pressionar os integrantes para deixar claros os principais desafios e as maiores oportunidades. A partir daí, evoluir para questões de alinhamento – estratégia, estrutura, sistemas e capacidades. Em seguida, focar na maneira pela qual a equipe irá definir suas maiores prioridades e garantir os ganhos iniciais. Por fim, explorar os tipos de alianças que o líder e a equipe terão de consolidar a fim de edificar o apoio indispensável à consecução dos objetivos.

Contratando Novos Profissionais

Organizações saudáveis buscam e contratam profissionais no mercado, principalmente para funções de nível médio, a fim de se nutrir com novas ideias e energias. Poucas são, porém, as empresas que administram com competência a questão de facilitar a adaptação desses contratados ao novo ambiente de trabalho. Em consequência disso, pessoas promissoras acabam cometendo erros imprevistos e desnecessários, quase sempre nas esferas da cultura e da política organizacionais.

Como agir para evitar situações como essas? O melhor é fazer com que os novos colaboradores criem programas próprios de 90 dias, de aceleração da adaptação. Isso se faz com a utilização do modelo ST_ARS a fim de identificar as funções mais apropriadas para os contratados no mercado. Não se deve destiná-los ao fracasso, colocando-os, por exemplo, em uma situação de realinhamento sem os necessários apoio e assessoramento. Pelo contrário, é preciso ensinar-lhes o mesmo vocabulário de aceleração de transição que os "da casa" empregam, para que todos venham a entender-se com facilidade, sabendo, por exemplo, o que, na organização, é considerado um "ganho". Outro fator de ajuda é o desenvolvimento de um tipo de resumo sobre a cultura da empresa, talvez um vídeo de líderes que fizeram uma transição de sucesso depois de chegar de fora, falando sobre o que dá certo e o que não pode ser usado nessa etapa.

Desenvolvendo Líderes de Alto Potencial

Um programa de desenvolvimento de executivos com base no modelo de aceleração da transição pode ser um componente central de uma estratégia mais ambiciosa para o desenvolvimento de líderes de alto potencial. Em tais programas, que normalmente duram alguns dias, grupos de líderes de alto potencial que estão passando pela transição para novas funções são apresentados ao modelo de aceleração da transição, trabalham com simulações de casos de novas lideranças e estudos de casos, e fazem planejamento de 90 dias para a transição de cada um deles. No decorrer do trabalho intensivo em pequenos grupos, relacionamentos do tipo coaching e mentoria de longo prazo muitas vezes dão ótimos resultados.

Fortalecendo o Planejamento de Sucessões

Sistemas eficazes de planejamento de sucessão requerem avaliação rigorosa do potencial de liderança e cuidadoso projeto de caminhos para o incentivo do aparecimento de líderes de alto potencial. Os melhores sistemas são os que incentivam as habilidades interfuncionais e ajudam a preparar os futuros gerentes gerais da empresa. Em organizações globais, esses sistemas expõem os gestores à experiência internacional já nas primeiras etapas da carreira. Cada vez mais, eles também se decompõem como fundamentais pontos de equilíbrio ou de passagem na equação do desenvolvimento da carreira.

Muitos dos sistemas existentes, no entanto, falham tanto na avaliação quanto no desenvolvimento, por não contarem com um suporte capaz de caracterizar adequadamente as atribuições de desenvolvimento. Sem esse suporte, torna-se problemático fazer comparações entre indivíduos de alto potencial colocados em situações dessemelhantes. Os planejadores de sucessões também sentem falta de uma maneira de descrever – e com isso gerenciar – a sequência de posições ao longo da qual avançam os líderes de alto potencial.

O planejamento de sucessões pode ser substancialmente fortalecido ao se examinar não apenas as pessoas, mas igualmente as transições – situações de lançamento, mudança completa, realinhamento e sucesso continuado – por elas experimentadas. O modelo ST_ARS proporciona uma base para avaliar o desempenho em tipos substancialmente diferentes de situações. Mais importante ainda, ele proporciona uma base para mapear a progressão dos líderes de alto potencial ao longo de uma série de posições que consolidam sua capacidade de gerenciar um amplo espectro de situações de negócios.

A fim de ilustrar o conceito, pense em sua própria história no emprego. Preencha a *grade do desenvolvimento*, um instrumento para mapear o avanço profissional (Tabela 10-1). Por exemplo, se a sua primeira função gerencial foi no marketing, em uma organização (ou unidade) em situação de mudança completa de rumo, coloque o número 1 (indicando sua primeira posição gerencial) em um círculo na célula correspondente da matriz. Se a posição seguinte foi em vendas em uma nova unidade (ou trabalhando com um novo produto ou projeto) – enfim, uma situação de lançamento –, coloque um número 2 em um círculo naquela célula. Se, ao mesmo tempo, você esteve em uma força-tarefa enfrentando questões operacionais para a empresa iniciante, inclua um número 2 dentro de um triângulo (indicando uma missão de projeto) na célula apropriada.

Registre todos os seus cargos gerenciais, e então ligue os pontos para iluminar a sua trajetória profissional. Ficaram em branco colunas ou fileiras? O que esses espaços representam quanto à sua aptidão para posições de gerente geral? Ou a respeito de potenciais lacunas na formação e/ou treinamento?

Como discutimos anteriormente, a preparação para o gerenciamento de tipos diferentes de situações de negócios constitui uma quarta dimensão do desenvolvimento gerencial que complementa as análises de alcance de especialização funcional, alcance da experiência internacional e passagens fundamentais entre níveis no âmbito da organização.

TABELA 10-1

A grade do desenvolvimento

	Lançamento	Mudança completa	Realinhamento	Sucesso continuado
Marketing				
Vendas				
Finanças				
Recursos humanos				
Operações				
P&D				
Gerência de informações				
Outras				

Acelerando a Integração Pós-Fusão

O modelo de aceleração da transição vem obtendo igualmente bons resultados como motor da integração pós-fusão, etapa na qual são incontáveis as pessoas simultaneamente em transição. Seu impacto vai, contudo, mais longe do que apressar o avanço de gestores isoladamente em suas novas posições. Quando as organizações colidem, as duas populações automaticamente começam a falar linguagens diferentes. Choques culturais podem ser causados tanto pela linguagem quanto por valores. Desentendimentos geram conflitos, que, por sua vez, corroem o processo de integração. O modelo de aceleração da transição é uma nova linguagem que as duas organizações em colisão podem usar para aprender em conjunto.

Empregando Ferramentas de Apoio ao Desempenho

Por fim, o novo líder pode pensar em utilizar o instrumento de apoio ao desempenho que a Harvard Business School Publishing tem na internet – *Leadership Transitions*, em <http://www.harvardbusiness.org/leadership-transitions> – como um recurso de apoio à introdução do modelo de aceleração da transição em sua organização. O recurso pode ser disponibilizado, na *web*, para todos os integrantes da organização, por maior que seja sua descentralização geográfica. Esse instrumento proporciona uma ampla variedade de diagnósticos e ferramentas de suporte que os novos líderes podem usar ao estilo *just-in-time* a fim de acelerar sua transição. O instrumento foi deliberadamente projetado não como um curso, mas como um recurso flexível de suporte ao desempenho ao qual os novos líderes podem recorrer sempre que necessário. Assim, o novo líder tem condições de empregar abordagens eficazmente amadurecidas para fazer com que o modelo possa fluir por toda a sua organização. Uma configuração típica consiste em uma conferência face-a-face ou na *web* (de meio dia, no máximo) de introdução do modelo de aceleração da transição e da ferramenta *online* de suporte ao desempenho.

CONTROLE DA ACELERAÇÃO

1. Que transições o novo líder preferiria acelerar? De que forma daria início ao processo?

2. Um processo estruturado de assimilação do novo líder ajudaria a acelerar a integração deste e de sua nova equipe?

3. O que o novo líder pode fazer para dar melhor suporte à transição de pessoas contratadas fora da organização?

4. A aceleração da transição deveria fazer parte do currículo da organização para o desenvolvimento de líderes de alto potencial? Como poderiam ser decompostos no planejamento da sucessão diferentes tipos de situações de negócios?

5. O modelo de aceleração da transição poderia facilitar a integração de empresas adquiridas ao conjunto da organização compradora?

6. O novo líder tem condições de alavancar o modelo de aceleração da transição pela adoção de uma ferramenta *online* de suporte do desempenho?

Conclusão:
Além do Afundar ou Nadar

O que este livro pretende é levar o novo líder – e sua organização – a uma abordagem de transição de gestão que vá além do simplismo do afundar ou nadar. Aplicando sistematicamente as estratégias detalhadas nos dez capítulos anteriores, o líder terá condições de acelerar radicalmente sua capacidade de desempenhar novas funções e de atingir o ponto de equilíbrio. As pessoas que trabalham para ele também podem ter grande proveito se o líder as ajudar a serem mais metódicas nas respectivas abordagens da aceleração da transição. E, nem seria preciso destacar, quanto antes elas atingirem esse ritmo, mais aptas estarão a colaborar na consecução dos objetivos traçados pelo líder.

Meu objetivo é destacar os 10 maiores desafios da transição e, ao apresentar técnicas para superá-los, ajudar o líder a desenvolver sua percepção da situação e a aumentar sua caixa de instrumentos para lidar com essa etapa. Depois que tiver passado um bom tempo a olhar para as árvores, terá chegado o momento de dar um passo para trás e olhar a floresta como um todo. No começo do livro, detalhei cinco proposições centrais relacionadas com as transições e também com o que é preciso fazer para superar os desafios presentes em todas elas. Na conclusão, nada melhor do que traçar um resumo de cada uma delas.

1. **As causas originais do fracasso em transições residem sempre em uma interação perniciosa entre a situação, com suas oportunidades e armadilhas, e o indivíduo, com suas forças e fraquezas** O sucesso ou o fracasso dependem, em parte nunca insignificante, da capacidade de

diagnosticar situações, identificar os desafios e as oportunidades que as caracterizam, e delinear promissores planos de ação. Se não forem entendidas as exigências da situação, o mais provável é que se tenha um desempenho muito pobre – quando não um fracasso geral. Em conjunto com um adequado entendimento dos pontos fortes e fracos do líder, um pormenorizado diagnóstico da situação irá ajudá-lo a identificar as vulnerabilidades presentes a tempo de desenvolver medidas preventivas.

2. **Existem métodos sistemáticos que os líderes podem empregar tanto para reduzir as probabilidades de fracassar quanto para atingir mais rapidamente o ponto de equilíbrio** A diferença entre a transição feita a bordo de uma posição gerencial de nível inicial e a possibilidade de se tornar CEO é uma questão mais de gradação do que de espécie. Obviamente, os gerentes seniores precisam enfrentar questões (como o alinhamento organizacional, a formação de uma equipe de alto gabarito ou o gerenciamento de públicos externos) situadas muito além da jurisdição dos gerentes de nível médio. Mesmo assim, a maioria dos imperativos básicos – conquistar posições, comparar a estratégia com a situação enfrentada, acelerar o treinamento individual, assegurar ganhos iniciais, criar coalizões – aplica-se a todos os níveis, da mesma forma que os instrumentos fundamentais e as diretrizes de planejamento. O imperativo abrangente, em todas as transições, é encontrar maneiras para criar valor no menor prazo possível e assim atingir o ponto de equilíbrio com maior rapidez. A importância de conseguir montar e consolidar um plano de 90 dias é enorme, seja qual for o nível hierárquico ocupado por seu responsável.

3. **O objetivo dominante em uma transição é tomar impulso mediante a criação de ciclos virtuosos que consolidem a credibilidade e não se deixar apanhar nos ciclos viciosos capazes de destruir essa mesma credibilidade** Liderança, em termos gerais, é uma questão de alavancar capacidades e condições favoráveis. Líderes eficientes são aqueles que alavancam a si mesmos – suas ideias, energias, relacionamentos e influências – a fim de criar novos padrões nas organizações. Um líder é apenas uma pessoa, e, isoladamente, é pouco o que uma pessoa pode realizar. A capacidade de alavancar as próprias qualidades reside efetivamente nas percepções de credibilidade pessoal e da comprovada eficácia. É dessa forma que pequenos sucessos acumulam capital de

liderança que pode ser investido para concretizar retornos bem mais substanciais. O objetivo subjacente das estratégias apresentadas neste livro – sejam elas a conquista de ganhos iniciais, a criação de coalizões ou a formação de uma boa equipe – é o de ajudar os novos líderes a consolidar impulso, o que acaba aumentando sua alavancagem.

4. **As transições são uma prova de fogo para o desenvolvimento de lideranças, e como tal devem ser tratadas** Espero que este livro tenha convencido o leitor de que o desenvolvimento darwiniano de liderança é puro desperdício de tempo, energia e talento. Claro que as transições devem ser usadas como forma de testar os candidatos a líderes. O que não é admissível é deixar esses candidatos limitados à opção entre nadar ou afundar. O ideal é ensinar-lhes habilidades de aceleração de transição das quais poderão vir a depender suas futuras oportunidades. Ao equilibrar o campo de disputa, o líder terá igualmente melhores condições de definir quais são as habilidades realmente presentes em cada um dos candidatos à liderança.

5. **A adoção adequada de um suporte padronizado para a aceleração das transições pode gerar altos lucros para as organizações** É preciso parar para pensar em quantas pessoas fazem anualmente a transição para novas funções gerenciais na organização. E, a partir daí, fazer a estimativa de quantas outras são afetadas pela transição de cada novo gestor. Qual seria a estimativa do custo líquido anual da transição na organização em estudo? O quanto significaria em valor conseguir reduzir esse custo em meros 5%? Manter por mais tempo os empregos, por melhor que isso possa parecer, não é a solução. As pessoas realmente capacitadas em geral se aborrecem depois de passarem alguns anos em uma mesma posição, e estão sempre em busca de novos desafios. A melhor abordagem é, então, ajudar todos os integrantes da organização a acelerar todos os tipos de transição em que estiverem envolvidos.

Possivelmente, muitos líderes com experiência suficiente já façam uso de algumas das abordagens apresentadas neste livro. Sua reação à leitura pode até ter sido um comentário do tipo "mas é isso mesmo o que estou tentando implantar!". Há igualmente a possibilidade de que algumas das convicções a respeito das qualidades indispensáveis para obter sucesso em um novo emprego tenham sido desenvolvidas e refinadas. O único perigo real que se está sempre enfrentando é o da crença em "regras únicas para todos os tipos de situação" para se chegar ao sucesso.

Quem estiver em um estágio inicial da carreira gerencial tem, com certeza, muitas lições a aprender, mas é igualmente verdade que ainda não chegou ao estágio de adquirir e passar a nutrir determinados maus hábitos. O melhor, pois, é fazer tudo certo desde o começo. E, principalmente, continuar sempre tentando aprimorar as qualificações individuais ao longo das muitas transições que certamente serão experimentadas no futuro.

Leituras Recomendadas

Preparando a Estratégia

Brandenberger, Adam, e Barry Nalebuff. *Co-opetition.* New York: Doubleday, 1996.

Ghemawat, Pankaj, com David J. Collis, Gary P. Pisano e Jan W. Rivkin, *Strategy and the Business Landscape.* Reading, MA: Addison-Wesley, 1999.

Porter, Michael. *On Competition.* Boston: Harvard Business School Press, 1998.

Watkins, Michael, Mickey Edwards e Usha Thakrar. *Winning the Influence Game: What Every Business Leader Should Know About Government.* New York: Wiley, 2001.

Projetando Organizações

Kaplan, Robert S., e David P. Norton. *The Strategy-Focused Organization: How Balanced Scorecard Companies Thrive in the New Business Environment.* Boston: Harvard Business School Press, 2001.

Nadler, David, e Michael L. Tushman, com Mark B. Nadler. *Competing by Design: The Power of Organizational Architecture.* New York: Oxford University Press, 1997.

Gerenciando a Mudança

Kotter, John P. *Leading Change.* Boston: Harvard University School Press, 1996.

Schein, Edgar H. *Organizational Culture and Leadership.* 2d. ed. San Francisco: Jossey-Bass, 1992.

Tushman, Michael L., e Charles O'Reilly III. *Winning Through Innovation: A Practical Guide to Leading Organizational Change and Renewal.* Rev. ed. Boston: Harvard Business School Press, 2002.

Negociar e Convencer

Cialdini, Robert. *Influence: The Psychology of Persuasion*. Rev. ed. New York: Morrow, 1993.

Stone, Douglas, Bruce Patton e Sheila Heen. *Difficult Conversations: How to Discuss What Matters Most*. New York: Viking, 1999.

Ury, William. *Getting Past No: Negotiating Your Way from Confrontation to Cooperation*. New York: Bantam Doubleday, 1993.

Watkins, Michael. *Breaktrough Business Negotiation: A Toolbox for Managers*. San Francisco: Jossey-Bass, 2002.

Liderar e Formar Equipes

Bazerman, Max. *Judgment in Managerial Decision Making*. 5th ed. New York: Wiley, 2002.

Heifetz, Ronald A., e Marty Linsky. *Leadership on the Line: Staying Alive Through the Dangers of Leading*. Boston: Harvard Business School Press, *2003*.

Katzenbach, Jon R., e Douglas K. Smith. *The Wisdom of Teams: Creating the High-Performance Organization*. Boston: Harvard Business School Press, 1993.

Índice

aceleração do planejamento e transição da sucessão, 222-224
acelerando o aprendizado
  conhecendo os assessores imediatos, 55-56
  controle, 68
  cultura e. *Ver* cultura
  desenvolvimento do plano de aprendizagem, 57-59, 61-63
  identificando as melhores fontes de informação, 49-50, 52-55
  insights acionáveis e, 48-49
  métodos estruturados para a mesa de aprendizagem, 59-60, 61
  planejamento *versus* aprendizado, 104-106
  superando deficiências, 47-48
alinhamento, conquistando o. *Ver* organizacional, alinhamento
apressando a transição
  ajuda para estranhos, 221
  começar localmente, 220-221
  controle, 225-226
  criação de vocabulário, 219-222
  desenvolvimento de líderes de alto potencial e, 222-223
  grade do desenvolvimento, 223-224
  integração pós-fusão e, 224-225
  planejamento da sucessão e, 222-225
  processo de formação de equipe e, 220-221
  uso dos instrumentos de suporte ao desempenho, 224-225
Argyris, Chris, 41
assessoria e aconselhamento, formação de rede, 213-216
Augusto, Geri, 63-64
auto-eficácia
  apreciação do controle local, 211-212
  apreciação dos desafios centrais, 206-207
  controle, 216
  determinação de foco e prioridades, 207-211
  diretrizes da transição familiar, 211-214
  diretrizes para reflexão estruturada, 209-211
  disciplinas pessoais e, 206-207
  estratégias de sucesso e, 206
  formação da rede de assessoria e aconselhamento, 213-216
autopromoção. *Ver* promoção

Coca-Cola, 33-34
consenso, processo decisório mediante, 177-180
consulta-e-decisão, processo decisório, 177-180
controle
　ajustar a estratégia à situação, 85-86
　alinhamento organizacional, 157
　aprendizado acelerado, 68
　auto-eficácia, 216
　autopromoção, 43-44
　cenário das influências. *Ver* influências, mapeando o cenário das
　coalizões, criação de, 196-197
　controle, 197
criação de coalizões. *Ver* equipes, formação de
　equilíbrio, manutenção do, 216
　estratégias de convencimento. *Ver* estratégias de persuasão para a formação de coalizões
　formação de equipe, 181
　garantir ganhos iniciais, 108-109
　negociando sucesso com o superior, 132-133
　conversa sobre estilo
　adaptar-se ao estilo do superior, 125
　definindo os próprios limites, 124-125
　diagnosticando o estilo do superior, 123-125
　tratando dos maiores problemas, 125-126
　cultura
　avaliações de poder e valor, 63-65
　entendendo a cultura do grupo, 154-155
　estrutura para análise da, 62-64
　geográfica, 65-66
　mudança para o grupo, 154-157
　mudando para nova, 66-67
　organizacional, 65
　profissional, 65-66
　transformação da psicologia organizacional, 76-77

decisão, processo de adoção por escolha da equipe, 177-180
　considerações no âmbito do ST$_A$RS
　grade de desenvolvimento, 222-224

maneiras pelas quais as equipes tomam decisões, 176-180
desenvolvimento de lideranças 4-D, 84-86
diagnóstico do portfólio, 81-82

Edmondson, Amy, 177
empurrar, ferramentas de incentivo, 172-173
equilíbrio, ponto de, 18-19
equilíbrio na vida e no trabalho. *Ver* manutenção do equilíbrio
equipe, formação de.
　alternativas à dispensa imediata, 170-171
　apressando a transição e, 220-221
　avaliação do conjunto da equipe, 169-170
　avaliação dos integrantes, 166-167
　avaliação dos julgamentos, 167-168
　considerações sobre a situação, 165-166
　controle, 181
　critério para avaliação dos integrantes, 163-166
　definição das métricas de desempenho, 175
　desenvolvimento de substituições, 171
　equação dos incentivos, 174
　estabelecimento de novos processos. *Ver* estabelecimento de processos de equipe
　armadilhas comuns, 160-163
　opções de reestruturação das equipes, 170-171
　projeto dos sistemas de incentivos, 172-174
estabelecimento de processos de equipe
　avaliação dos processos existentes, 175-176
　escolha dos participantes, 176-177
　gestão do processo decisório. *Ver* processo decisório em uma equipe
　identificando perspectivas de mudança, 176
estratégia de equiparação do ciclo de história das situações de negócios, 72-74
　aprender *versus* fazer, 78-79
　capacidades indispensáveis para o sucesso, 74-79
　controle, 85-86

diagnóstico de situação. *Ver* o modelo ST$_A$RS
garantir ganhos (sucessos) iniciais, 81, 106-109
identificação dos desafios e oportunidades, 74-76
ofensiva *versus* defensiva, 79-80
portfólio de diagnósticos, 81-82
recompensando o sucesso, 82-84
transformação da psicologia organizacional, 76-77
estratégia de sequenciamento, 195-196
estratégia para a avaliação do adequado alinhamento organizacional, 143-144
   avaliação da coerência, 142-143
   avaliação da implementação, 144-145
   elementos, 141-143
   modificação dos existentes, 144-145
estratégias para o sucesso. *Ver* negociando o sucesso com o superior
expectativas, conversações voltadas para ganhos iniciais, 121
   adequando as expectativas à situação, 120
   definir expectativas, 122
   educando o superior, 122-123
   identificando os intocáveis, 120-121
   situações de múltiplos superiores, 122-123
   situações de distanciamento, 122-124

familiar, diretrizes da transição, 210-214

Gabarro, Jack, 90-91
garantir ganhos iniciais
   adequando a estratégia à situação, 80, 108-109
   capturando o momento, 99-100
   controle, 108-109
   controle do projeto piloto, 101-102
   definição do foco, 94-95
   desenvolvimento da visão pessoal, 95-96
   diretrizes para a garantia dos resultados, 99-102
   estrutura do diagnóstico da mudança de gestão, 106-108
   evitando surpresas previsíveis, 102-104
   fases da mudança, 90-93

formação da rede de assessoria e aconselhamento, 213-216
formação de credibilidade, 96-99
gestão (gerenciamento) da mudança de estilo, 105-109
obstáculos comuns, 89-90
padrões de comportamentos problemáticos, 96
planejamento *versus* aprendizado, 104-106
prioridades máximas, 93-96
situação ST$_A$RS e, 81-82
geográfica, cultura, 65-66
grupo, alinhamento de. *Ver* organizacional, alinhamento

incentivos, sistemas de. *Ver* recompensando o sucesso
indefinições, estratégia das, 193-194
influências, mapeando o cenário das
   desenho do mapa, 186-187
   identificação de aliados, 187-189
   identificação de oponentes, 187-189
   identificação dos personagens principais, 184-186
informação
   avaliação das habilidades/conhecimentos do grupo, 150-154
   identificação das melhores fontes, 49-50, 52-55
   lacunas e recursos das habilidades/conhecimentos do grupo,153/154
insights acionáveis, 48-49
Ivester, Douglas, 33-34

lançamentos no modelo ST$_A$RS, 71-72
   desafios e oportunidades relacionados com, 75-76
   diagnosticando o portfólio, 81-82
   escolhas de focos de energia em, 78-81
   habilidades de liderança necessárias para, 76-78
   liderança 4-D e, 84-86
   no ciclo de negócios, 71-72
   psicologia organizacional e, 76-77
   recompensando adequadamente o sucesso, 82-84

liderança, transição da, instrumentos da, 224-225

manutenção do equilíbrio
  avaliação do equilíbrio, 201
  controle, 216-216
  elementos de desequilíbrio, 200, 202-205
  estresse e, 204-205
  pilares da auto-eficácia. *Ver* auto-eficácia
mudança completa no modelo ST$_A$RS, 71-72
  desafios e oportunidades relacionados com, 75-76
  diagnosticando o portfólio, 81-82
  habilidades de liderança necessárias para, 76-78
  no ciclo de negócios, 71-72
  opções de concentração de energia para, 78-81
  psicologia organizacional e, 76-77

negociando o sucesso com o superior
  autodesenvolvimento como superior, 130-133
  controle, 132-133
  conversa sobre expectativas, 120-124
  conversa sobre a situação, 118-120
  conversa sobre desenvolvimento pessoal, 129-130
  conversa sobre o estilo, 123-126
  conversa sobre recursos, 126-129
  o que é fundamental fazer quando, 115-116
  o que é fundamental não fazer quando, 113-115
  planejamento das cinco conversas, 116-118
  significado de, 110-113
  utilização do plano de 90 dias, 130-131

ondas de mudanças, 90-93
organizacional, alinhamento
  análise de processo/sistema, 149/153
  aperfeiçoamento de processo/sistema, 143-144
  armadilhas mais comuns, 138-140
  avaliação da adequação da estratégia, 143-144
  avaliação da coerência da estratégia, 142-143
  avaliação da estrutura do grupo, 144-147
  avaliação da implementação da estratégia, 144-145
  avaliação das habilidades/conhecimentos do grupo, 151-154
  considerações sobre a mudança da estrutura do grupo, 146-149
  controle, 156-157
  cultura de grupo, entendimento, 154-155
  cultura de grupo, mudança, 154-156
  elementos da estratégia, 141-143
  elementos de, 135/137
  falhas e recursos das habilidades/conhecimentos do grupo, 153-154
  formação de equipe e, 160-163
  identificando alinhamentos incorretos, 138
  modificação da estratégia, 145
  preparação para, 138-142
organizacional, cultura, 64-65

persuasão (convencimento), estratégias de, para a formação de coalizões
  ciclo da construção de coalizões, 195-196
  consolidação de argumentos, 191, 193
  estratégia do seqüenciamento, 195-196
  estratégias de indefinições, 193-194
  modelagem das escolhas, 189-191
  montagem dos eventos de impulsionamento de ações, 192-193
pessoal, conversa sobre desenvolvimento, 129-130
pessoal, disciplina e auto-eficácia, 205-209
pilares da auto-eficácia. *Ver* auto-eficácia
planejar e implementar, estilo de mudança, 104-106
poder e valor, avaliações numa organização, 63-65, 184-186
pós-fusão, aceleração da integração e transição, 224-225
prioridades máximas, 93-96
profissional, cultura, 64-66
promoção, autopromoção
  avaliação das vulnerabilidades, 37-40
  controle, 44
  erro de não se autopromover, 31-34

marcos fundamentais da transição, 36
planejamento prévio, 35, 37
preparação mental, 34-35, 37
reaprendendo a aprender, 40-42
reconhecimento das forças, 31-32
rede, 42
ser aceito pelos demais, 42-43
puxar, ferramentas de incentivo, 172-173

realinhamentos no modelo ST_ARS, 71-72
  desafios e oportunidades relacionadas com, 75-76
  diagnosticando o portfólio, 81-82
  liderança 4-D e, 84-86
  no ciclo de negócios, 35, 37
  opções de concentração de energias para, 78-81
  psicologia organizacional e, 76-77
  qualificações de liderança necessárias para, 77-78
  recompensa adequada do sucesso, 82-84
recompensando o sucesso
  equação dos incentivos, 174
  equiparação de estratégia e, 82-84
  projeto de sistemas de incentivos, 172-174
recursos, conversa sobre, 126-129
redes. *Ver* criação de coalizões
  autopromoção e, 41-42
  formação de redes de assessoria e aconselhamento, 213-216
  identificação das melhores fontes de informação, 49-50, 52-55
Roberto, Mike, 176-177

situações de sucesso continuado no modelo ST_ARS, 71-72
  desafios e oportunidades ligados com, 75-76
  diagnosticando o portfólio, 81-82
  em ciclo de negócios, 71-72
  habilidades de liderança necessárias para, 77-78
  liderança 4-D e, 84-86
  opções de concentração de energia para, 78-81
  psicologia organizacional e, 76-77

recompensando adequadamente o sucesso, 82-84
ST_ARS, o modelo (lançamento, mudança completa, realinhamento e sucesso continuado), 26-27
  categorias de situações, 71-73, 75-76
  evolução dos negócios, 72-73
  função do superior no, 118-120
  gestão do processo decisório e, 179-180
SWOT, método, 143-144

transição, aceleração da
  abordagem típica da empresa em relação a, 217-219
  acelerando. *Ver* aceleração da transição
  barreiras à ajuda direcionada pelas empresas, 218
  consequências do fracasso, 23-25
  desafios do, 27-30
  experiências primárias de desenvolvimento, 21-22
  impacto de um novo gerente, 22-23
  importância dos primeiros 90 dias, 17-18
  institucionalizando. *Ver* apressamento da transição
  modelando a estratégia, 25-27
  modelo ST_ARS, 26-27
  ponto de equilíbrio, 17-19
  proposições fundamentais, 19-22, 227-230
  taxa de fracasso de contratações externas, 23-25
transições
  visão geral das proposições centrais, 227-230

vocabulário para as transições, 219-221

CONHEÇA OUTROS LIVROS DA ALTA BOOKS!

Negócios - Nacionais - Comunicação - Guias de Viagem - Interesse Geral - Informática - Idiomas

Todas as imagens são meramente ilustrativas.

SEJA AUTOR DA ALTA BOOKS!

Envie a sua proposta para: autoria@altabooks.com.br

Visite também nosso site e nossas redes sociais para conhecer lançamentos e futuras publicações!

www.altabooks.com.br

/altabooks ▪ /altabooks ▪ /alta_books

ALTA BOOKS
EDITORA

Este livro foi impresso nas oficinas gráficas da Editora Vozes Ltda.,
Rua Frei Luís, 100 – Petrópolis, RJ.